제갈량, 諸葛亮
그와 다시 마주하다

우리가 몰랐던 제갈량의 본모습을 마주해보는 시간

류종민 지음

책을 펴내며

　우리가 어린 시절부터 즐겨 읽었던 삼국지는 사실 나관중(羅貫中, 1330~1400년)[1]이라는 작가가 쓴 "소설" 작품으로, 정확한 명칭은 『삼국지연의(三國志演義)[2]』입니다. 그는 이 소설을 지을 때 진수[3](陳壽, 233~297년)가 쓴 『삼국지(三國志)』라는 역사서를 참고했었다고 합니다. 그러나 나관중은 말 그대로 참고만 했을 뿐, 읽는 사람들의 흥미를 돋우기 위해 『삼국지』에 기록이 없는 내용을 본인이 스스로 창작해 내거나, 기록이 있는 사실에 대해서도 특유의 과장을 덧붙여 『삼국지연의』를 완성하였습니다. 따라서 나관중의 소설과 실제 역사서인 『삼국지』 간에는 그 내용에 있어 큰 차이가 있을 수밖에 없습니다. 그런데 문제는 『삼국지연의』를 주로 접한 많은 사람들이 나관중이 지어낸 이야기를 실제 일어났던 역사적 사실로 오인하고 있다는 것입니다.

　나관중의 『삼국지연의』가 역사서 속의 실제모습과 가장 다르게 묘사하고 있는 인물을 꼽으라면 저는 제갈량을 꼽고 싶습니다. 제

---

1 원나라 말기, 명나라 초기의 소설가.
2 또는 『삼국연의(三國演義)』라고도 불림.
3 동진(東晉) 시대의 역사학자.

갈량은 우리에게 가장 잘 알려진 인물이기도 하지만 가장 잘못 알려진 인물이기도 합니다. 우리는 요술로 동남풍을 불게하고 별자리로 미래를 예측하는 그야말로 신에 가까운 제갈량의 모습에만 익숙합니다.

그러나 이러한 그의 모습은 모두 나관중이 창작해낸 허구의 이미지일 뿐입니다. 실제 역사서의 기록을 보면 제갈량은 신에 가까운 인간이 아니었습니다. 삶의 모든 문제에 대한 해결책을 미리 알고 있는 천재가 아니었습니다. 오히려 그는 보통 사람들보다 더 가혹한 인생의 고난과 좌절을 겪었으며, 늘 막중한 책임감 속에서 고뇌와 걱정을 안고 살았었습니다. 그의 실제 인생은 완벽함과는 거리가 있었습니다. 그는 자신이 잘못된 정책을 펼치게 될까 두려워, 부하들에게 본인의 부족한 부분을 지적해달라고 간곡하게 부탁하던 사람이었습니다. 때로는 믿고 아꼈던 사람에게 배신을 당해 하염없이 눈물을 떨구던 연약한 사람이기도 했습니다. 그러나 중요한 것은 제갈량은 그 수많은 고난과 역경, 아픔을 겪으면서도 그의 꿈을 끝까지 포기하지 않았다는 것입니다. 그는 불굴의 의지와 열정을 바탕으로 오로지 한 가지 목표만을 위해 그의 인생을 하얗게 불태웠던 사람입니다.

소설에 의해 꾸며진 모습이 아닌 역사서에 기록된 그의 실제 모습을 들여다보아야만 우리는 제갈량이라는 위인을 좀 더 가까이 마주할 수 있습니다. 조선 후기의 실학자인 안정복(安鼎福, 1712~1791년) 선생은 이런 말을 한 적이 있습니다.

"제갈량은 후세에 오래도록 귀감이 될 만한 인물이나, 세상에서 그를 논하는 이들이 정상적인 것은 소홀히 봐 버리고 괴이한 것만 믿는 통에 그의 정직하고 정의로운 사업이 결국 풍운이나 일으키고 팔진도나 쳤던 일에 가려져 버렸으니, 이 얼마나 통한스러운 일인가."

제갈량은 조선시대에도 꽤 유명한 인물이었나 봅니다. 그러나 안정복 선생의 말을 되짚어 보면, 그 당시 사람들은 소설 속에 묘사된 신출귀몰한 제갈량의 모습, 즉 소설가가 거짓으로 꾸며낸 모습에만 열광했던 듯합니다. 이러한 경향은 지금 시대에도 별반 다르지 않다고 생각합니다. 안정복 선생의 말처럼 왜 제갈량이 후세에 귀감이 되는 인물인지를 제대로 이해하기 위해서는, 무엇보다도 우리가 알고 있는 제갈량의 모습에서 소설의 허구를 걷어내는 작업이 선결될 필요가 있습니다. 이를 위해 저는 제갈량의 어린 시절부터 죽음에 이르기까지, 역사서에 기록된 그의 실제 인생을 50개의 흥미로운 주제로 묶어 독자 여러분들께 소개해 드리려 합니다.

저는 이 책에서 독자 여러분들께 "제갈량처럼 인생을 이렇게 살아라. 이런 상황에서는 제갈량처럼 이렇게 행동하라"는 식의 직접적이고 섣부른 교훈을 제시하지 않을 것입니다. 저도 제갈량처럼 인생을 살고 있지 않을 뿐더러, 남에게 교훈을 제시할 수 있을 정도로 인생의 정답을 알고 있다고 생각하지도 않기 때문입니다. 다만, 독자 여러분들이 이 책을 통해 제갈량의 본모습을 마주해보고, 나름대로의 교훈을 각자 찾아가시길 바랄 뿐입니다. 물론 꼭 거창한 교훈을 얻기 위해서가 아니라 제갈량이라는 인물에 대한 관심과 흥미를 해소하기 위해 가벼운 마음으로 이 책을 접하시는 것도 얼마든지 환영합니다.

책을 펴내기까지 항상 제 옆에서 용기를 북돋아주고 지지를 보내준 제 아내와 부모님, 저보다 제갈량에 대해 더 많은 관심을 가지고 있는 사랑스러운 조카 서준이, 그 외 가족분들, 그리고 제 책이 순조롭게 출간될 수 있도록 많은 도움을 주신 박영사 직원여러분들께 감사하다는 말을 전하고 싶습니다. 마지막으로 부족한 제 책을 선택해주신 독자 여러분들께도 진심으로 감사하다는 말씀을 드립니다.

2021년 가을, 책을 펴내며
류종민

역사서 『삼국지』의 특징

　중국의 24사[4](二十四史)로도 인정받고 있는 『삼국지』의 가장 큰 특징은 기전체(紀傳體) 형식을 취하고 있다는 점입니다. 즉, 『삼국지』는 시간 순이 아니라 당시를 살았던 여러 인물들의 주요 행적을 열전(列傳) 형식으로 기록하고 있습니다. 『삼국지』의 또 다른 중요한 특징은 역사적 사건을 매우 실용적이고 현실적인 시각으로 해석하고 있다는 점입니다. 진수는 『삼국지』를 집필하면서 각 인물에 대한 자신의 평을 열전의 마지막 부분에 남겼는데, 특이한 것은 당시 중국사회를 지배하고 있던 패러다임이 유교(儒敎)적 가치관이었음에도 불구하고, 진수는 이에 기반하여 인물평을 남기지 않았다는 것입니다. 예를 들어, 군주를 여러 번 배신한 인물이 있다면, 진수는 그를 의리가 없었다는 이유로 무조건 깎아내리지 않습니다. 여러 번의 배신 끝에 스스로 몰락한 인물(예를 들면 여포)에 대해서는 "언행을 자주 바꾸고 눈앞의 이익만 쫓다가 몰락을 자초했다"고 평하는 반면, 군주를 여러 번 바꾸었어도 비교적 평안한 삶을 산 인물(예를 들면 가후)이 있다면 "변화에 따르는 융통성이 있었다"고 평합니다. 또한, 중죄를 지어 죽임을 당한 사람이 있다면, 진수는 그 사람이 인의(人義)를 저버리거나 덕이 없어서 죽음을 자초했다고 평하지 않습니다. 그 사람의 성격이 성급했거나, 주변인과 화목하지 못했거나, 시기를 잘못 만나 운이 좋지 않았다는 식으로 매우 현실적이고 구체적인 시각에서 사건의 원인을 해석합니다.

---

4 중국에서 정사(正史)로 인정받고 있는 24개의 역사서.

남북조시대 유송(劉宋)의 황제였던 유의륭(劉義隆, 407~453년)도 인생을 살아가는데 필요한 현실적인 교훈을 얻기 위해 『삼국지』를 탐독했었다고 전해집니다. 그런데 그는 『삼국지』를 읽다가 교훈으로 삼을 내용이 매우 풍부함에도 불구하고, 그 문체와 사실의 나열이 너무나 간단한 것에 답답함을 느꼈다고 합니다. 이에 그는 배송지(裴松之, 372~451년)라는 문관에게 『삼국지』의 내용을 더 자세하게 보충하라고 지시하게 됩니다. 배송지는 이러한 황제의 명을 받들어 150여 개가 넘는 사서를 참고하여 『삼국지』에 주석(註釋)을 달아 내용을 보충했는데, 이를 보통 『배송지 주석본 삼국지』라고 부릅니다.

차 례

🏅 유비의 익주정벌부터 이릉대전 발발 전까지

🏺 이릉대전 발발부터 사망까지

🏺 제갈량 사후부터 촉의 멸망까지

제갈량에 대한 후세의 평가와 일화

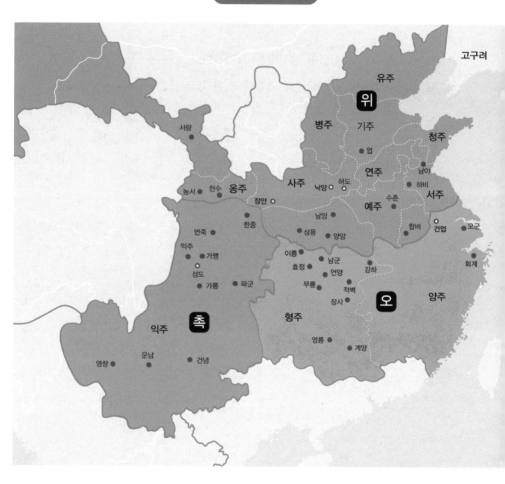

• 삼국지 세력도 •

고구려

유주

위

병주　　기주

청주

업

연주　　남야

사주　　낙양　허도　　하비

수춘　　서주

장안

옹주

농서　천수

예주

남양

합비　건업

오군

한중

상용　양양

면죽

익주　기맹

이릉　남군

효정　언양　강하

회계

성도

가릉　파군

무릉　적벽

장사

오

익주　촉

형주

양주

영릉　계양

영창　운남　건녕

출생부터 유비에게 임관하기 전까지

제갈량의 연도별 주요 행적 및 관련 사건

시기	나이	주요행적
181년	1살	• 서주(徐州) 낭야군 양도현에서 3남 2녀 중 넷째로 태어남 • 아버지는 지방관리였던 제갈규(諸葛珪, ?~187년)
192년	12살	• 182년~192년 사이에 부모님을 모두 여읜 것으로 추정됨
193~194년	13살~14살	• 조조에 의해 일어난 서주대학살을 경험함 • 이후, 숙부 제갈현(諸葛玄, ?~197년)을 따라 예장으로 이주함
197년	17살	• 숙부 제갈현의 사망으로 동생인 제갈균과 함께 형주의 융중(隆中)으로 이주함
206년	26살	• 형주이주 후, 서서(徐庶), 최주평(崔州平) 등과 동문수학하며 융중에 기거함

01

너무나 불우했던 소년 제갈량

부모의 부재와 대학살의 경험

제갈량은 너무나 불우한 유년시절을 보냈다. 그는 어린 나이에 부모님을 모두 여의었다. 고아가 된 것이다. 부모님이 돌아가신 이유에 대해서는 역사서에 기록이 없다. 그러나 제갈량이 살았던 당시는 전란이 빈번한 시기였다는 점을 고려할 때, 그의 부모님이 비극적인 죽음을 당했을 가능성도 배제하기는 어렵다. 제갈량은 고아가 된 이후 그의 숙부인 제갈현(諸葛玄, ?~197년)에 의해 길러지게 된다.

소년 제갈량은 부모의 죽음 외에도 평생 잊을 수 없는 참상을 경험하게 되는데, 그것이 바로 "서주(徐州) 대학살"의 경험이다. 서주 대학살은 193년에서 194년에 이르는 시기에 조조가 서주지역의 백성들을 잔인하게 학살했던 사건이다. 사건의 발단은 당시 서주를 다스리고 있던 도겸(陶謙, 132~194년)의 부하들이 조조의 아버지 조숭을 살해한 것에서 시작되었다. 이에 조조는 아버지의 죽음을 복수한다는 명분으로 서주에 살고 있던 백성들을 보이는 대로 살해했다. 이 사건이 얼마나 처참했었는지는 역사서의 기록에서 어렵지 않게 확인해볼 수 있다. 먼저 『자치통감(資治通鑑)[1]』은 「조조가 남녀 수십만 명을 사수에서 파묻어 죽이니 물이 흐르지 않았다. 조조가 (주민을) 모두 도륙하였는데, 닭과 개 역시 다 없애니 텅 빈 읍에는 다니는 사람이 다시 없게 되었다.」고 기록하고 있으며, 『후한서(後漢書)[2]』는 「조조는 지나는 길에 있던 취려(取慮), 저릉(睢陵), 하구(夏丘)를 함락시키고, 모조리 도륙(屠戮)하였다. 무릇 남녀 수십만 명이 살육 당했고, 닭이나 개도 살아남은 것이 없었으며, 사수(泗水)는 이들의 시체 때문에 흐르지 못하였다. 이로 인하여 다섯 현의 성읍에는 사람의 종적이 다시는 없었다.」고 언급하고 있다. 마지막으로 『삼국지(三國志)』 「무제기(조조전)」에서는 「태조(조조)가 지나는 곳마다 잔륙(殘戮, 학살)한 곳이 많았다.」고 기술하고 있다.

이상에서 살펴본 대로 역사서에 언급되어 있는 서주 대학살의 현장은 읽는 자로 하여금 경악을 금치 못하게 만든다. 사람뿐만 아니라 가축까지 모두 도륙하고 강이 시체 때문에 흐르지 못했다니, 너무나 잔인무도한 살생이었다. 특히 조조를 "태조(太祖)"라 칭하면서, 위나라[3]에 정통성을 두고 있는 역사서 『삼국지』에서조차 "조조가 잔륙(殘戮, 학살)했다"라는 표현을 쓰고 있다. 당시 서주의 크기는 우리 대한민국의 영토보다 넓었다고 하니, 그 살육의 잔인함과 규

---

1 북송 시대의 역사가 사마광(司馬光, 1019~1086년)이 지은 역사책. 1084년에 완성되었다.
2 후한의 역사를 다룬 역사책으로, 남북조 시대 송나라의 범엽(范曄, 398~445년)이 정리한 책. 중국의 24사(二十四史) 중 하나이다.
3 조조의 아들 조비(曹丕, 187~226년)가 220년에 세운 국가.

모가 어느 정도였는지를 가늠해 볼 수 있다. 제갈량은 서주의 낭야군 양도현에서 태어났다. 따라서 제갈량도 서주 대학살의 현장을 직접 눈으로 보고 경험했을 것이다. 그가 181년에 태어났으니, 서주 대학살이 일어났던 시기에 제갈량은 13살 혹은 14살이었을 것이다. 어린 나이였지만 한창 사회에 눈을 뜨고 있던 소년 제갈량에게 대학살을 자행하는 조조는 난세를 구할 영웅이 아닌 피에 굶주린 살인마로 보였을 것이다. 이후 그는 학살을 피해 숙부 제갈현(諸葛玄, ?~197년)을 따라 형주(荊州, 현대 중국의 호북성과 호남성을 아우르는 지역으로 서주보다 남쪽에 위치) 쪽으로 피난을 가게 된다.

형주로 이주한 후 청년기에 접어든 제갈량은 너무나 불우했던 어린 시절에도 불구하고, 나름대로의 안정을 되찾았던 것으로 보인다. 이 시기 그는 서서, 석도 등 형주지역의 인재들과 활발히 교류하며 자신을 갈고 닦는데 힘썼다. 그러나 어린 시절의 불우했던 기억은 지속적으로 그를 괴롭혔을 것이다. 부모의 갑작스런 죽음과 길거리에 산더미처럼 쌓여있던 백성들의 시체를 어찌 쉽게 잊을 수 있었겠는가.

우리는 소설 『삼국지연의』에서 원래부터 천재였을 것 같은, 아무런 고통과 역경도 겪지 않았을 것 같은 "완벽한 인간" 제갈량을 마주하지만, 실제 그는 그 누구보다도 불행했던 유년시절을 겪은 사람이었다. 그러나 그는 자신의 불우했던 유년시절을 핑계로 좌절하지 않았다. 오히려 스스로를 부단히 갈고 닦으며, 원대한 꿈을 키워나갔다. 이후의 주제에서는 제갈량이 어떻게 자기 자신을 단련시켜왔는지, 그의 꿈은 무엇이었는지를 천천히 살펴보도록 하겠다.

여담: 학살자의 후회

고대의 민간인 학살에 대해 좀 더 언급하고 싶은 게 있다. "학살을 자행한 사람들은 나중에라도 자신이 한 짓을 후회한 적이 있었을까?"라는 의문에 대해 말이다. 공자(孔子)의 제자였다고 알려져 있는 증자(曾子, 기원전 505~435년)는 "새는 죽을 때가 되면 그 울음소리가 슬퍼지고, 사람은 죽을 때가 되면 그 말이 선해진다"라고 했다. 증자의 이 말은 죽음을 앞둔 사람은 숨겨왔던 자신의 진심을 말할 가능성이 높다는 의미로도 통용된다. 그렇다면 조조는 자신의 죽음을 앞두고 어떤 말을 했을까? 혹시 서주 대학살을 후회하며, 자신의 죄를 뉘우치지는 않았을까? 『삼국지』「무제기(조조전)」에 따르면, 조조는 그가 죽기 전 "천하가 아직 안정되지 못해 옛 법을 따를

조조(曹操, 155~220년)의 흉상

조조는 "난세의 간웅"이라 불리며 역사에 이름을 남긴 위인이지만, 서주 대학살을 자행했던 인물이기도 하다. (출처: Wikimedia Commons)

수 없으니 장례가 끝나면 모두 상복을 벗도록 하라. 평상복으로 염하고 금옥진보(金玉珍寶)를 묻지 말라"고 말했었다고 한다. 즉, 본인의 장례에 관한 이야기만 했을 뿐 서주 대학살에 대해서는 전혀 언급하지 않았던 것이다. 만약 조조가 서주 대학살을 후회하는 유언을 남겼었다면, 위나라를 정통성으로 하는 『삼국지』가 이를 기록하지 않았을 리 없다. 이러한 조조의 유언은 그에 대한 후세의 평가를 조금이라도 더 긍정적이게 만들 수 있는 근거가 될 수 있기 때문이다. 그러나 이러한 기록이 전혀 없었던 것으로 미루어 볼 때, 조조가 서주 대학살을 속으로 후회하거나 뉘우쳤을지는 몰라도, 공식적으로 그 마음을 표현한 적은 없었다고 보는 게 합리적일 것이다.

참고로 기원전 3세기에 일어난 장평대전(長平大戰)에서, 진나라의 장수 백기(白起, ?~기원전 257년)는 자신에게 항복한 조나라 군사 45만 명을 생매장(혹은 참수)하는 대학살을 저질렀었다. 나중에 백기는 왕의 명령을 이행하지 않았다는 이유로 소양왕(昭襄王)에게 자결을 명받게 되는데, 이때 그가 남긴 유언이 사마천(司馬遷, 기원전 145~86년)의 『사기(史記)』에 전해진다. 그는 "나는 죽어 마땅하구나. 장평 땅의 싸움에서 항복한 조나라 병사 수십만 명을 내가 속이고 모두 구덩이에 파묻었으니 이것만으로도 죽어야 한다"라고 말했었다고 한다. 이러한 백기의 유언은 본인의 장례에 관한 유언만이 전해지는 조조의 경우와 조금 다르다. 자신의 최후를 앞두고 내뱉는 그의 후회가 묘한 감정을 들게 한다.

02

자신감이 넘치다 못해 과했던 청년 제갈량

겸손은 동서양을 막론하고 어느 사회에서나 미덕으로 통한다. 그렇기에 우리는 가끔 주변에서 잘난 척이 심한 사람을 만나게 되면, 겸손할 줄 모르는 말만 앞세우는 자라 생각하며 가까이 하기를 꺼려하는 것이 보통이다. 특히, 아직 사회경험이 일천한 나이 어린 청년이 심하게 잘난 척을 하고 다닌다면 문제는 더욱 심각해진다. 아마 대부분의 세상 사람들이 이 청년을 욕하며 멀리하려 할 것이다.

그럼 역사상 최고의 재상이라 평가받는 제갈량은 어땠을까? 역사에 큰 이름을 남긴 위인인 만큼, 그는 항상 겸손한 사람이기만 했을까? 대답은 "아니다"이다. 청년 제갈량은 자기 자신에 대한 자신감이 있다 못해 밖으로 넘쳐흐르던 호기로운 청년이었다. 『삼국지』「제갈량전」을 보면 「(제갈량은) 늘 자신을 관중(管仲), 악의(樂毅)에 비교했으나 당시 사람들은 이를 수긍하지 않았다. 오직 친한 벗으로 지내던 최주평(崔州平), 서서(徐庶)만이 참으로 그러하다고 인정했다.」는 기록이 있다. 관중과 악의가 누구인가? 관중(管仲, 기원전 725~645년)은 춘추시대에 활약했던 제(齊)나라의 정치가로, 춘추오패(春秋五覇)¹의 첫 패자인 제환공(齊桓公)을 보필한 일등 공신이자 당대 최고의 명재상으로 이름이 드높았던 위인이다. 악의(樂毅, ?~?)는 전국시대 연나라의 장군으로 수많은 전투를 승리로 이끈 천하의 명장이었다. 즉, 청년 제갈량은 자신을 문무(文武)의 능력을 모두 갖춘 당대 최고의 인물이라고 자칭하고 다녔던 것이다. 우리나라로 치면 아직 벼슬자리에도 오르지 못한 풋내기 청년이 "나는 재상으로서는 류성룡, 장군으로서는 이순신에 비견된다"고 떠들고 다닌 셈이다. 분명 이 청년은 주위 사람들에게 미친 사람 취급을 받았을 것이다. 제갈량도 이 청년과 별반 다르지 않았다. "당시 사람들은 이를 수긍하지 않았다"는 기록에서 알 수 있는 것처럼 그도 주변사람들의 비웃음과 조롱을 당했던 듯하다. 또 다른 재미있는 일화가 『위략(魏略)²』에 나와 있다.

제갈량은 형주(荊州)에 있었는데, 석도(石韜), 서서(徐庶), 맹건(孟建) 등과 함께 공부했다. (제갈량은) 매양 새벽부터 밤까지 차분하고 침착하게 무릎을 끌어안고 앉아 크게 읊조리며 세 사람에게 말했다.
"경(卿) 세 사람이 벼슬하면 가히 자사(刺史)나 군수(郡守)에까지 오를 수 있을 것이오."
세 사람이 제갈량 자신은 어떠한지 묻자 다만 웃을 뿐 대답하지 않았다.

지금 우리 옆에 제갈량 같은 친구가 있다면, 한마디로 그는 재수없는 놈이다. 필자도 공직에 입문하고 나서 여러 명의 동기들과 입직 후 서로의 미래, 승진 등에 대해 많은 이야기를 나눴었지만 "너

---

1 춘추시대의 패자로 평가받는 다섯 사람을 일컫는 말.
2 중국 삼국시대(3세기)에 어환(魚豢)이 편찬한 역사서.

정도는 국장까지 할 거고, 너는 실장, 아니 잘하면 장차관까지 노려볼 수 있겠다"라는 얘기를 누구에게 한 적도 누구에게 들은 적도 없다. 나와 출발선이 같은 동기들의 능력을 내가 평가한다는 것은 나중에 결국 나 스스로를 조롱거리로 만들 수 있기 때문이다. 내가 섣부르게 그 능력을 평가했던 동기 한 명이 어느새 나보다 승진이 빨라 내 직속상관으로 부임하게 된다면, 그 부끄러움을 어찌 감당할 것인가. 그러나 제갈량은 달랐다. 이 일화에서 최고의 하이라이트는 "다만 웃을 뿐 대답하지 않았다"이다. 제갈량과 같이 수학한 서서, 석도, 맹건 등은 당대의 이름난 인재들이었으며, 그들 스스로도 자신의 능력에 대한 자부심이 꽤 있었을 것이다. 그래서 되묻는다. "우리 보고 자사나 군수는 할 수 있을 거라고? 그러는 너는 어느 정도까지 할 수 있는데?" 그랬더니 대답은 안하고 씨익 웃는 제갈량이다. 이 웃음의 의미는 누가 봐도 "나는 너희와 레벨이 달라. 그걸 굳이 말해야 알겠니?" 이거였다.

그렇다면 제갈량은 자신의 능력에 대해 어느 정도로 확신이 있었던 것일까? 그는 청년시절에 형주에서 난다긴다 하는 인재들과 같이 동문수학을 했었다. 특히 서서는 인재가 차고 넘친다는 위나라에서 어사중승(御史中丞)에까지 올랐을 정도로 능력 있는 인물이었다. 어사중승은 삼공(三公)[3]의 일원이자, 최고 감찰관 직위에 해당하는 어사대부(御史大夫)의 바로 아래 관직이다. 상당히 높은 자리였다. 또 다른 친구 최주평은 서서와 마찬가지로 위나라로 임관하여 호분중랑장과 서하 태수를 역임했었다. "경(卿) 세 사람이 벼슬하면 가히 자사(刺史)나 군수(郡守)에까지 오를 수 있을 것이오"라는 친구

---

3 신하가 오를 수 있는 3개의 최고위 관직을 일컫는 말.

들에 대한 제갈량의 평가는 그들의 능력을 깎아내리고 조롱하기 위함이 아니었다. 진심으로 그들이 탁월한 인재임을 인정하는 마음에서 비롯된 것이었다. 이와 관련해 『위략(魏略)』에는 「227년 경,[4] 제갈량이 그의 학우였던 서서 등이 위나라에서 맡고 있는 직책을 알게 되자 "위(魏)에는 선비가 너무 많구나! 어찌 저 두 사람이 저렇게 쓰인단 말인가?"하고 탄식하였다.」는 기록이 있다. 이 기록에서도 알 수 있듯이, 제갈량은 자신과 동문수학했던 친구들을 동시대에서 쉽게 찾아볼 수 없는 뛰어난 인재들이라 여겨오고 있었다. 그런데 같이 수학하면서 겪어보니 그는 자신이 그의 친구들보다 더나은 능력과 비전을 가지고 있다고 생각했던 것 같다. 전국 각지에서 공부 좀 한다는 학생들이 모인 최고의 명문대학 안에서도 결국에는 우등생과 열등생이 구별지어질 수밖에 없는 것처럼, 분명 제갈량은 동시대의 여러 인재들 사이에서도 두각을 나타냈을 것이고, 시간이 흐름에 따라 자연스럽게 자신의 능력이 남들보다 뛰어나다는 확신을 가지게 되었을 것이다. 이러한 그의 확신이 허무맹랑한 것만은 아니었다. 『양양기(襄陽記)[5]』를 보면 「유비가 사마덕조(司馬德操, 사마휘)에게 세상의 일에 관해 물었다. 사마휘는 "저 같은 사람이 어찌 시무(時務)를 알겠습니까? 시무를 아는 자는 준걸(俊傑) 중에 있으며 이런 준걸에는 복룡(伏龍)과 봉추(鳳雛)가 있습니다"라고 말했다. 유비가 그들이 누구인지 묻자, 사마휘는 "제갈공명(諸葛孔明)과 방사원(龐士元)입니다"라고 말했다.」는 기록이 있다. 이 기록에서 알 수 있듯이

---

4 이 당시 제갈량의 관직은 신하로서 오를 수 있는 최고의 관직 중 하나인 "승상(丞相)"이었다.

5 중국 동진의 저술가 습착치(習鑿齒, ?~384년경)가 지은 지방지이자 역사서.

제갈량 동상

제갈량은 젊은 시절 자신의 능력
을 드러내길 즐겼었다.
(출처: Wikimedia Commons)

제갈량은 비록 처음에는 세상의 조롱을 받았었지만, 점차 친구들을 뛰어넘는 출중한 능력으로 말미암아 사마휘 같은 당대의 명사들에게 인정을 받기 시작했던 것이다.

『삼국지』「제갈량전」에는 「서서가 선주(유비)를 만나보자 선주가 그를 중히 여겼다. 서서가 선주에게 말했다. "제갈공명은 와룡(臥龍)입니다. 장군께서는 어찌하여 그를 보고자 하십니까?" 선주가 말했다. "그대가 데리고 오시오." 그러자 서서가 말했다. "이 사람은 가서 만나볼 수는 있으나 몸을 굽혀 오게 할 수는 없습니다. 장군께서 의당 몸을 낮추시고 방문하셔야 합니다."」라는 기록이 있다. 이 기록에 따르면 유비가 "중히" 여길 정도로 그 능력이 뛰어났던 서서[6]조차, 제갈량을 유비에게 치켜세우고 있다. 제갈량이 자신보다 더 뛰어나다는 뉘앙스로 말이다. 똑똑하고 머리가 좋은 사람은 자존심이 강하다. 그러한 서서가 봐도 제갈량은 인정할 수밖에 없는 차원이 다른 인재였던 것이다.

혹자는 제갈량이 자신을 관중과 악의에 비유하고 다녔던 이유는, 벼슬자리를 얻을 목적으로 스스로를 홍보하기 위한 것이었다고 주장하기도 한다. 그럴듯한 주장이다. 그러나 제갈량의 능력을 알아본 사마휘 같은 당대의 명사들이 그를 유비에게 추천해 주었었고, 인재 욕심이 그 누구보다도 많았던 조조가 제갈량에게 한약재를 선물로 보내며 함께 일하자고 권유했던 것으로 추정되는 사실도 있다는 점

---

6 서서는 처음에는 유비에게 임관하였다가, 이후 조조에게 등용된다.

에서 "제갈량은 벼슬자리를 얻을 목적으로 일부러 잘난 척을 하고 다녔다"는 주장에 전적으로 동의하기는 힘들다. 그렇다면 그는 대체 왜 겸손이 미덕인 사회에서, 그것도 주변에서 본인을 알아서 홍보해주고 있었음에도, 넘치는 자신감을 스스로 드러내고 다녔던 것일까?

세상의 조롱을 받기도 했던 제갈량의 호기로움은 유비에게 임관한 후에는 역사서에서 관련된 기록을 아예 찾아볼 수가 없다. 청년시절 그는 내놓으라는 인재들과 같이 수학하면서 자신의 재능이 그들보다 뛰어나다는 것을 확인했고, 서서와 같은 그의 친구들은 제갈량을 자신들보다 더 뛰어난, 차원이 다른 인재로 대우해주었다. 젊은 시절 제갈량은 자신이 세상에 나가기만 하면 난세를 바로 잡을 수 있을 것이라는 확신에 넘쳐있었을 것이다. 그리고 그는 그러한 자신감을 호기롭게 드러내는 혈기왕성한 청년이었다. 그러나 유비에게 임관한 후, 예상하지도 못한 수많은 어려움과 역경을 겪으면서 세상이 자기 뜻대로만 자기능력만으로만 풀리지 않는다는 사실을 절실히 깨달았을 것이다. 자연스럽게 청년시절의 그 호기로움은 점차 옅어지고, 관록과 겸손이 그 자리를 메워 나갔을 것이다. 후술하겠지만, 제갈량은 나중에 승상(丞相)에 임명되고 난 후, 자신은 능력이 부족하여 때때로 잘못된 정책을 펼칠 수도 있으니, 이러한 일이 발생하지 않도록 본인의 과오에 대해 적극적으로 지적해달라는 교서를 부하들에게 내린 적이 있다. 청년 제갈량이라면 상상도 못할 일 아닌가. 어쨌든 아무리 겸손이 미덕이라지만, 스스로 내 능력에 대한 자신감이 있다면 어린나이에 한 번쯤 호기를 부려 보는 것도 이해할 만하다. 이러한 점에서 자신을 관중과 악의에 비유하고 다녔던 청년 제갈량의 모습이 그리 밉게만 보이지는 않는다.

최고 우등생, 제갈량의 공부법

제갈량도 사람인 이상 스스로 노력하지 않고 남들보다 뛰어난 능력을 가지게 되었을 리 만무하다. 분명 그도 자신의 능력을 기르기 위해 공부에 많은 시간을 할애했을 것이다. 그렇다면 그만의 공부 방법은 어떤 것이었을까? 『위략(魏略)』을 보면 「제갈량은 석도, 서서, 맹건 등과 함께 유학(遊學)했다. 이 세 명은 정숙(精熟, 정밀하게 숙지함)에 힘썼으나 제갈량은 홀로 대략(大略, 큰 줄거리)을 살폈다.」는 언급이 있다. 이 기록으로부터 우리는 서서와 같은 제갈량의 친구들은 책에 쓰여진 글자 하나하나를 정밀하게 읽으며, 그 의미를 파악하는 데에 중점을 둔 공부를 했었다는 사실을 추론해 볼 수 있다. 이는 당시 경전을 읽는 학자들이 행하는 정석적인 공부법이었다. 현대에서야 학문의 우열을 가리지 않지만, 당시에는 철학, 즉 경전을 읽어 인간의 본질을 탐구하는 것이 가장 고귀하고 수준 높은 학문이었다. 이를 위해 학자들은 경전에 쓰여 있는 글자 하나도 그냥 지나치지 않고, 『위략』의 표현대로 정밀하게 공부했다. 당시에는 비록 생활이 곤궁하더라도 초가집에 틀어박혀 경전을 공부하

면, 그 사람은 진정한 학자라는 주위의 존경을 받았었다. 이러한 풍
토는 공자(孔子)에서 비롯된 유교적 질서가 당시 사회를 지배하고
있었기 때문에 생겨난 것이었다. 경전의 뜻을 정밀히 파악하는 데
에 중점을 두었던 학문을 훈고학(訓詁學)이라 한다. 훈고학은 중국
대륙을 최초로 통일했던 진시황에 의해 유교가 심하게 박해 당하
자, 유교를 다시 부흥시키고자 등장했던 학문이다. 후일 성리학(性
理學)과 양명학(陽明學)의 근본이 되기도 한다.

그러나 제갈량은 "무릇 학자라면 경전을 정밀히 탐구해야 한다"
는 당시의 고정관념을 과감히 벗어던졌다. 그리고 그는 무슨 책이
든지 간에 책의 큰 줄거리, 즉 핵심을 파악하는데 힘썼다. 한마디로
실용적인 자세로 학문에 접근했다. 당연히 글자 한자 한자에 집중
하는 그의 친구들보다 실용적이고 다양한 지
식을 더 많이 접할 수 있었을 것이다. 제갈

제갈량 조각상

량이 당시에 유행했던 공부법을 고집하지 않
고 책의 요점을 파악하려 애썼던 이유는 기
존의 학문풍토가 당장 현실에 필요한 정책을
고안하기 위한 용도로는 적절치 않다고 생각
했기 때문이었을 것이다. 그가 살았던 시대
는 한마디로 혼돈의 시대였다. 황제는 점차
유명무실해지고, 각 지역에 웅비하고 있던
군웅들이 패자(覇者)로 등극하기 위해 서로
전쟁을 일삼던 시기였다. 당연히 백성들의
삶은 갈수록 피폐해져만 갔다. 이러한 상황
에서 경전의 한 글자 한 글자를 탐구하는 것

제갈량은 관습에 얽매이지 않고, 시대
에 필요한 학문을 탐구하기 위해 힘
썼다. (출처: Wikimedia Commons)

은 세상을 바꾸고자 했던, 난세를 종식시키고자 했던 제갈량에게는 맞지 않는 공부법일 수밖에 없었던 것이다.

제갈량은 관습에 얽매이는 사람이 아니었던 듯하다. 그는 이 주제에서 소개한 공부법뿐만 아니라, 국가의 일을 행함에 있어서도 이전의 방식과 관습에서 벗어나 더 나은 정책을 입안하려고 많은 노력을 기울였었다. 이후의 주제에서 이러한 그의 모습에 대해 더 자세히 다뤄보도록 하겠다.

04

제갈량은 키도 크고 미남이었다?

역사서에 기록된 제갈량의 외모

『삼국지』「제갈량전」을 보면 「(제갈량은) 키가 8척에 용모가 매우 훌륭하니 당시 사람들이 그를 남다르게 여겼다.」는 언급이 있다. 키가 8척이면 지금 기준으로 몇 cm였을까? 한(漢)나라 시대에 1척의 길이는 전한(前漢, 기원전 202년~기원후 8년)과 후한(後漢, 25~220년) 시대에 따라 약간씩 다르다. 전한 시대에 1척은 약 23cm였으며, 후한 시대에는 약 23.7cm였다는 중국의 연구결과가 있다. 이에 따르면 제갈량의 키는 전한 기준이면 184cm이고, 후한 기준이면 189.6cm이다. 지금 기준에서도 그는 상당한 장신이다. 물론 진수가 제갈량의 키를 정확히 재고 나서 8척이라 기록했던 것은 아니었을 것이다. 따라서 그의 키가 반드시 180cm를 넘었었다고 단정하기는 어렵다. 그러나 당시의 사람들에 비해 상당히 큰 키였던 것만은 확실하다.

다음으로 그의 용모에 대해 살펴보자. 진수는 제갈량의 용모가 그냥 "훌륭하다"도 아니고, "매우 훌륭했다"라고 기록하고 있다. 진수가 233년생이고 제갈량은 234년에 사망한다. 따라서 그가 제갈량의 얼굴을 실제로 봤을 가능성은 거의 없다. 봤더라도 진수가 한 살이나 두 살이었을 테니, 제갈량의 얼굴이 기억에 남아있지도 않았을 것이다. 다만, 그는 촉에서 관직생활을 한 그의 아버지[1]를 따라 촉나라에서 자랐고, 촉의 핵심 문관이었던 초주(譙周, ?~270년)를 스승으로 모시고 다수의 관료들과도 교류했었다. 이들 중에는 분명 제갈량을 직접 본 사람이 있었을 것이다. 특히 제갈량과 오래도록 같이 일한 경험이 있는 초주는 분명 제갈량의 얼굴을 자세하게 기억하고 있었을 것이다. 진수는 이러한 초주에게서 제갈량의 생김새에 대해 자세히 전해 들었던 게 아니었을까? 따라서 제갈량의 용모가 "매우 훌륭했다"라고 표현하고 있는 『삼국지』의 기록은 아예 근거가 없는 이야기는 아닐 것이다.

좀 더 나아가 보자. 우리는 보통 『삼국지연의』의 영향으로 인해 신선들이 입는다는 소매가 넓은 학창의(鶴氅衣)를 입고, 비단으로 만든 두건을 쓰고, 새의 깃털로 만든 부채를 손에 들고 있는 제갈량의 모습을 상상한다. 그러나 『삼국지』는 이와 같은 그의 모습에 대해 전혀 언급하고 있지 않다. 그러나 우리가 상상하는 그의 모습이 아예 역사적 근거가 없는 것도 아니다. 『태평어람(太平御覽)[2]』에는 「제갈량의 북벌 당시 사마의가 사람을 보내 제갈량을 살펴보게 했는데, 제갈량은 흰 수레를 타고 갈건을 쓰고 학우선을 든 채 삼군을 지휘한다고 전했다. 이에 사마의가 감탄하여 "가히 명사라 이를 만하다."라고 말했다.」는 기록이 있다. 이 기록은 우리가 보통

---

1 우리가 흔히 알고 있는 진식이 아니다. 이에 관해서는 후술하겠다.
2 송나라 시절(983년) 편찬된 백과사전 격의 책.

상상하는 제갈량의 모습을 거의 그대로 똑같이 묘사하고 있다. 나관중이 『삼국지연의』를 집필했던 시기는 14세기로 추정되며, 『태평어람』은 14세기보다 훨씬 이전인 송나라 시절(10세기)에 쓰여진 책이니, 두건을 쓰고 부채를 들고 있는 제갈량의 모습은 순전히 나관중의 창작에 의한 것이 아니었다는 점을 우리는 『태평어람』의 기록을 통해 확인해볼 수 있는 것이다.

제갈량 동상

학창의를 입고, 부채를 들고 있는 동상의 모습이 우리가 보통 상상하는 제갈량의 모습 그대로이다.
(출처: Wikimedia Commons)

삼국지의 대표 미남들

이 주제를 끝내기 전에 이왕 외모에 대한 이야기가 나왔으니 역사서에 미남이라고 기록되어 있는 삼국지 인물들은 누가 있었는지 한 번 살펴보도록 하자.

먼저, 백마장군 공손찬(公孫瓚)이다. 『삼국지』「공손찬전」을 보면 「공손찬은 좋은 자태와 풍채를 갖추고 목소리가 크니 후태수(侯太守)가 그를 기특하게 여겨 자신의 딸을 처로 삼게 했다.」는 기록이 있다. 그는 남자다운 매력을 가진 사람이었던 듯하다. 원소(袁昭)도 공손찬에 뒤지지 않았다. 「원소전」을 보면 「원소는 용모와 자태가 뛰어나고 위엄이 있어, 능히 휘하의 선비들을 절도 있게 굴복시키니, 많은 선비들이 그에게 귀부하였다.」는 기록이 있다. 다음은 손책(孫策)이다. 「손책전」을 보면 「손책의 사람됨은 용모와 얼굴이 빼어났다.」라고 적혀있다. 손책의 친구 주유(周瑜)도 미남이었다. 「주유전」에는 「주유는 건강하고 자태와 용모가 빼어났다.」고 기록되어 있다. 참고로 영화배우 주윤발이 주유의 실제 후손으로 알려져 있다. 이외에도 마초의 아버지 마등(馬騰), 장판파에서 유선을 구한 조운(趙雲), 조조의 참모였던 순욱(荀彧), 조비의 아들 조예(曹叡), 촉나라에서 위나라로 배신했던 맹달(孟達), 형주의 주인이었던 유표(劉表)와 그의 아들 유기(劉琦) 등이 용모가 뛰어났었다고 기록된 인물들이다.

제갈량이 배우자를 선택할 때
가장 중요시 했던 조건은?

　『삼국지』에는 제갈량의 결혼에 대한 기록이 없으나, 배송지가 주석으로 단『양양기』의 기록을 통해 그의 결혼에 대한 정보를 얻을 수 있다. 『양양기』에는 「황승언은 면남(沔南)의 명사였다. 제갈공명에게 말했다. "그대가 부인을 고른다고 들었소. 내게 못난 딸이 있는데, 노란 머리에 얼굴이 검지만 그 재주가 서로 배필이 될 만하오." 공명이 허락하자 곧 그녀를 실어 보냈다. 당시 사람들이 이를 웃음거리로 삼고 향리인들이 속어를 지어 말했다. "공명이 부인 고르는 것은 배우지 마라. 황승언의 못난 딸을 얻으리라."」라는 기록이 있다. 이 기록을 토대로 추측해보면 제갈량은 황승언의 딸과 결혼했다. 그런데 그 딸의 생김새는 당시 사람들이 "제갈량이 부인 고르는 것을 닮지 말라"고 했을 정도로 아름답지는 않았던 것 같다. 시대를 막론하고, 남자든 여자든, 예쁘고 잘생긴 배우자를 얻으려는 욕심은 누구나 가지고 있다. 그러나 제갈량은 이러한 욕심을 크게 부리지 않았던 듯하다. 그렇다면 그가 욕심을 부렸던 배우자의 조건은 무엇이었을까? 이 물음에 답을 하려면 먼저 제갈량의 장인인 황승언(黃承彦)이라는 인물에 대해 좀 더 자세히 살펴볼 필요가 있다.

황승언은 채풍(蔡諷)이라는 사람의 큰 딸과 결혼한 사람이었다. 당시 채풍을 위시한 채씨 일가는 『양양기』에 「한나라 말, 여러 채(蔡)씨들은 가장 번성하였다.」는 기록이 있을 정도로 형주지역에서 가장 큰 권세를 가지고 있던 가문이었다. 이 당시 형주를 다스리고 있던 유표(劉表, 142~208년)가 채풍의 작은 딸을 아내로 맞이할 정도였다. 유표가 채풍의 딸을 아내로 받아들였던 이유는 채씨 가문의 도움 없이는 형주에서 자신의 지배권을 유지하는 데에 한계가 있을 수도 있다고 생각했기 때문이었을 것이다. 우리에게 꽤 익숙한 이름인 채모(蔡瑁)도 채풍의 아들이다. 채모에 대해 『양양기』에서는 「채모의 집은 매우 좋았고, 담장에는 모두 푸른 돌로 각우(角隅)를 지었으며, 비첩(婢妾)이 수백 명이었고 별장이 약 50곳에 있었다.」라고 언급하고 있다. 채씨 집안의 위세와 재력이 어느 정도였는지를 가늠할 수 있게 해주는 또 다른 기록이라 할 수 있다.

황승언은 이러한 채씨 가문과 결혼으로 이어진 사람이었다. 당시 형주를 주름잡고 있던 최고의 권세가 채풍이 아무에게나 자신의 딸을 시집보냈겠는가. 우리는 그가 자신의 큰 딸은 황승언에게, 작은 딸은 유표에게 시집보낸 것에서, 당시 황승언도 유표에 비견될 수 있는 형주의 꽤 유명한 명사였다는 점을 추론해 볼 수 있는 것이다. 앞서 소개한 『양양기』의 기록에서도 황승언을 "면남(沔南)의 명사였다"고 표현하고 있지 않은가. 아마 제갈량에게 이러한 황부인의 집안배경은 매우 매력적인 조건으로 다가왔을 것이다. 본래

서주가 고향인 제갈량은 형주에 아무런 기반이 없었다. 그러나 황부인과 결혼을 하게 되면 형주에서 나름 이름을 날리던 황씨 가문은 물론이고, 형주 최고의 권세가문인 채씨와도 연결고리를 가지게 될 수 있었다. 그는 이러한 점을 따져보고 결혼을 결심했던 것 같다. 배우자의 외모나 성격보다는 배우자가 가지고 있는 집안배경을 더 중시했던 것이다. 제갈량이 지금시대에 살았더라면 분명 속물이라는 소리를 듣지 않았을까 하고 상상해본다.

유비에게 임관한 후부터 적벽대전까지

제갈량의 연도별 주요 행적 및 관련 사건

시기	나이	주요행적
207년	27살	• 유비에게 임관함
208년	28살	• 7월 조조, 형주정벌을 위해 남하함 • 8월 형주의 군벌 유표(劉表)가 사망함. 그의 막내아들 유종(劉琮)이 뒤를 이음 • 9월 유종이 조조에게 항복함. 유비는 하구로 백성을 이끌고 피난함. 이때 제갈량을 손권에게 파견하여 연합군 결성을 추진함 • 11월 유비·손권 연합군이 조조를 격파함
209년~ 210년	29살~ 30살	• 유비가 무릉(武陵), 장사(長沙), 계양(桂陽), 영릉(零陵) 등 형주 남쪽을 평정하고, 제갈량을 군사중랑장(軍師中郎將)으로 삼아 영릉, 계양, 장사 3군을 감독하며 조세를 거두어 군대의 무기와 군량을 보급하게 함

06

삼고초려(三顧草廬)는 소설 속 이야기?

역사서에 기록된 삼고초려

삼국지 좀 읽었다 하는 사람들 중에서도 "삼고초려는 지어낸 이야기다"라고 말하는 사람이 있다. 유비가 제갈량을 세 번이나 찾아갔었다는 것은 나관중이 창작해 낸 허구라는 것이다. "제갈량보다 스무 살이나 더 많은 관록의 유비가 실무경험도 전혀 없는 한낱 젊은 서생을 세 번이나 찾아갔었다는 게 현실에서 흔히 일어날 수 있는 일인가? 세상에 어떻게 이 같은 아름다운 이야기가 있을 수 있냐?"는 식의 논리이다. 과연 그럴까? 실제 역사서의 기록을 살펴보자. 『삼국지』에는 삼고초려와 관련된 기록이 두 번 등장한다. 첫 번째는 「제갈량전」에 언급된 「선주(유비)가 제갈량을 방문했고 세 번만에 만날 수 있었다.」는 기록이다. 두 번째는 제갈량의 출사표(出師表) 중 「선제께서 신을 비루하다 하지 않고 외람되게도 친히 몸을 낮추시고 신의 초려(草廬)를 세 번 찾아 당세의 일을 물으시니 이에 감격하여 마침내 선제를 위해 힘쓸 것을 약속드렸습니다.」라는 구절이다. 이처럼 삼고초려의 고사는 역사서에 기록되어 있고, 제갈량이 직접 쓴 출사표에서도 언급되어 있는 엄연한 "역사적 사실"이다. 다만, 제갈량이 유비를 먼저 찾아갔었다는 역사기록이 아예 없는 것은 아니다. 『위략』을 보면 다음과 같은 일화가 소개되어 있다.

유비는 번성(樊城)에 주둔하고 있었다. 이때 조조가 이제 막 하북을 평정했으니 제갈량은 형주가 그 다음 차례로 적을 맞이할 것을 알았다. 그러나 유표는 성정이 굼뜨고 군사에 밝지 못하니 이에 제갈량은 북쪽으로 가서 유비를 만났다. 유비는 제갈량과 교분이 없고, 그의 나이가 어렸으므로 여러 유생 중 한 명으로 짐작하고 그를 대접했다. 모임이 끝난 후 뭇 빈객들이 모두 떠났으나 제갈량은 홀로 남아 있었는데, 유비 또한 그가 말하고자 하는 바가 무엇인지 묻지 않았다. 유비는 평소 짐승털이나 새 깃털로 장식품을 짜는 것을 좋아했는데, 때마침 어떤 이가 유비에게 소꼬리 털을 주었으므로 직접 손으로 짜고 있었다. 이에 제갈량이 말했다.
"명장군(明將軍)께서 원대한 뜻이 있다고 하더니, 짐승털이나 짜는 것이었습니까!"
유비는 제갈량이 범상한 인물이 아님을 알았다. 이에 짜던 것을 내던지고 대답했다.
"그게 무슨 말씀이오. 내 잠시 근심을 잊으려던 것뿐이오."
(중략)
제갈량이 말했다.
"지금 형주에 백성이 적은 게 아니고 호적에 실린 자가 적습니다. 호적을 다시 조사하여 물자 등을 거두고 군역을 맡기면 군사들을 늘릴 수 있을 것입니다."
유비가 이 계책에 따르니 마침내 그 무리가 강성해졌다. 이로 말미암아 유비는 제갈량이 뛰어난 지략을 갖추었음을 알고 그를 상객으로 예우했다.

이 일화만 보면 제갈량이 유비를 먼저 찾아간 것이 된다. 그러나『삼국지』에 주석을 단 배송지는 제갈량이 출사표에서 유비가 초려를 세 번이나 찾아왔었다고 직접 언급하고 있으므로, 제갈량이 유비를 먼저 찾아갔었다는『위략』의 내용은 신뢰하기 어려운 것이라고 단정하고 있다. 즉, 유비가 먼저 제갈량을 세 번 찾아갔었다는 삼고초려의 고사가 사실일 가능성이 더 높다는 것이다.

삼고초려(三顧草廬)를 표현한 그림

(출처: Wikimedia Commons)

유비입장에서 생각해본 삼고초려

이제 삼고초려가 역사적 사실이었다는 점이 어느 정도 명백해졌다. 그렇다 하더라도 삼고초려는 정말 소설 같은 이야기이다. 제갈량이 아닌 유비입장에서 삼고초려를 한 번 접근해 보자. 유비가 누구인가? 당시에 그는 비록 유표에게 의탁하고 있었지만, 중국 전역에 그 명성이 퍼져있던 인물이었다. 당대의 영웅이라 불렸던 조조와 원소는 유비가 의탁을 청했을 때 자신의 부하가 아닌 같은 군주의 반열로 대우했었다. 그 정도로 유비를 쉽게 무시하지 못했다. 이에 반해 제갈량은 심하게 말하면 초야에 묻혀 사는 한낱 서생에 불과했던 인물이었다. 그것도 유비보다 스무 살이나 젊은, 사회경험이 전혀 없는 애송이 말이다. 사마휘 같은 당대의 명사가 아무리 그를 유비에게 추천해 주었어도, 유비입장에서 제갈량은 아무것도 검증된 바가 없는 "빛 좋은 개살구"일 수도 있었다. 그런데도 유비는 제갈량을 얻으려고 몸을 굽혀 초려를 세 번이나 찾아갔다. 처음에는 "그래. 제갈량이라는 사람이 나이는 어리지만, 그렇게 능력이 뛰어나다고 하니 한 번 찾아가보자"고 마음먹고 초려를 방문했을 것이다. 그런데 만나지도 못하고 돌아왔다. 유비가 보통사람이었다면 "내가 온다는 소식을 분명 들었을 텐데 집을 비우고 어딜 간 거지? 스무살이나 어린 너를 내가 직접 찾아갔는데, 대체 얼마나 잘났기에 이렇게 오만방자하지?"라고 생각했을 것이다. 그러나 유비는 달랐다. 만약 제갈량을 처음 방문한 이후 유비가 보통사람들처럼 마음먹었었다면, 그는 절대로 두 번째, 세 번째 방문을 하지 않았을 것이다. 그는 진정으로 제갈량을 얻고 싶은 마음에, 그의 모든 자존심을 버리고 계속해서 제갈량을 찾아갔던 것이다. 유비의 이 간절

유비(劉備, 161~223년)의 석상

인재를 갈구하는 유비의 진실된 마음이 삼고초려의 고사를 만들어냈다.
(출처: Wikimedia Commons)

한 마음이 삼고초려라는 소설 같은 이야기를 만들어 냈다. 인재를 갈망하는 마음. 그것은 성공하는 리더의 가장 중요한 덕목 중 하나다. 유비는 이러한 덕목을 갖춘 군주였다. 2020년에 작고한 이건희 회장이 주창했던 "신 경영"은 삼성을 글로벌 기업으로 발돋움시키는데 큰 역할을 했다. 신 경영의 핵심내용 중 하나는 "인재경영"이었다. 평소에 이건희 회장은 뛰어난 인재를 고용하려면 "삼고초려의 예를 두려워하지 말라"고 강조했었다고 한다. 필자를 포함한 보통사람들은 자기보다 나이가 어리고, 경험이 부족한 사람을 그의 실제능력과 상관없이 쉽게 무시하곤 한다. 내가 어느 정도 사회적 위치가 있고, 꽤 성공한 사람이라면 그 무시의 강도는 더욱 심해진다. 자신보다 스무 살이나 어린, 심지어 뚜렷한 커리어도 없었던 제갈량을 몸을 낮춰 세 번이나 찾아갔던 유비가 왜 역사에 이름을 남길 수 있었는지 납득이 가는 부분이다.

왜 제갈량은 조조가 아닌 유비를 선택했을까?

아무리 유비가 중국전역에서 높은 명성을 가진 인물이었어도, 제갈량 임관당시 그가 가진 외형적 자산은 매우 보잘것없는 것이었다. 현대로 비유하면 유비는 자본금이 거의 없는 스타트업에 불과했다. 자신의 영토라고 주장할 수 있는 땅이 하나도 없어 이리저리 의탁하다, 결국 형주의 유표에게까지 온 그야말로 처량한 신세였다. 인재를 무엇보다도 중요시했던 조조가 제갈량을 등용하려 했었다는 사실이 전해져 내려오는 만큼, 제갈량은 마음만 먹으면 당시에 가장 잘나가는 "대기업"이던 조조에게 갈 수도 있었다. 그럼에도 불구하고 그는 영토 하나 가진 게 없는 유비를 선택했다. 혹자는 이러한 제갈량의 선택에 대해, 인재가 넘쳐나는 조조에게 가서는 자신이 크게 중용 받지 못할 가능성이 높았기 때문에 유비를 선택한 것이라고 주장하기도 한다. 그러나 이는 반만 맞고, 반은 틀린 이야기다. 왜 그런지 지금부터 필자의 생각을 전개해 보도록 하겠다. 먼저, 『삼국지』『제갈량전』에 기술되어 있는 융중대(隆中對)를 살펴보자. 세 번의 방문 끝에 겨우 제갈량을 만난 유비가 그에게 묻는다.

"한실(漢室)이 무너지고 간신이 천명을 훔쳐 주상(主上)께서 몽진 길에 오르게 되었소. 나는 스스로의 덕과 역량을 헤아리지 못하고 천하에 대의를 펴고자 했으나 아는 바가 많지 않고 부족해 좌절하다 오늘에 이르렀소. 그러나 뜻은 여전히 버리지 않았으니, 장차 어찌해야 할지 알려주시겠소?"

제갈량이 대답했다.

"동탁 이래 호걸들이 아울러 일어나 주(州)를 타넘고 군(郡)을 연결한 자가 헤아릴 수 없이 많습니다. 조조는 원소에 비하면 명성은 미약하고 그 군사는 적었으나 마침내 원소를 이겨 약자에서 강자가 될 수 있었던 것은 오로지 천시(天時)만이 아니라 또한 사람의 꾀에 의지했기 때문입니다. 지금 조조는 백만 군사를 거느린 채 천자를 끼고 제후에게 호령하므로 실로 그와 대적할 수 없습니다. 손권은 강동을 점거해 차지한 지 이미 3대가 지났고, 나라는 험하며 백성들은 귀부하고 현능한 이들이 쓰이고 있으니, 가히 동맹으로 삼을지언정 도모할 수는 없습니다. 형주(荊州)는 북쪽으로 한수, 면수에 의지해 그 이익이 남해(南海)에 다다르고, 동쪽으로 오회(吳會, 오나라)와 연결되고 서쪽으로 파(巴), 촉(蜀)과 통하니 이는 요충지입니다. 그러나 그 주인이 능히 지킬 수 없어, 이는 거의 하늘이 장군께 주려는 것이니 장군은 취할 뜻이 있으십니까? 익주(益州)는 지형이 험준하나 기름진 땅이 풍부하여 고조(高祖, 유방)께서 이에 의지해 제업(帝業)을 이루었습니다. 유장이 어리석고 나약하여 장로가 북쪽을 차지하고 있는데, 백성은 넉넉하고 나라는 부유하나 백성들을 다독일 줄 모르니 지혜롭고 재주 있는 선비들은 명군(明君) 얻기를 고대하고 있습니다.

(중략)

만약 형주, 익주를 타넘어 차지해 그 험준함에 기대고, 서쪽으로 여러 융족들과 화친하고 남쪽으로 이월(夷越)을 어루만지며, 밖으로는 손권과 화친하고 내정을 갈고 닦으면서, 천하에 변고가 있을 때 한명의 상장(上將)에게 명해 형주의 군사를 이끌고 완(宛), 낙(洛, 낙양)으로 향하게 하고 장군께서는 몸소 익주의 군사를 거느리고 진천(秦川)으로 출병하신다면, 장

군을 영접하지 않을 백성이 감히 누가 있겠습니까? 실로 이처럼 한다면 가
히 패업(霸業)이 이루어지고 한실(漢室)이 흥할 것입니다."

앞으로의 계책을 묻는 유비에게 제갈량은 준비했다는 듯이 그 유
명한 융중대, 즉, 천하삼분지계(天下三分之計)를 구체적으로 제시한
다. 그 내용을 요약해보면 "유표는 형주를 지킬 능력이 없으니 장
차 형주를 취하고, 그 이후 익주를 병합한 뒤 손권과 연합하자. 그
리고 익주, 형주에서 각기 군을 이끌고 손권과 함께 조조를 공격하
여 천하통일을 노려보자"이다. 제갈량이 애초에 유비와 함께할 마
음이 없었다면, 이렇듯 구체적인 전략을 유비를 처음 만난 자리에
서 바로 쏟아낼 수 있었을까? 그는 조조나 손권이 찾아왔었더라도
"융중대" 같은 상세한 마스터 플랜을 그들에게 제시할 수 있었을
까? 아닐 가능성이 크다. 분명 제갈량은 오래전부터 유비를 자신의
꿈을 실현시켜 줄 수 있는 최적의 군주라고 생각하고 있었을 것이
며, 그래서 그를 위한 마스터 플랜(융중대)을 오래도록 준비하고 있
었을 것이다. 이렇기 때문에 그는 유비를 처음 만난 자리에서 한
치의 망설임도 없이 제업을 달성할 수 있는 구체적인 전략을 제시
할 수 있었던 것이다.

제갈량이 관직에 나아가고자 한 의도는 단순한 입신양명을 위한
것이 아니었다. 그에게는 원대한 꿈과 목표가 있었다. 앞에서 필자
가 "조조에게 가서는 본인이 중용 받지 못할 가능성이 높았기 때문
에 유비를 선택한 것이다"라는 주장이 반은 틀린 이야기라고 언급
했던 것은, 제갈량이 조조에게 가지 않은 가장 중요한 이유는 본인
이 조조 밑에서 중용 받지 못하게 될 것을 두려워했기 때문이 아니

라, 조조는 자신이 추구하는 꿈과는 상당히 거리가 있는 군주였기 때문이다. 그의 꿈이 단순히 입신양명에 있었다면 오히려 조조에게 가는 것이 더 좋을 수도 있었다. 스타트업의 임원이 되는 것보다 대기업의 과장이나 차장이 되는 게 입신양명을 위해 더 유리하지 않은가. 그러나 제갈량이 군주를 선택할 때 가장 우선시했던 것은 과연 그 군주가 자신의 꿈과 비전을 실현시켜 줄 수 있는지에 대한 여부였다.

반면 필자가 "조조에게 가서는 본인이 중용 받지 못할 가능성이 높았기 때문에 유비를 선택한 것이다"라는 주장이 반은 맞는 이야기라고 언급한 이유는, 일단 제갈량이 유비가 자신의 꿈을 실현시켜 줄 수 있는 최적의 군주라고 생각하고 있었다면, 그 다음 고려 사항으로 그가 얼마나 자신의 전략과 조언을 존중해 줄 것인지를 반드시 헤아려봤을 것이기 때문이다. 아무리 군주가 나와 같은 비전과 꿈을 가지고 있다 하더라도 내 의견을 정책에 반영해 주지 않는다면 아무 소용이 없다. 제갈량은 생각했을 것이다. 먼저 유비 주위에 자기와 같이 전략과 정책을 입안할 수 있는 참모가 있는지. 있다면 이미 유비 곁에 있는 그 참모와 항상 설전을 통해 자신의 생각을 설득해 나가야 한다. 골치 아픈 일이다. 그런데 다행히도 유비에게는 그런 참모가 없었다. 다음으로 제갈량은 유비가 자신의 말에 얼마

제갈량이 유비와 함께 융중을 떠나고 있는 모습을 표현한 그림

맨 오른쪽이 유비, 유비 바로 옆이 제갈량.
(출처: Wikimedia Commons)

나 귀 기울여 줄 것인지를 가늠해 봤을 것이다. 경쟁하는 참모가 없더라도 관록의 유비가 스무 살이나 어린 신출내기의 조언을 모두 들어줄 가능성은 크지 않기 때문이다. 현대 사회에서도 그렇지 않은가. 인간은 자연스럽게 나이가 들고 경험이 쌓일수록 자신의 생각이 가장 합리적이라고 생각하는 경향이 있다. "너가 똑똑한 건 아는데 이건 내 생각이 맞아. 너가 경험을 안 해봐서 그래. 보통 이런 일은 이렇게 하는 게 맞아" 우리가 인생을 살면서 남에게 많이 들어왔고, 또 우리가 남에게 많이 했던 이야기 아닌가. 제갈량도 이러한 경우를 걱정했을 것이다. 그렇다면 방법은 뭘까? 유비에게 임관한 후 자신의 발언력을 높이려면?

필자는 제갈량이 이와 관련해 두 가지 전략을 마련하지 않았나 싶다. 첫 번째는 유비를 위해 융중대로 대표되는 장기적이고 구체적인 비전을 만들어 주는 것이다. 제갈량은 유비의 부하 중 그 누구도 생각하지 못했던 마스터 플랜을 유비에게 선제적으로 제시하여 "나는 지금 당신 밑에 있는 여느 사람들과는 다르며, 당신의 꿈을 실현시켜 줄 수 있는 최적의 인재"라는 점을 강조하려 했을 것이다. 둘째로, 유비의 등용요청을 한 번에 수락하지 않는다. 여러 번의 거절을 통해 자신의 몸값을 높이는 것이다. 만약 유비가 자신을 한번 찾아오고 포기한다면, 아무리 그가 본인과 동일한 꿈을 꾸고 있는 군주라 하더라도 자신이 그에게 중용받기는 어려울 것이라고 생각했을 것이다. 그러나 만약 유비가 포기하지 않고 계속해서 자신을 찾아온다면, 그는 자신을 귀하게 여기며 중용해 줄 군주라 확신할 수 있다고 생각했을 것이다. 어쩌면 제갈량은 유비를 테스트하고 있었는지도 모른다. 어찌 유비의 첫 방문을 그가 몰랐겠는

가. 어찌 그가 단순히 자신을 세 번 찾아 온 것에 감복하여 유비를 군주로 선택했겠는가. 제갈량은 원래부터 유비를 자신이 모실 군주로 점찍어 놓고 있었다. 그러나 그는 유비가 얼마나 자신을 중용해 줄 것인지, 얼마나 자신의 몸값을 높게 쳐 줄 것인지를 시험해 보고 싶었던 것이다.

"조조에게 가서는 본인이 중용 받지 못할 가능성이 높았기 때문에 유비를 선택했다"는 주장에 대해 『삼국지』에 주석을 단 배송지도 직접 의견을 낸 적이 있다. 일찍이 제갈량과 동문수학했던 최주평은 제갈량에게 "위나라에는 뛰어난 인재가 많아 중용되기 어려우니, 조조 밑으로 가지 말라"고 말한 적이 있다. 이에 대해 배송지는 "만약 제갈량이 중화(中華, 위나라를 뜻함)를 거닐며 그 뛰어난 재주를 펼쳤다면, 중화에 선비가 많다고 하여 어찌 가리고 막혔겠는가! 위나라에 몸을 맡겨 그 기량과 재능을 펼쳤다면 실로 진군(陳羣, ?~236년)[1]이나 사마의도 능히 서로 대등하게 겨루지 못할 것인데, 하물며 그 나머지 무리들이겠는가!"라고 주석을 달았다. 즉, 제갈량 정도라면 위나라에 가서도 사마의를 제칠 정도로 충분한 경쟁력이 있었을 것이므로, 그가 위나라로 가지 않았던 이유는 자신이 조조에게 중용받지 못할 것을 두려워했기 때문이 아니었다는 것이다. 필자도 앞에서 이미 언급했듯이 이러한 배송지의 의견과 비슷한 관점을 가지고 있다. 다만 필자는 애초부터 제갈량이 유비에게 임관할 것을 마음먹고 있었다 하더라고, 임관 후 자신이 유비에게 얼마나 중용을 받을 수 있을 것인지에 대해서도 많은 신경을 썼지 않았을까 하고 추측해 보는 것이다.

---

1 위나라에서 사공(司空)의 자리에까지 오른 중신(重臣).

08

드디어 공직자의 길로 들어선 제갈량.
그의 꿈은 무엇이었을까?

공직에 들어선 제갈량의 꿈

앞에서 필자는 제갈량이 공직에 나아간 목적은 자신의 입신양명을 위한 것이 아니었다고 수차례 강조한 바 있다. 그렇다면 제갈량이 공직에 나아가 이루고자 했던 꿈은 대체 무엇이었을까? 그가 쓴 출사표에는 아래와 같은 내용이 있다.

> 시중(侍中), 상서(尙書), 장사(長史), 참군(參軍)은 모두 충성스럽고 선량하며 죽음으로 절의를 지킬 신하들입니다. 바라옵건대 폐하께서 이들을 가까이 하고 믿으신다면 한실의 융성은 가히 날을 헤아리며 기다릴 수 있을 것입니다.
> (중략)
> 바라옵건대 폐하께서는 적을 토벌하고 한실을 부흥하는 일을 신에게 맡기시고, 만일 이루지 못하거든 신의 죄를 엄히 다스리시어 선제의 영전에 고하시옵소서.

제갈량은 황제 유선(劉禪, 207~271년)에게 올린 출사표에서 "한실의 융성, 한실부흥"을 강조하고 있다. 즉, 그의 꿈은 명확하게 한실부흥이었다. 유비도 제갈량과 같이 한실부흥을 꿈꿨었다. 나중에 유비가 황제에 등극하면서 국호를 촉(蜀)이 아닌 한(漢)으로 정했던 것도 한실부흥을 이루겠다는 의지를 피력하기 위함이었다. 그렇다면 왜 한실부흥이었을까? 단순히 한실을 부흥시키겠다는 목표는 뭔가 공허해 보인다. 왜 꼭 한나라가 다시 부흥해야 하는가? 한나라도 결국 심각한 부정부패로 백성들의 삶을 피폐하게 만들어 스스로 그 존립을 위태롭게 한, 한마디로 썩을 대로 썩은 국가였지 않은가. 이에 답하기 위해서는 역사기록을 좀 더 살펴볼 필요가 있다. 배송지가 소개한 『곽충 5사(郭沖五事)[1]』 중 4사를 보면 「제갈량이 기산으로 출병하자 농서(隴西), 남안(南安)의 2군(郡)이 이때에 응해 항복했다. 천수를 포위하고 기성(冀城)을 함락하여 강유(姜維)를 사로잡고, 남녀 수천 명을 데리고 촉으로 돌아왔다. 사람들이 모두 제갈량에게 축하하자 그가 정색한 채 근심하는 얼굴로 말했다. "널리 하늘 아래 한(漢)의 백성이 아닌 이가 없는데, 국가의 위력이 미치지 못해 백성들이 승냥이와 이리의 주둥이에서 고통 받도록 하고 있소. 한 사람이 죽어도 모두 나의 죄인데, 이 정도 일로 서로 축하한다면 어찌 부끄러운 일이 아니겠소?" 이에 촉나라 사람들은 제갈량이 위나라를 병탄하려고 하는 것은 단지 국경을 넓히려는 뜻이 아님을

---

1 곽충(郭沖)은 사마염이 세운 서진의 인물이다. 위나라가 멸망하고 서진이 건국되자 270년에 사마준(司馬駿, 232~286년, 사마의의 일곱 번째 아들)과 그 휘하의 사대부들이 제갈량에 대해 논했는데, 여러 사람들이 제갈량이 괜히 촉의 백성들만 고생시키고 힘은 약하면서 계획만 거창해 자신의 덕과 역량을 헤아리지 못했다고 비웃었다. 이에 곽충이 제갈량을 변호하며, 그의 능력을 가늠할 수 있는 다섯 가지 사례를 제시했는데, 이를 『곽충 5사』라 한다.

제갈량 초상화

(출처: Wikimedia Commons)

알게 되었다.」는 기록이 있다. 이 기록이 사실이라면 제갈량의 꿈인 한실부흥은 결국 통일된 국가를 세워 백성들을 계속되는 전란에서 구해내, 그들의 고통을 덜어주고 평안하게 하기 위한 "수단(도구적 목표)"으로서의 성격을 가진 것이었다. 즉, 한실부흥은 중간목표이고, 더 상위의 목표이자 최종목표는 백성들의 삶을 전란에서 구해내 평안하게 하는 것에 있었다는 것이다. 그렇다면 의문이 생긴다. "중국을 통일하여 백성들을 전란에서 구해내는 것이 최종목표였다면, 그 당시 가장 넓은 영토를 가지고 있던 조조에게 임관하는 것이 자신의 목표를 가장 효율적으로 달성할 수 있는 방안이 아니었을까?"라는 의문 말이다. 하지만 제갈량은 조조를 선택하지 않았다. 오히려 그는 여러 번에 걸쳐 조조를 한실의 역적이자 간흉(奸凶)의 무리라고 강하게 비판했었다. 그 이유는 무엇이었을까? 앞선 주제에서도 언급했듯이, 제갈량은 "서주 대학살"의 기억 때문에 조조가 중국을 통일시킨다고 해서 백성들의 삶이 이전보다 더 평안해지리라는 보장을 할 수 없을 거라고 생각하고 있었을 가능성이 크다. 그래서 제갈량은 중간목표로서 한실부흥을 강조했던 게 아닐까 싶다. 일단 그가 조조를 자신의 꿈과는 거리가 있는 타도해야 할 군주라고 단정하고 있었다면, 현재 조조에 의해 찬탈당하고 있는 한나라는 "다시 일으켜 세워야 할 대상"이 될 수밖에 없었기 때문이다. 그래서 제갈량은 자신과 똑같이 한실부흥을 꿈꿨던 군주, 백성을 아낄 줄 아는 인의(仁義)의 군주, 항상 조조와 반대되는 길을 걸었던 군주, 즉 유비를 선택했던 것이다. 이러한 필자의 생각에 대해 얼마든지 비판이 있을 수 있다. "제갈량의 목표는 영토 확장에 있었을 뿐, 백성들을 평안하게 하는 것에 있지 않았다. 백성들을 평안하게 하고자 했다면 왜 다섯 차례나 북벌을 일으켜 그들을 전란의 소용돌이에 밀어 넣었겠는가?"라는 식의 비판말이다. 일리가 있는 주장이다. 보통 이러한 주장을 하는 사람들은 앞에서 소개한 곽충 4사의 내용은 사실이 아니라고 부정한다.

입신양명이 제갈량의 최종목표가 아니었던 이유

그렇다면 한 발 물러나 곽충 4사의 내용을 부정하여, 백성들의 삶을 평안케 한다는 원대한 꿈이 제갈량에게 없었다고 가정해보자. 그렇다 하더라도 필자는 최소한 입신양명은 그의 최종목표가 아니었다고 주장하고 싶다. 제갈량이 실행했던 북벌과 그의 최후를 한번 생각해보자. 필자와 같은 보통사람이 국가의 가장 높은 관직인 승상(丞相)에 임명되어 입법, 사법, 행정, 군사 등 모든 방면에서 최고의 권력을 가지고 있었다면, 촉나라에 오래도록 살면서 부귀영화를 누리려고 하지 군사를 이끌고 가족을 떠나 구태여 그 먼 길을 원정 나가지 않는다. 전장이란 언제 죽을지 모르는 곳이다. 내가 죽으면 권력이 무슨 소용인가. 권력자일수록, 가진 재산이 많은 부자일수록 본인이 사망하게 되면 잃는 것이 많아진다. 따라서 권력자들은 죽음에 대한 위협을 보통 사람들보다 훨씬 큰 리스크로 받아들인다. 바꾸어 말해 그들에게는 자신이 죽을 수도 있는 위험한 도전을 일부러 택할 이유가 전혀 없는 것이다. 또한, 만약 전쟁에서 패하게 된다면 무리한 원정을 감행해 국가를 위태롭게 했다는 정적의 비난과 비판이 거세질 수도 있다. 이렇게 되면 자신이 이전에 누려왔던 권력과 지위를 더 이상 유지하지 못하게 될 가능성이 크다. 그러나 이러한 여러 리스크에도 불구하고, 제갈량은 비장한 내용의 출사표를 남기고 스스로 원정을 떠났다.

역사를 보면 자신의 명성과 공적을 더하기 위해 일부러 타국원정을 떠나는 사례가 있다. 대표적인 예가 제갈각(諸葛恪, 203~253년)이다. 제갈각은 제갈량의 친형인 제갈근의 아들로 손권이 세운 오나라에서 관직을 지냈으며, 한때 오나라 권력의 정점에 있기도 했다. 그는 자신의 권력을 공고히 하기 위해 위나라 원정을 단행했었는데, 결국 위나라에게 대패를 당하게 된다. 대패 이후 제갈각은 패배의 책임을 원정을 일으킨 자신이 아닌 그의 부하장수들에게 떠넘겨 버린다. 리더로서 바람직하지 못한 모습을 보인 것이다. 결국 그는 나중에 실각(失脚)하게 된다.

제갈량의 북벌은 이 경우와 판이하게 다르다. 무엇보다도 그의 북벌은 공적을 세워 자신의 권력을 공고히 하기 위한 목적에서 시작된 원정이 아니었다. 이미 그는 촉나라 내에서 그 권력이 막강하다 못해 황제를 뛰어넘을 정도였다. 일부러 공적을 세워 권력을 더할 필요성이 크지 않았다. 오히려 패할 경우 자신의 지위와 권력이 위협받을 가능성이 더 컸다. 북벌은 쉽지 않은 원정이었다. 이길 수 있다고 쉽게 장담할 수 있는 전쟁이 아니었다. 그렇기에 북벌은 제갈량 입장에서 얻는 것보다 잃을 가능성이 몇 배나 더 큰 원정이었다. 또한 1차 북벌 실패 후, 그는 패전의 책임이 모두 본인에게 있다며 황제에게 자신의 벼슬을 강등해 달라고 스스로 요청했었다. 북벌이 입신양명에 도움이 되는 공적을 얻기 위한 원정이었다면 대체 누가 자신의 책임을 인정하고 스스로 강등을 요청하겠는가. 아마 제갈각처럼 패배의 책임을 다른 사람에게 미루며, 자신의 정치적 권력에 아무런 피해가 생기지 않도록 조치하려 했을 것이다. 그러고 나서는 "권력의 세계는 원래 이런 것이야. 냉혹하지만 어쩔 수 없어"라며 본인의 행동을 정당화했을 것이다. 더욱이 제갈량의 북벌이 공적을 세우기 위한 원정이었다면, 자신의 모든 것을 쏟아 부을 이유도 없었다. 제갈량은 북벌을 하다 전장에서 죽음을 맞이했다. 죽음의 이유는 과로사로 추정된다. 그가 입신양명을 꿈꿨다면 이 같은 최후를 맞을 필요는 없었다. 그는 오래도록 부귀영화를 누리며 평안한 삶을 살 수 있는 충분한 선택지를 가지고 있었다.

정리하면, 제갈량이 공직에 나아가 이루고자 했던 꿈(목표)은 적극적으로 추론했을 때는 "통일된 국가를 세워 백성들을 전란에서 구해내, 그들의 삶을 평안하게 하는 것"에 있었다고 볼 수 있다. 그리고 소극적으로 추론했을 때는 "최소한 입신양명은 그의 꿈이 아니었다"는 것이 필자의 생각이다.

제갈량에 대한 관우와 장비의 질투가
너무나 인간적인 이유

제갈량 때문에 유비에게 서운했던 관우와 장비

『삼국지연의』에 나오는 "도원의 결의"는 역사서에 등장하지 않는 허구의 장면이다. 하지만 유비, 관우, 장비는 함께 거병한 이후부터 생사를 함께해온 사이로, 피를 나눈 형제보다도 더 각별한 관계였던 것만은 분명하다. 관우가 손권의 배신으로 죽게 되자, 유비가 손권에게 복수하기 위해 군을 일으켰을 정도로 그들의 관계는 특별했다. 현대를 살아가는 우리도 비록 피를 나누지는 않았지만 나와 뜻이 잘 맞는 사람이 있으면, 그 사람과 단순한 친구 이상의 관계를 맺기도 하고 서로를 의형제라 칭하기도 한다. 그러나 때로는 그 각별했던 관계가 작은 서운함 때문에 쉽게 깨지기도 한다. 유비, 관우, 장비라고 왜 이런 일이 없었겠는가? 분명 서로에게 서운한 감정이 들었을 때가 있었을 것이다. 이러한 사례가 역사서에 언급되어 있다. 『삼국지』「제갈량전」을 보면, 「(유비와) 제갈량과의 정이 날로 깊어졌다. 관우, 장비 등이 불쾌한 기색을 보이자 유비가 말했다. "내가 공명을 얻은 것은 물고기가 물을 만난 것과 같다. 원컨대, 제군들은 이에 관해 다시 말하지 말라." 이에 관우, 장비가 불평을 멈추었다.」라는 기록이 있다. 이 기록에서 그 유명한 고사인 "수어지교1(水魚之交)"가 탄생하였다.

새로운 회사를 만든 창업자가 있다. 나는 이 창업자가 처음 회사를 만들 때부터 함께해왔다. 창업자가 좌절을 겪을 때에는 그와 함께 좌절을 맛보며 해결책을 찾기 위해 동분서주했다. 때로는 소주 한잔을 기울이며 서로의 신세를 한탄하기도 하고, 다시 잘해보자는 의지를 불태우며 결의를 다지기도 했다. 이렇게 갖은 고생을 함께

도원결의(桃園結義)를 표현한 석상

왼쪽부터 유비, 관우, 장비. (출처: Wikimedia Commons)

1 물과 물고기의 관계처럼 아주 친밀해서 떨어질 수 없는 사이를 일컫는 말.

하며 지내온 세월이 근 20년이다. 서로를 누구보다도 잘 알고 있고, 창업자도 그러한 나를 인정해주어 회사의 요직에 임명해 주었다. 그런데 어디서 명문대학 출신의 최고 수재라 알려진, 나이도 한참 어린 젊은 직원이 새로 회사에 들어왔다. 그런데 나와 생사를 함께 해온 그 창업자가 새로 들어온 젊은 직원이랑만 웃고 떠들며 회사의 미래를 논의한다. 사람이면 누구나 이 상황에서 질투의 감정이 생기기 마련이다. 창업자에게 서운함 감정도 들 것이다. "내 인생을 바쳐서 너를 도왔는데, 너는 신출내기하고만 회사의 미래를 얘기하고 우리한테는 눈길도 안 주네?"하고 말이다. 장비는 물론이고, 중국에서 신으로 추앙받는 관우조차 창업자에게 서운한 감정을 그대로 드러냈다. 역사서에는 간단히 언급되어 있지만, 유비에게 "우리에게 어떻게 이럴 수 있소? 그 신출내기가 얼마나 아는 것이 많고 대단하다고 우리를 이렇게 취급한단 말이요?"라고 불평했을 것이다. 그러자 유비의 대답이 의외다. 이들을 달래주지 않고 "나와 제갈량은 보통 사이가 아니다. 그만해라"라고 일갈한다. 이 말을 들은 관우와 장비가 필자와 같은 보통사람이었다면, 자신들의 불만을 공감해 주지 않는 유비에게 재차 서운함 감정을 내비쳤을 것이다. 그런데 역사서는 관우와 장비가 유비의 대답을 듣고 불평을 멈추었다고 서술하고 있다. 지극히 당연한 인간적인 감정으로 서운함을 드러낸 그들이었지만, 그만하라는 유비의 말에 바로 불평을 멈추었던 것이다.

우리는 위의 일화를 통해 유비, 관우, 장비의 관계를 좀 더 입체적으로 추론해 볼 수 있다. 그들이 형제보다 가까운 관계였던 것만은 분명하지만, 결국 그들을 지배하고 있는 근본적인 관계는 군신

관계였다. 즉, 사적관계 이전에 "군주와 신하"라는 공적관계가 그들을 지배하고 있었던 것이다. 필자는 친한 회사선배에게 다음과 같은 이야기를 들은 적이 있다. 나와 같은 직급인 A라는 선배가 있고 내가 그 선배와 B라는 상사 밑에서 같이 고생하며 일한 경험이 있다고 치자. 나와 A는 함께 고생하며 너무나 친해져서, 서로 직위를 부르지 않는 형동생 사이가 되었다. 그런데 어느 순간 A선배가 승진하여 내 직속상사가 되었다. 친한 회사선배가 필자에게 말하길, 만약 내가 상사인 A와 친하다고 해서 직장 내에서 그를 형이라 부르고 편하게 대하는 순간 둘의 관계는 순식간에 어그러진다는 것이다. 친할수록 직장 내에서는 더 존대하고 열심히 지시를 받아 일해야 한다는 것이 그 선배의 요지였다. 완전히 동일한 경우는 아니지만, 관우와 장비도 이와 비슷한 생각을 했던 게 아니었을까? 조직을 위해서는 사적관계 이전에 공적관계를 더 중요시해야 한다는 점을 말이다. 이들은 거의 2천 년 전의 시대를 살았던 사람들이지만, 직장 내 처세술만큼은 현대인들에게 결코 뒤지지 않았던 듯하다.

제갈량에 대한 관우의 속마음

좀 더 나아가보자. 제갈량이 유비 진영에 들어오고 나서 유비가 제갈량을 너무나 아끼고 사랑하자, 관우와 장비는 질투를 느꼈다. 그런데 이 질투가 이후에도 계속 되었을까? 대답은 "아니다"이다. 시간이 흐를수록 관우와 장비는 제갈량을 진정한 인재라 인정하고 존경하기 시작했다. 『삼국지』「관우전」에는 「관우는 마초(馬超)가 항복해 왔다는 말을 듣고는 예전부터 (마초와) 친분이 있지 않았기 때문에 제갈량에게 서신을 보내 마초의 사람됨과 재주가 누구에 비교될 수 있는지를 물었다. 제갈량은 관우의 호승심이 강함을 알았으므로 다음과 같이 답했다. "맹기(孟起, 마초의 자)는 문무를 겸비하고 굳세고 맹렬함이 남보다 뛰어난 일세의 호걸로 경포(黥布), 팽월(彭越)과 같은 무리입니다. 응당 익덕(益德, 장비의 자)과 말머리를 나란히 해 달리며 선두를 다툴 수는 있으나 그대의 출중함에는 미치지 못합니다." 관우는 이 서신을 읽어보고 크게 기뻐하며 빈객들에게 보여주었다.」는 일화가 소개되어 있다. 관우가 자신을 칭찬하는 제갈량의 편지를 받고 크게 기뻐하며, 다른 사람들에게 자랑했었다는 일화이다.

관우의 성격은 원래 오만한 구석이 있었다. 유비가 유장(劉璋)이

관우(關羽, ?~219년)의 조각상

자존심이 강했던 관우지만, 그는 제갈량을 진심으로 인정하고 존경했었다.
(출처: Wikimedia Commons)

다스리던 촉을 정벌하고 있을 때, 관우는 조조의 부하 조인(曹仁)이 지키고 있는 양양성을 공략했었다. 이때 관우가 배후의 손권을 무시했던 것이 그를 죽음에 이르게 한 주요한 원인이 되었었다. 이 당시 그의 오만한 성격을 보여주는 일화가 『삼국지』「관우전」에 남아 있다. 「손권이 사자를 보내 자신의 아들을 위해 관우의 딸을 청한 일이 있었는데, 관우가 그 사자를 모욕하며 혼인을 허락지 않으니 손권이 대노했었다.」는 기록이다. 또한 『전략2(典略)』을 보면, 「관우가 번(樊)을 포위하자 손권은 사자를 보내 그를 돕기를 청했는데 명을 내려 속히 나아가지 않도록 하고는, 또 주부(主簿)를 먼저 보내 관우에게 명을 전하도록 했다. 관우는 그의 지체하고 늦음에 분노하고 또한 스스로 이미 우금(조조의 부하) 등을 붙잡았으므로 이에 욕하며 말했다. "오소리 새끼가 감히 이처럼 구는구나. 번성이 함락되고 나면 내가 네놈들을 멸하지 못하겠느냐!" 손권이 이를 듣고 관우가 자신을 업신여기는 것을 알고는, 거짓으로 손수 서신을 써서 관우에게 사죄하고 몸소 갈 것을 허락했다.」는 기록도 있다. 『삼국지』와 『전략』의 일화에서 보듯이 관우는 일국의 군주(손권)라 할지라도 자신이 진심으로 인정하지 않는 사람이면 철저히 무시했다. 그러나 제갈량에게는 달랐다. 그는 제갈량의 서신을 받고 "나이도 어린놈이 뭘 안다고 감히 나 관우를 평가해?"라고 생각하지 않았다. 오히려 크게 기뻐하며 자랑까지 했다. 필자도 회사 상사로부터 칭찬이 섞인 편지를 받은 적이 있다. 필자가 그 편지를 같은 부서 직원들에게 보여주며 자랑했다면 속된말로 없어 보였을 것이다. 그러나 관우는 그걸 해냈다! 제갈량이 자신을 칭찬해 준 것이 얼마

---

2 삼국시대 위나라의 역사가인 어환(魚豢)이 지은 역사서.

나 자랑스럽고 기뻤으면 그랬을까? 그 오만한 관우가 제갈량을 얼마만큼 진심으로 인정하고 존경했었는지를 알 수 있는 대목이다.

10

천하의 제갈량도 절대 조언하려 하지 않았던
세상일이 있다?

세상 모든 일에 통달한 사람이었을 것 같은 제갈량도 절대 남에게 자기 생각을 내비치거나 조언하려하지 않은 세상일이 있다. 바로 "남의 집안일"이다. 『삼국지』「제갈량전」을 보면 재미있는 기록이 있다. 「유표의 장자 유기(劉琦)는 제갈량을 매우 중시했다. 유표는 후처(後妻)의 말을 받아들여 작은 아들인 유종(劉琮)을 사랑하고 유기를 탐탁지 않게 여겼다. 유기는 매양 제갈량과 더불어 스스로 안전할 수 있는 방책을 꾀하려 했으나 제갈량은 번번이 이를 거절했다. 이에 유기는 제갈량을 데리고 후원을 산책하다 함께 높은 누각에 올라 연회를 베푸는 사이 사람을 시켜 사다리를 치우게 했다. 그리고는 제갈량에게 말했다. "오늘은 위로는 하늘에 이르지 않고 아래로는 땅에 닿지 않으니, 말이 그대 입에서 나와 제 귀로 들어갈 뿐입니다. 말씀해 주실 수 없겠습니까?" 제갈량이 대답했다. "그대는 신생(申生)이 안에 있다가 위험해지고 중이(重耳)가 밖에 있다가 안전해진 것을 보지 못하셨소?" 유기는 깨닫는 바가 있어 밖으로 나갈 것을 은밀히 꾀했다. 때마침 황조(黃祖)가 죽자 밖으로 나가 강하(江夏)태수가 되었다.」는 기록이다. 각 인물에 대한 중요 사건만을, 그것도 간략하게만 서술하는 것으로 유명한 『삼국지』가 별로 중요해 보이지 않는 유기와의 일화를 긴 문장을 통해 기록한 의도가 무엇이었는지 참으로 궁금하다. 예를 들어, 적벽대전과 관련해 「제갈량전」에 기록된 내용은 「손권이 크게 기뻐하며 주유(周瑜), 정보(程普), 노숙(魯肅) 등 수군 3만을 보내 제갈량을 따라 선주(유비)에게로 나아가 힘을 합해 조공(조조)에 맞서게 했다. 조공은 적벽(赤壁)에서 패하자 군을 이끌고 업(鄴)으로 돌아갔다.」가 전부이다. 그런데 앞서 소개한 유기와의 일화는 「제갈량전」에서 차지하는 비중이 적벽대전과 관련된 기록보다도 길다. 추측해 보건대, 진수가 사료를 모으는 과정에서 제갈량과 유기와의 일화가 너무도 명확한 사실로 확인되어서1 기록을 안 하려야 안 할 수가 없었던 것일 수도 있고, 제갈량의 신중한 성격을 강조하기 위해 내용의 길이와 상관없이 의도적으로 기록한 것일 수도 있다고 생각된다.

어찌됐던 일화를 다시 한 번 살펴보자. 유기는 유표의 장자였으나, 당시 형주 최고의 유력 가문이던 채씨 집안 소생의 유종(유표의 막내아들이자 유기의 이복동생)에게 후계자 다툼에서 밀리고 있었다. 유기는 채씨 가문이 유종을 유표의 후계자로 내세우기 위해 장차 자신의 생명까지도 위협할 수 있다는 불안감을 가지고 있었던 듯하다. 그래서 당시 명성이 높았던 제갈량에게 여러 차례 조언을 구하

---

1 진수가 사료를 모으는 과정은 순탄치 않았다. 집필당시 촉나라는 이미 멸망한 후였고, 촉나라 자체도 사관을 두지 않았었다고 전해지기 때문이다. 물론 일부 역사학자 중에는 촉이 사관을 두었었다고 주장하는 사람도 있다.

나 매번 거절당한다. 제갈량은 남의 집안일에 간섭하는 것을 매우 조심스러워 했던 듯하다. 여기에는 두 가지 이유가 있었을 수 있다. 첫째, 집안갈등의 해결책을 제3자가 제시하기란 여간 어려운 일이 아니다. 우리 현대인들도 가끔 부부싸움과 같은 집안갈등을 겪을 때면, 친한 친구에게 고민을 털어놓곤 한다. 그러나 친구입장에서는 직접 같이 살아본 적이 없기 때문에, 누구의 잘못인지를 판단하여 합리적인 해결책을 제시하기가 매우 힘들다. 과거의 얽히고설킨 감정들과 여러 사건들이 현재의 부부싸움을 만들어 내기 때문이다. 따라서 집안갈등의 원인을 정확히 파악해 모두가 만족할 수 있는 해결책을 제시하기란 거의 불가능에 가까운 일이라고 할 수 있다. 오히려 내가 제시한 해결책이 집안갈등을 증폭시킬 가능성이 더 크다. 그렇기에 제3자 입장에서 남의 집안일에 이래라저래라 충고하기란 어려울 수밖에 없는 것이다. 둘째, 집안싸움에 섣부르게 끼어들었다가 조언을 한 자신에게도 화가 미칠 수 있다. 극도로 예민할 수밖에 없는 후계다툼에 섣불리 발을 들여놓았다가, 유기에게 유리한 조언을 한 자신에게 채씨 가문이 앙심을 품지 않을 거라고 누가 장담할 수 있겠는가.[2]

　이후, 더 재미있는 상황이 펼쳐진다. 안달이 난 유기가 제갈량을 높은 누각으로 유인해 오도 가도 못하게 만든 후 조언을 강요한다. 이때 제갈량은 "유기가 이렇게까지 절박하나"하고 적잖이 당황했을 것이다. 이에 그는 마지못해 해결책을 완곡하게 조언해 준다. "그대는 신생(申生)이 안에 있다가 위험해지고 중이(重耳)가 밖에 있다가

---

2 앞선 주제에서 언급했듯이 제갈량의 장인이 채씨 가문의 사위였기 때문에, 제갈량은 채씨 가문과 아예 연관이 없는 사람도 아니었다.

안전해진 것을 보지 못하셨소?" 여기서 신생(申生)은 진헌공(晉獻公, ?~기원전 651년)의 태자로, 진헌공의 아내인 여희(驪姬)의 모함을 받아 나중에 자살을 하게 되는 인물이다. 그러나 신생의 동생이었던 중이(重耳)는 나라 밖으로 달아나 여희의 모함을 피할 수 있었고, 그 결과 목숨을 부지할 수 있게 된다. 이후 중이는 다시 진나라로 돌아와 왕이 되는데, 이가 바로 춘추오패 중 한 명인 진문공(晉文公)이다. 아무래도 제갈량은 유기의 문제에 대해 어떠한 해결책이 있을 수 있는지 평소에 속으로 생각은 해왔던 것 같다. 그러나 그는 앞서 설명한 이유 때문에 남의 집안일에 대해 조언하기를 극도로 꺼려했을 것이다. 마지못해 조언을 하게 되더라도 직접적인 조언보다는 최대한 조심스럽고 완곡한 표현으로 조언을 했다. 우리는 남의 집안일에 참견하길 즐겨하며, 섣부른 조언을 서슴지 않는 사람을 주변에서 가끔 접하곤 한다. 제갈량과 유기의 일화는 이런 사람들이 곱씹어 볼 만하다.

11

제갈량은 유비에게 임관한 것을
한 번도 후회한 적이 없었을까?

　항상 꿈에 그리며 입사하길 원했던 직장이 있었다. 마침내 운좋게도 그 직장에서 일할 수 있는 기회를 얻게 되었다. 그런데 일을 시작하자마자 밥 먹듯이 지속되는 야근에, 상사는 내가 작성한 기획서를 받아주지도 않고, 심지어 회사 사정이 어려워져 곧 폐업할지도 모르는 상황에 놓이게 됐다. 이러한 상황에서 그 직장을 선택한 것을 후회하지 않는 사람이 있을까? 자신의 선택이 잘못된 것은 아니었는지를 돌이켜보며 수도 없이 퇴사를 고민할 것이다. 갓 유비에게 임관한 제갈량의 속마음은 어땠을까? 먼저 그가 유비에게 임관한 이후, 어떤 일이 있었는지부터 살펴봐야겠다.

　208년 원소토벌을 통해 북방을 안정시킨 조조는 남쪽으로 눈을 돌려 형주를 정벌하기 위해 군을 일으킨다. 공교롭게도 이즈음에 유비를 받아줬던 형주의 군벌 유표가 죽고, 그의 유약한 아들 유종이 뒤를 잇게 된다. 하지만 유종은 남진하는 조조와 싸우지 않고,

항복하기로 결정한다. 이 당시 유비는 형주지역의 번성에 주둔하고 있었는데, 제갈량이 유비에게 조언한다. 『삼국지』「선주전(유비전)」을 보면 「선주(유비)는 번(樊)에 주둔하고 있었는데 조조가 (형주에) 당도한 것을 몰랐다. (조조의 군이) 완(宛)에 이르렀을 때야 이를 듣고 군사들을 이끌고 떠났다. 양양을 지날 때 제갈량이 선주를 설득하기를, 유종을 공격해 형주를 차지하라고 했다. 선주가 말했다. "나는 차마 그럴 수 없소."」라는 기록이 있다. 즉, 제갈량이 유종을 공격해 형주를 취하라고 조언했었는데, 이를 유비가 거절했던 것이다. 왜 유비가 제갈량의 조언을 거절했었는지는 이 기록만 봐서는 명확하지 않다. 다른 기록을 더 살펴볼 필요가 있다. 『한진춘추(漢晉春秋)[1]』를 보면 유비는 부하들이 형주를 취할 것을 건의하자, "유형주(劉荊州, 유표)가 죽을 때 내게 고아(유종)를 맡겼으니, 신의를 저버리고 스스로를 구하는 것은 내가 할 일이 아니오. 죽은 뒤 무슨 면목으로 유형주를 만나겠소!"라고 말했다는 기록이 있다. 이를 토대로 유비가 제갈량의 조언을 거절했던 이유를 짐작해보면, 유비는 유표의 아들을 공격해 형주를 차지하는 것은 자신을 보살펴준 유표를 배신하고 신의를 저버리는 일이라고 생각했기 때문이었다. 역시 인의의 군주 유비답다.

형주는 지리적으로 보면 중국 대륙의 북, 동, 서쪽 모두와 통하는 교통의 요충지이며, 경제력과 인구도 상당한 지역이었다. 제갈량이 유비에게 형주를 차지하라고 권했던 것은 208년 조조에게 쫓기기 시작할 때가 처음이 아니었다. 앞선 주제에서 살펴봤던 "융중대책"을 다시 한 번 가져와보자. 제갈량은 자신을 찾아온 유비에게 "형

---

1 중국 동진의 저술가 습착치(習鑿齒, ?~384년경)가 지은 역사서.

주(荊州)는 북쪽으로 한수, 면수에 의지해 그 이익이 남해(南海)에 다다르고, 동쪽으로 오회(吳會, 오나라)와 연결되고 서쪽으로 파(巴), 촉(蜀)과 통하니 이는 요충지입니다. 그러나 그 주인이 능히 지킬 수 없어, 이는 거의 하늘이 장군께 주려는 것이니 장군은 취할 뜻이 있으십니까?"라고 말한 바 있다. 즉, 조조가 남하하기 1년 전인 207년에 이미 제갈량은 유비에게 유표는 형주를 지킬 능력이 안 되니, 이를 취하자고 조언한 적이 있었던 것이다. 이 같은 제갈량의 융중대책은 자신의 꿈을 실현하기 위한 마스터 플랜이었다. 따라서 유비가 반드시 형주를 차지해야만 자신의 꿈이 실현될 가능성이 높아질 수 있었다. 그러나 임관을 하고나서 유비를 곁에서 지켜보니, 인의를 중요시하는 그의 성격에 유표를 당장 공격하지는 않을 것 같았다. 이에 제갈량은 형주를 차지하라고 유비에게 조언할 수 있는 기회가 다시 오기를 천천히 기다렸을 것이다. 드디어 1년 뒤 기다리던 기회가 왔다. 유표는 죽고, 조조가 남하에 오는 절체절명의 상황이다. 유비는 조조와 맞설 터전이 없었다. 병사도 부족했다. 이때 아마 제갈량은 확신을 가지고 조언했을 것이다. 『삼국지』「제갈량전」을 보면, 유비가 제갈량의 융중대책을 듣고 "옳은 말씀이요!"라며 감탄을 했었다는 기록이 있다. 제갈량의 꿈이자 유비의 꿈인 한실부흥을 이루기 위해서는 형주가 꼭 필요하다는 점을 누구보다도 잘 알고 있던 사람이 바로 유비였던 것이다. 그런데 유비가 거절한다. 분명 1년 전에는 "옳은 말씀이요"라며 형주를 취하는데 동의했던 그 사람이 말이다. 그리고 조조가 무서워 자신을 따라 피난을 가겠다는 백성들의 청을 뿌리치지도 못하고, 아무런 대책도 없이 그들을 데리고 도망을 가겠다고 한다. 이때 제갈량의 심정은 어땄을까? 유비 앞에서 내색은 안했겠지만 자신의 예상과 너무도 다르게 흘러가는 상황에 당황도 하고, 유비가 현명하지 못하다고 원망도 하지 않았을까? 사회생활을 하다보면 분명히 일전에 상사에게 내 의견을 얘기했었고 상사도 이에 동의했었는데, 정작 결정을 해야 하는 시기에 와서는 상사가 내 의견을 받아들이지 않는 경우가 있다. 그러면 우리는 답답함을 느끼고, 상사가 왜 저러나 하고 고민을 하게 되기 마련이다. 제갈량도 이와 비슷한 상황에 처했던 것이다. 그의 속마음은 "우리가 지금 죽게 생겼는데 왜 주공은 유표와의 의리를 더 중요하게 생각하지? 지금 이런 거 저런 거 따질 때인가?" 이거였을 것이다.

이후, 그의 고생길이 펼쳐진다. 『삼국지』「제갈량전」에는 「선주가 하구(夏口)에 도착하자 제갈량이 말했다. "일이 급합니다. 명을 받들어 손장군(孫將軍, 손권)에게 구원을 청하도록 해 주십시오." 이때 손권은 군을 거느리고 시상(柴桑)에 있으면서 성패를 관망하고 있었다. 제갈량이 손권을 설득했다.」는 기록이 있다. 제갈량은 속으로는 답답해서 죽을 지경이었지만, 유비를 살릴 다른 카드를 곧바로 꺼내든다. 바로 손권과의 연합이었다. 제갈량의 이 조언에 대해서는 유비가 곧장 받아들인다. 아마 자신의 힘만으로는 조조에게 대항할 수 없음을 절실히 느끼고 있었기 때문이었을 것이다. 유비의 허락을 받은 제갈량은 쉴 틈도 없이 손권이 있는 시상으로 달려간다. 갓 공직생활을 시작한 20대의 제갈량이 군주(회사)의 생존을 걸고, 손권, 주유, 노숙, 장소, 육적 등 관록의 오나라 군주와 신하들을 혼자서 설득해야 하는 입장에 놓이게 된 것이다.

그는 오나라로 떠나면서 어떤 생각을 했을까? 공직자의 입장에서

외국사절과 협상을 하는 것만큼 어렵고 부담스러운 일은 없다. 필자는 해본 적이 없지만, 필자의 동료가 다른 국가와 무역협상을 준비하는 과정을 본적이 있다. 회의장에서 치열한 신경전과 논쟁, 눈치싸움이 이루어지므로 실무자들은 밤을 새서 상대방에게 주장할 논지, 예상되는 상대방의 반박, 궁지에 몰리게 될 때 내놓을 협상카드 등에 대해 치밀한 준비를 한다. 하물며 국가의 생존이 걸린 외교협상이라면? 그것도 우리 쪽은 나 혼자고, 저쪽은 대통령부터 국무총리, 장관 여러 명이 나오는 협상이라면? 그 천하의 제갈량이라고 오나라로 가는 그 길이

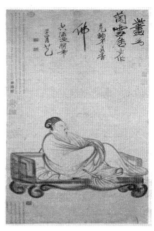

제갈량이 휴식을 취하고 있는 모습을 묘사한 그림

(출처: Wikimedia Commons)

편했을까? 형주를 취하라는 자신의 말을 듣지 않았던 유비를 한 번이라도 원망하지 않았다면 그건 거짓말일 것이다.

　나중에 유비와 손권은 결국 연합에 성공하여 적벽에서 조조를 물리치게 되지만, 유비는 형주를 차지하라는 제갈량의 조언을 듣지 않아 자신의 가족들을 버리고 도망을 가야 했을 정도로 이 당시 큰 고생을 겪는다. 그래서인지 나중에 촉을 정벌하러 익주(益州)로 들어갔을 때에는 방통의 조언을 받아들여, 당시 익주를 다스리고 있던 자신의 친족인 유장(劉璋)을 큰 망설임 없이 공격한다. 인의의 군주 유비도 인간인 이상 변하는가 보다. 이러한 유비의 모습을 보고 제갈량은 어떤 생각을 했을까? 아마 형주를 취하라는 자신의 조언을 단호히 거절하던 유비의 예전 모습을 떠올렸을 것이다.

12

외교술의 교과서 제갈량, 무엇이 핵심일까?

국제정치의 특성

조조의 형주 침공으로 유비의 운명뿐만 아니라 손권의 운명 또한 기로에 있었던 순간, 서로의 운명을 결정하기 위해 제갈량이 손권을 만난다. 공적임무 중에 외교만큼 어려운 것이 없다. 일단 상대의 생각을 예측하기가 힘들다. 공직자로서 시민, 기업, 타부처의 공직자 등과 협상을 할 때면 서로의 주장을 관철시키기 위해 치열한 논쟁을 하기도 하지만, 우리는 대한민국의 국민으로서 대한민국의 번영과 발전을 최우선시해야 한다는 점에 느슨하게나마 공감대를 가지고 있다. 따라서 가끔은 이러한 상위의 가치를 내세워 서로의 양보를 요구하고, 협상타결을 이끌어내기도 한다. 하지만 외교는 다르다. 국가와 국가간의 협상이므로 서로 공유하는 상위의 가치가 존재하기 힘들다. 철저히 각국의 국익만을 우선시하게 되므로 합의점을 도출해내기가 굉장히 어려운 것이다.

국제정치학을 관통하는 두 가지 패러다임이 있다면 그것은 현실주의와 이상주의이다. 현실주의는 국제정치, 즉 국가와 국가간의 관계를 토마스 홉스(T. Hobbes)가 주장하듯 "만인의 만인에 대한 투쟁 상태"로 본다. 다시 말해, 국제정치 무대는 무정부 상태이며, 국가들이 각자의 이익을 극대화하기 위해 치열하게 경쟁하는 곳이라는 것이다. 이에 반해 이상주의라는 개념이 있다. 이상주의는 우드로 윌슨(W. Wilson)에 의해 처음 주장된 것으로, 국가간 교류와 경제적 협력이 제고되고 국제기구와 같이 서로 소통할 수 있는 협력채널이 존재한다면, 국가간에 협력을 이끌어내는 것은 그리 어려운 일이 아니며, 전쟁 또한 이를 통해 막을 수 있다는 개념이다. 제1차 세계대전 이후 UN의 전신격인 국제연맹(League of Nations)이 창설되었었다. 그러나 얼마 안가 제2차 세계대전이 발발한 걸 보면, 이상주의는 말 그대로 이상일 뿐, 아직 현실 국제정치는 현실주의의 관점에서 설명할 수 있는 현상이 많아 보인다.

제갈량식 외교술의 특징

제갈량을 만나기 직전까지 손권은 어떤 생각을 하고 있었을까? 조조의 막강한 힘에 대항하기 위해서는 유비와의 협력이 필요할 수 있다는 생각을 하면서도, 그 협력을 통해 자신이 얻을 수 있는 이익은 구체적으로 무엇인지, 과연 협력한다고 해서 조조를 격파할 수는 있을지, 차라리 협력하지 않고 조조에게 항복하는 게 본인의 이익을 위해 더 유리하지는 않은지를 수도 없이 고민하고 있었을 것이다. 현실주의의 패러다임이 말해주듯 국제정치는 결국 각자의 이익을 극대화하기 위해 치열한 암투가 벌어지는 곳이다. 그렇기에 국가간의 협력이라는 것도 결국 얻는 이익이 있어야, 그리고 협력을 하지 않은 때보다 협력을 했을 때 얻을 수 있는 이익의 크기가 더 커야만 가능한 것이다. 제갈량도 이러한 점을 누구보다 잘 알고 있었을 것이다. 그렇다면 그는 어떻게 손권을 설득할 수 있었을까? 『삼국지』「제갈량전」의 기록을 따라가 보자. 손권을 만난 제갈량이 말한다.

> "해내(海內)에 대란이 일자 장군께서는 군사를 일으켜 강동을 점거해 차지하고 유예주(유비)께서는 또한 한수 남쪽에서 군사를 거두어 조조와 천하를 다투었습니다. 지금 조조는 큰 어려움을 제거하고 대략 평정을 끝냈습니다. 마침내 형주까지 격파하여 위세를 사해(四海)에 떨쳐 영웅들이 용병할 곳이 없으니 이 때문에 예주께서 도피하여 이곳에 이른 것입니다."

제갈량의 외교술 첫 번째. 본인이 누구보다도 현 정세를 정확하게 파악하고 있음을 상대방에게 명확히 보여준다. 다시 말해, 현재 국제정세가 돌아가는 판도는 크게 어떤 흐름이며, 이와 관련해 협상에 임하는 각 국가가 직면하고 있는 공통된 위험은 어떤 것인지를 선제적으로 제시하는 것이다. 이를 통해 본격적인 협상에 앞서 상대방의 기선을 제압할 수 있다. 상대방에게 내가 만만한 상대가 아니며, 현 상황을 호도하거나 나를 기만하여 협상을 끌고 나가지는 못할 것이라는 인식을 확실하게 심어주는 것이다. 다음에는 무슨 말을 했을까?

"장군께서는 역량을 헤아려 대처하셔야 합니다. 만약 능히 (조조를) 당해 낼 수 없다면 어찌 무기를 내버리고 북면(北面)하여 조조를 섬기지 않습니까! 지금 장군께서는 겉으로는 복종의 명목을 내세우나, 내심으로는 망설이십니다. 일이 급한데 결단하지 못하니 머지않아 화(禍)가 닥칠 것입니다!"

제갈량의 외교술 두 번째. 내 입장에서가 아니라, 상대방의 입장에서 협상에 임한다. 제갈량은 자신의 군주 유비가 조조에게 공격당해 폐망하기 일부직전이었음에도 불구하고 손권에게 "제발 도와주세요"라는 식의 접근을 하지 않는다. 필자였다면 지금 우리 회사가 망하게 생겼으니, 도와달라는 얘기부터 꺼냈을 거 같다. 다시 말해, 우리가 당신(손권)과의 연합에 더 절박하다는 것을 상황의 급박함을 이기지 못하고 먼저 드러냈을 거 같다는 것이다. 이렇게 되면 상대방에게 우리가 절박하다는 점을 어필할 수는 있겠지만, 상대방으로 하여금 우리의 절박함을 본인들에게 유리하도록 활용케 하는 기회를 제공할 수도 있다. 예를 들면, 상대방이 "그렇게 절박해? 그래 우리가 도와줄게. 그 대신 군량 좀 보내봐" 혹은 "이기고 나서 차지하는 영토는 다 우리에게 준다고 약속해"라고 요구할 수 있는 것이다. 그러나 제갈량은 태연자약하게 지금 우리가 연합하는 것은 우리보다는 당신(손권)에게 더 필요한 것이라는 점을 강조하려 애쓴다. "손권, 당신이 지금 우유부단하게 싸울지 말지를 빨리 결정하지 않으면, 당신에게 큰 화가 닥칠 것이요!" 제갈량은 손권의 입장에서 생각하고 협상에 임했다. 지금 손권의 가장 큰 고민이 무엇인지를 정확히 간파하고, 그렇게 고민만 하다간 결국 "너도 망해"라고 일갈하고 있는 것이다. 20대 후반의 청년이 강동지역을 점거하고 있는 당대의 실력자 앞에 꼿꼿이 서서, 자신감 있게 일갈하는 이 모습을 상상해보라. 소설이 아닌 진짜 있었던 일이다. 이에 손권이 말한다.

"그대의 말대로라면 유예주는 어찌 끝내 조조를 섬기지 않는 것이오?"

제갈량이 말했다. "전횡(田橫)은 제나라의 장사(壯士)이나 오히려 의(義)를 지키며 모욕을 당하지 않았습니다.[1] 하물며 유예주께서는 왕실의 후예로, 뛰어난 재주가 세상을 덮어 뭇 선비들이 그를 우러러 보는 것이 마치 물이 바다로 흘러들어가듯 하는 분이니, 만약 일이 이루어지지 못하면 곧 하늘의 뜻일 뿐, 어찌 남의 아래에 들어가겠습니까!"

제갈량의 외교술 세 번째, 상대방을 자극한다. 인간은 어쩔 수 없는 감정의 동물이다. 그렇기에 국가간 협상의 자리에서도 상대방을 자극(도발)하여 자신에게 유리한 결과를 이끌어 내는 전략은 생각보다 효과적일 수 있다. 협상단은 국가를 대표한다는 마음가짐을 가지고 있다. 따라서 상대방이 자신을 도발하면 이를 자신의 국가에 대한 도발과 무시로 받아들이기 쉽다. 특히, 도발을 한 상대방이 나보다 가진 것도 없고 경제력과 군사력이 세지 않을 때는 더하다. 손권의 입장에서 유비는 명성만 있을 뿐, 영토 하나도 제대로 가진 게 없는 군주였다. 제갈량이 손권을 만났던 당시에도 유비는 강하

---

1 유방이 천하를 통일하자 전횡은 5백 여 무리를 이끌고 바다로 달아난다. 이에 유방이 전횡에게 투항을 권유하며 위협하나, 전횡은 "나는 처음에 한왕(漢王, 유방)과 함께 남면하며, 고라 칭했는데(같은 왕이었다는 말) 이제 한왕은 천자가 되고 나는 도망친 포로 신세가 되어 북면하여 그를 섬겨야 하니 이 치욕은 너무 심하다"는 말을 남기고 자결하였다.

에서 유표의 아들 유기에게 의탁하고 있었다. 그에 반해 본인은 강동지역의 넓은 땅을 독차지 하고 있었다. 손권에게는 지금 상황이 마치 자본잠식 직전의 스타트업(유비)이 갑자기 찾아와, 건실한 중견기업을 소유하고 있는 자신에게 "너 나랑 일 한 번 같이 해볼래?"하는 것으로 느껴졌을 것이다.

손권(孫權, 182~252년)

(출처: Wikimedia Commons)

앞서 "당신에게 곧 화가 닥칠 것이요"라는 제갈량의 말에 손권은 기분이 매우 나빴을 것이다. 그래서 날카롭게 제갈량에게 되묻는다. "너희들도 항복하지 않으면 화를 피하지 못할 텐데, 왜 항복을 안 하고 있는 거야?"라고 말이다. 손권이 직접 언급은 안했지만, 이 질문에는 숨겨진 의도가 있었다. "너넨 가진 것도 없어서 조조와 맞서 싸울 힘도 없잖아. 그런데 왜 항복을 안 해?" 이거였다. 손권도 제갈량을 자극해 본 것이다. 그러니 제갈량이 손권을 다시 도발한다. "우리는 의를 지키는 집단이기 때문에 역적 조조와 싸우다 죽으면 죽지, 누구처럼 항복을 생각하진 않는다"고 말이다. 손권의 은근한 도발을 피하지 않고, 다시 도발로 응수하는 제갈량. 이 말을 들은 손권의 반응이 궁금해진다.

손권이 발끈하며 말했다.
"나는 오(吳) 땅 전부와 10만 군사를 들어 남에게 제어당할 순 없소. 내

계책은 이미 정해졌소! 유예주가 아니면 조조를 당해낼 수 없소. 그러나 유예주(유비)가 이제 막 패한 직후니 이 어려움에 어찌 대처해야 하겠소?"

『삼국지』의 저자 진수는 손권이 이 대목에서 "발끈"했다고 기록하고 있다. 하지만 이러한 손권의 감정적 노여움은 제갈량을 향한 것이 아니었다. 내가 가지고 있는 것을 남에게 쉽게 빼앗기지 않겠다는 본인의 의지를 표출하기 위한 분노였다. 손권은 비록 갑자기 나타난 신출내기 청년이 자신을 심하게 도발했지만, 그를 꾸짖음으로써 협상을 어그러트리지 않았다. 오히려 본인의 속마음을 속 시원하게 들어내고 계책을 묻는다. 굉장히 실용주의적인 접근이다. 예의, 법도 이런 것보다 손권에게 중요한 것은 실리였다. 즉, 그는 제갈량의 도발에 화를 내는 대신에 "너가 내 힘을 원하면 계책을 한 번 내놓아 봐라"라며 제갈량을 되려 압박하는 전략을 선택했던 것이다. 만약 제갈량이 제대로 대답하지 못하고 얼버무리면, 손권의 이 질문 하나로 협상 테이블의 균형추가 다시 손권에게 기울어져 버릴 수 있었다. 이 같은 손권의 물음에 대한 제갈량의 대답은 다음과 같았다.

"예주(유비)의 군이 비록 장판(長阪)에서 패했으나 지금 돌아온 병사와 관우의 수군(水軍)이 만 명이고, 유기(劉琦)가 합한 강하의 전사 또한 최소한 만 명입니다. 조조의 군사는 멀리 와서 피폐해졌고, 제가 듣기로 예주를 추격해 경기병으로 하루 밤낮에 3백여 리를 왔다 하니, 이는 이른바 '강한 활이 끝에 이르러서는 노나라의 명주 천도 뚫을 수 없다'는 것입니다. 게다가 북방 사람들은 물싸움에 익숙지 않고 또한 조조에 귀부한 형주민은 (조조의) 군세에 핍박당한 것이지 마음으로 복종한 것이 아닙니다. 지금 장군께서 실로 맹장(猛將)에 명해 수만 군사를 이끌며 예주와 협력하여 힘을 모으면 필히 조조군을 격파할 수 있습니다. 조조군이 격파되면 틀림없이 북쪽으로 돌아갈 것이니 이와 같이 하면 형(荊), 오(吳)의 세력이 강해져 솥발의 형세가 이루어질 것입니다. 성패의 계기는 금일에 달려있습니다."

제갈량의 외교술 마지막, 상호이익의 실현가능성을 구체적으로 제시한다. 서로 협력을 하더라도 각자가 원하는 이익이 실현될 가능성이 매우 희박하다면 그 협력은 아무런 의미가 없어지게 된다. 즉, 유비와 손권이 협력하더라도 조조를 격파할 가능성이 크지 않다면, 그 협력은 하나마나가 되는 것이다. 이것을 제갈량은 잘 알고 있었다. 그는 서로 협력을 하면 왜 조조를 격파할 가능성이 높아질 수 있는지를 손권에게 일목요연하게 제시한다. 유비는 2만 명의 군사를 보유하고 있고, 조조의 군대는 지쳐있고, 수전에 익숙하지 않으며, 형주의 군대는 항복한지 얼마 안 되어 조조에 대한 복종의 마음이 약하다는 것이 제갈량이 제시한 주요 이유였다. 이 네 가지 이유를 들어 서로 협력만 한다면 조조를 격파할 수 있음을, 다시 말해 상호이익의 실현가능성이 매우 높아질 수 있음을 손권에게 설파했던 것이다.

그럼 손권은 제갈량의 말을 듣고 어떤 결론을 내렸을까?『삼국지』「제갈량전」을 보면「손권이 크게 기뻐하며 주유(周瑜), 정보(程普), 노숙(魯肅) 등 수군 3만을 보내 제갈량을 따라 선주에게로 나아가 힘을 합해 조공에 맞서게 했다.」라는 기록이 있다. 손권은 제갈량의 답변이 흡족했나보다. "성패의 계기는 금일에 달려있습니다"라는 그의 말에 군대를 파견하여 조조와 싸우겠다는 결심을 굳혔던 것이다. 다만, 손권은 제갈량을 만나기 이전부터 이미 조조에게 대항할 마음을 가지고 있었다는 의견도 존재하는데, 이에 대해서는 다음 주제에서 자세히 논의해 보도록 하겠다.

손권은 제갈량에게 설득당한 게 아니라,
원래부터 조조와 싸우기로 결심하고 있었다?

『삼국지연의』를 보면 손권이 항복을 주장하는 신하들의 요구를 뿌리치고 조조와 싸우기로 결심하게 된 데에는 제갈량의 공이 가장 큰 것처럼 묘사되어 있다. 실제 역사에서는 어땠을까? 손권과 유비의 연합군 결성에 있어서 제갈량의 공적이 어느 정도였는지와 관련해서는 다음 두 가지 주장이 있을 수 있다. 첫 번째 주장은 손권은 제갈량을 만나기 이전부터 이미 조조와 싸우기로 결심하고 있었다는 주장이다. 이 주장에 따르면 손권과 유비의 연합군 결성에 있어서 제갈량의 공적은 그리 크지 않은 것이 된다. 이 주장은 『삼국지』「주유전」에 기록되어 있는 아래의 언급을 그 근거로 한다.

조조가 형주를 침공하자, 오의 장수들은 이 소식을 듣고 모두 두려워했다. 손권은 신하들을 불러 모아 계책을 물었다. 논의하는 자들은 모두 다음과 같이 말했다. "조조는 승냥이나 호랑이처럼 사악하고 무섭습니다. 그런데 그는 한나라 승상의 명의에 기대어 천자를 끼고 사방을 정벌하고 움직이면서 조정의 뜻이라고 하는데, 오늘 그에게 저항한다면 일은 더욱 순조롭지 못할 것입니다. 게다가 조조는 장군에게 유리한 형세로 대항할 수 있습니다. (중략) 가장 좋은 것은 그를 맞아들이는 것이라고 저희들은 생각합니다."

주유가 말했다. "그렇지 않습니다. (중략) 지금 북쪽 땅은 평안치 못하고, 게다가 마초와 한수가 오히려 동관 서쪽에 있으면서 조조의 후환이 되고 있습니다. 그리고 기병을 버리고 수군에 기대어 오나 월과 다투는 것은 본래 중원에서는 잘하는 방법이 아닙니다. 또 현재는 날씨가 추워 말에게 먹일 것이 없고, 중원의 병사들에게 멀리 강호의 땅을 건너도록 하였으므로 물과 땅에 익숙지 못하여 반드시 질병이 생길 것입니다. (중략) 장군께서 조조를 잡으려고 하신다면, 족히 오늘이 마땅합니다. 저는 정예병 3만 명을 받아서 하구로 나아가 주둔하기를 원합니다. 장군을 위해 조조를 무찌를 것을 확신합니다."

이에 손권이 말했다. "나는 사악한 적과 양립할 수 없는 형세요. 그대가 당연히 공격해야 한다고 한 것은 나의 생각과 매우 부합하며, 이는 하늘이 그대를 나에게 준 것이오."

이때 유비는 조조에게 격파되어 병사들을 이끌고 남쪽으로 강을 건너려고 생각하였는데, 제갈량을 파견하여 손권을 알현토록 했다.

위 기록에서 오나라의 신료들은 조조에게 항복하자고 손권에게 건의하고 있다. 항복파의 거두였던 장소(張昭, 156~236년)가 이 의견을 대표했을 것이다. 그런데 오직 주유만이 조조를 처부술수 있다고 자신감 있게 이야기한다. 이러한 주유의 말에 손권은 "주유 당신의 생각이 바로 내 생각과 같다. 오히려 이것은 하늘이 내게 준 기회이다"라고 말하고는 제갈량을 만난다. 즉, 그는 제갈량을 만나기 이전부터 이미 조조에게 항전할 것임을 결심하고 있었던 것이다. 따라서 손권은 원래 싸울 마음이 없었는데, 제갈량이 손권을 설득해 조조에게 대항하도록 만들었다는 것은 어폐가 있는 주장일 수 있다. 첫 번째 주장에 더 힘을 실어주는 일화가 『강표전(江表傳)[1]』에 나와 있다.

> 손권은 칼을 뽑아 앞에 놓은 책상을 때려 부수며 말했다. "여러분 중에서 다시 조조를 맞아들여야 한다고 말하는 사람이 있으면 이 책상과 같이 될 것이오."
>
> (중략)
>
> 손권이 회견이 끝난 후 주유를 만나 말했다. "장소 등의 사람들은 각각 자기 처와 아들딸을 돌아보는 등 사사로운 것만 생각하여, 나를 크게 실망시켰소. 단지 경과 노숙(魯肅)만이 나에게 찬동해 주었소. 이것은 하늘이 경들 두 명을 통해서 나를 도와주는 것이오. 나는 조조와 싸우기 위해 이미 3만 명의 군사를 선발해 놓았고, 함선, 식량, 무기 등은 모두 갖추어지고 있소. 경은 노숙과 정보(程普)와 함께 먼저 출발하시오. 나도 곧 뒤따라 군대를 출발시키겠소."

이 기록을 보면, 손권은 이미 제갈량을 만나기 이전부터 조조에게 대항할 뜻을 세우고 있었을 뿐만 아니라, 군대까지 미리 준비시켜 두고 있었다. 즉, 『강표전』의 기록에 따르면 손권은 조조에게 항복할 마음이 애초부터 아예 없었던 것이 된다.

그러나 앞서 살펴본 사서의 기록들에도 불구하고 첫 번째 주장과 약간 결을 달리하는 주장도 있다. 이것이 두 번째 견해인데, 이 견해는 손권은 조조에게 항복할 마음이 아예 없지는 않았는데, 제갈

---

1 서진의 문관 우부(虞溥)가 저술한 역사서.

량의 설득에 조조와 싸우기로 확실히 그 뜻을 굳히게 된 것이라고 주장한다. 이 주장은 앞선 주제에서 이미 소개한 『삼국지』「제갈량전」에 기록되어 있는 손권과 제갈량의 설전을 그 근거로 한다. 이 설전에서 제갈량은 "지금 장군께서는 겉으로는 복종의 명목을 내세우나, 내심으로는 망설이십니다. 일이 급한데 결단하지 못하니 머지않아 화(禍)가 닥칠 것입니다!"라고 말한바 있다. 제갈량의 이 말에 따르면 손권은 겉으로는 조조에게 항복할 것처럼 하고 있으나, 속으로는 싸울지 말지를 고민하고 있는 것처럼 보인다. 조조에 대한 결사항전의 의지를 밝히고 있는 「주유전」과 『강표전』에 기록된 그의 모습과는 상당히 거리가 있는 모습이다. 따라서 「제갈량전」의 기록에 따르면,[2] 조조에게 항복할 마음을 가지고 있던 손권을 제갈량이 조조와 싸우도록 설득한 것이 된다.

다만, 두 번째 주장이 설득력을 가지려면 제갈량이 손권에게 말한 내용 중 "(손권이) 복종의 명목을 내세웠다"라는 것이 사실이어야 한다. 과연 사실일까? 왜 제갈량은 손권이 복종의 뜻을 내세웠다고 말했던 것일까? 두 가지 가능성이 있을 수 있다. 첫째, 당시 손권이 공식적 혹은 비공식적으로 조조에게 항복하겠다는 뜻을 암암리에 내비친 적이 있고, 이것이 소문을 통해 제갈량의 귀에 들어왔을 가능성이다. 둘째, 손권은 공식적이든 비공식적이든 아무런 의사표시를 하지 않았으나, 당시 오나라 신료들의 중론이 항복이었으므로 제갈량이 항복을 손권의 의견으로 여겼을 가능성도 있다. 그렇다면 가장 가능성이 있는 시나리오를 정리해보자.

---

2 「제갈량전」의 기록에 따르면, 손권은 제갈량과의 설전 이후 조조에게 대항하기로 그 뜻을 확실히 굳히게 된다.

필자는 삼국지 인물 중 제갈량을 그 누구보다도 좋아하지만, 유비와 손권의 연합에 있어서 제갈량의 역할과 공적은 제한적이었다고 인정할 수밖에 없다. 즉, 첫 번째 주장이 주창하듯 손권은 제갈량을 만나기 이전부터 조조에 대항할 뜻을 이미 "확고히" 하고 있었다고 보는 것이 두 번째 주장보다 더 설득력이 있다고 생각한다. 그리고 제갈량이 "(손권이) 복종의 명목을 내세웠다"라고 말한 이유는, 손권은 공식적이든 비공식적이든 아무런 의사표시를 하지 않았으나, 당시 오나라 신료들의 중론이 항복이었으므로 그가 항복을 손권의 의견으로 여기고 복종의 명목을 내세웠다고 언급했을 가능성이 높다. 이렇게 해석하면, 「주유전」과 『강표전』, 「제갈량전」에 기록된 내용이 서로 배치되지 않고 모두 사실로 긍정될 수 있다. 다시 말해, 손권은 이미 제갈량을 만나기 이전부터 조조와 싸우겠다는 뜻을 확고히 하고 있었으나(「주유전」, 『강표전』), 제갈량은 그 사실을 모르고 있었다. 오나라에 도착한 그는 오나라 신료들의 중론이 항복이라는 정보를 입수하고 손권에게 "복종의 명목을 내세웠다"라고 말한 것이다(「제갈량전」). 물론, 손권이 싸울 마음을 이미 굳혔다 하더라도, 이를 확실히 알 길이 없는 제갈량의 입장에서 일국의 군주와 대면하여 연합의 필요성을 설파하는 것은 굉장히 난이도가 높은 임무이다. 지금 시대에도 특정 정치인과 협상을 이끌어내야 하는 사람이 있다면, 그 정치인이 속으로 어떤 생각을 하고 있는지를 추측해 내기란 여간 어려운 일이 아니다. 언론기사나 SNS 등을 통해 그 정치인의 생각을 어느 정도 읽어냈다고 자신해도, 직접 만나서 이야기를 해보면 정작 딴 생각을 하고 있는 경우가 많기 때문이다. 하물며 언론이나 SNS도 없었던 시절에 손권의 생각을 제

주유(周瑜, 175~210년)

『삼국지연의』에서 주유는 제갈량의 능력을 시기하고 질투하는 속 좁은 인물로 묘사되지만, 실제로 그는 대범하고 용맹하면서, 지모까지 갖춘 인물이었다. (출처: Wikimedia Commons)

갈량이 어찌 정확하게 알 수 있었겠는가. 그는 손권이 조조에게 대항할지 말지를 아직 결정하지 못했다는 것을 전제로 협상에 임했을 것이고, 최선을 다했다. 그리고 후대에 귀감이 될 외교술을 남겼다. 또한, 「제갈량전」의 「손권이 크게 기뻐하며 주유(周瑜), 정보(程普), 노숙(魯肅) 등 수군 3만을 보내 제갈량을 따라 선주에게로 나아가 힘을 합해 조공에 맞서게 했다.」는 기록처럼 손권은 제갈량을 만나고 난 뒤, 조조에 대항할 군대를 파견하여 주유에게만 밝혔던 항전의 의지를 대외에 공식적으로 선언했다. 당시에 일어났던 사건의 정보와 결과를 모두 알고 있는 후세의 사람들이 "손권은 조조와 싸우려고 이미 마음먹고 있었는데, 제갈량이 한 게 뭐가 있어?"라고 폄하만 할 수 없는 이유가 바로 여기에 있다.

여담: 항복을 주장한 장소(張昭)에게 서운함이 있었던 손권

필자는 손권이 조조에게 항복권고를 받았을 때 어떠한 생각을 했을지를 추측해 본 적이 있다. 누구든 본인이 가진 권력과 지위를 쉽게 포기하려 들지 않는다. 손권도 마찬가지였을 거다. 그런데 자

신의 아버지(손견), 형(손책)을 모두 보필했던 장소(張昭)를 필두로 대다수의 오나라 대신들이 자신을 지켜주려 하지 않고 항복을 이야기한다. 손권의 입장에서 얼마나 서운하고 괘씸했을까. 특히, 장소는 손가(孫家)의 높은 신뢰를 받고 있는 오래된 충신이었다. 다른 사람은 몰라도 장소가 항복을 강력하게 주장하는 모습에 손권은 서운함을 넘어 충격을 받았을 것이다.

그러나 손권도 보통내기가 아니었다. 상황이 긴박했던 적벽대전 당시에는 장소에게 자신의 서운함을 드러내지 않는다. 대신에 오랜 시간이 지나고 나서야, 손권은 장소에 대한 자신의 서운함을 서서히 되갚아 주기 시작한다. 이와 관련하여 역사서에 기술되어 있는 일화 두 가지를 소개해보려 한다. 먼저, 『삼국지』 「오주전(손권전)」에는 「처음 손권이 승상(丞相)을 두었으나, 여러 의논이 장소에게 귀착되었다. 후에 뭇 신료들이 다시 장소를 천거하니, 손권이 말하길 "내가 어찌 자포에게 애정을 가지겠소? 승상의 일이 번잡하지만 공(장소)은 성품이 강직하여 말하는 바를 따르지 않아 원한과 허물이 장차 생겨나는데, 이를 더할 수는 없소"라 했다. 이에 고옹(顧雍)을 등용했다.」는 기록이 있다. 손권은 오왕으로 등극한 후(221년), 승상제도를 처음으로 도입했었다. 이때 주위의 여러 신료들이 오랫동안 손씨를 섬겨온 장소를 초대승상으로 천거했으나, 손권은 장소의 성품을 문제 삼아 고옹(顧雍)을 승상으로 임명한다. 장소가 평소 성품이 강직하고, 손권에게 직언하는 것을 피하지 않았던 것은 사실이다. 하지만 그것만으로 여러 번에 걸친 주위 신료들의 추천을 묵살하고, 그 누구보다도 자신을 오랜 시간 보필해 온 장소를 승상으로 임명하지 않았다는 게 선뜻 이해되지 않는다. 혹시 손권은 항복을 주장하던 장소의 예전 모습을 떠올렸던 게 아니었을까?

다음 일화를 살펴보자. 『강표전』에는 「손권이 제위에 오르게 되자 백관들을 소집하고는 주유에게 공을 돌렸다. 장소가 그(주유)의 공덕을 상찬(賞讚)하고 싶었으나, 채 말하기도 전에 손권이 말하길 "만약 장공의 계책같이 했다면, 지금쯤 이미 밥이나 빌어먹고 있었을 것이오."라 했다. 장소가 크게 부끄러워 땅에 엎드려 땀을 흘렸다.」는 기록이 있다. 이 기록에 따르면 손권은 장소에게 "일전에 너 말대로 항복했으면 우린 겨우 밥이나 빌어먹고 있었을 거야. 내가 황제가 될 수 있었겠어?"라고 말하고 있다. 그는 옛일을 20년 동안 마음에 담아두고 있다가, 본인이 최고의 자리에 오른 후에야 장소에게 자신의 서운함을 직설적으로 표현했던 것이다. 대단한 손권이다. 아마 어릴 적부터 손권은 장소를 아버지처럼 따랐을 것이고, 그를 존경했을 것이다. 저 사람은 나와 같은 핏줄은 아니지만 믿을 수 있는 몇 안 되는 사람이라고 여겨왔을 것이다. 그런데 어찌 나에게 조조에게 항복하라고 주장할 수 있단 말인가. 손권이 원소나 여포와 같은 소인배였다면 장소를 당장 옥에 가두라고 소리쳤을 것이다.

그렇지만 오해하지 말아야 할 것은 손권이 장소의 충성심을 의심했던 것은 아니었다는 점이다. 손권은 장소가 항복을 주장한 것이 서운했지만, 그가 항복을 권유했던 이유는 자신을 배신하기 위함이 아니라, 전란에 휩쓸려 죽어갈 백성과 혹여 조조에게 항전하다 패할 시 손권의 목숨이 위태롭게 되지는 않을까 하는 걱정에서 비롯된 것이었다는 점을 잘 알고 있었다. 배송지는 이와 관련해 "옛날 두융(竇融)이 한에 귀부할 때 나라를 들어 항복했고, 장로(張魯)가 위에 항복하자, 그 상(賞)이 대대로 이어졌다. 하물며 손권이 항복

했다면, 그 총애가 후했음을 충분히 헤아려 볼 수 있도다! 그러한
즉, 장소가 항복을 권한 것이 어찌 충성스럽고 바르지 않단 말인
가!"라고 주석을 달았다. 즉, 장소는 손권의 안위를 걱정하는 마음
에서 항복을 주장했던 것이었다는 것이다. 장소는 조조와의 전력차
이를 고려할 때, 손권은 조조에게 절대로 이길 수 없다고 판단했던
듯하다. 이러한 장소의 마음을 손권이 몰랐을 리 없지만, 그도 인간
이기에 장소에게 서운한 마음이 드는 때가 있었던 것이다.

손권은 제갈량을 등용하기 위해
혈연을 활용한 적이 있다?

갑자기 나타난 처음 보는 젊은이가 일국의 군주 앞에서 주눅이 들기는커녕 현재의 정세를 정확히 꿰뚫어보는 식견을 내보인다. 그리고 그 군주가 원하는 계책을 아무런 망설임도 없이 일목요연하게 제시한다. 바로 제갈량 이야기다. 손권은 이 젊은이가 욕심이 낮을 것이다. 『원자(袁子)[1]』에는 「장소(張昭)가 손권에게 제갈량을 추천했으나 제갈량은 머물기를 거절했다. 어떤 이가 그 까닭을 묻자 제갈량이 말했다. "손장군은 그 도량을 보면 나를 어질게 대할 수는 있으나 내 기량을 다하게 할 수는 없으니, 이 때문에 나는 머물 수 없소."」라는 기록이 있다. 어찌 그 경험 많은 관록의 장소가 제갈량에게 무턱대고 유비를 배신하고 손권에게 임관하라고 권했겠는가. 아마 손권의 마음이 제갈량에게 있다는 것을 미리 간파하고 접근했을 것이다. 즉, 손권의 은근한 뜻을 장소가 대신해서 전달했던 것이다. 당연히 제갈량은 장소의 제안을 거절한다.

---

1 중국 서진시대의 인물이었던 원준(袁準)의 저서.

그러나 손권은 제갈량을 쉽게 포기하지 않았다. 『강표전』에는 「손권이 육손에게 말했다. "현덕(유비)이 옛날 공명을 오에 보냈었는데, 내가 한 번은 자유(子瑜, 제갈근의 자)에게 말하길 '경과 공명은 형제이며 또한 동생이 형을 따르는 것이 의에 있어서 순리이니, 어찌 공명을 머무르지 않게 하겠소?'라 했더니, 자유가 답하길 '아우가 (손권에게) 머무르지 않는 것은 제가 (유비에게) 가지 않는 것과 같습니다'라 했는데 그 말은 족히 신명스러움을 꿰뚫는 것이었소."」라는 기록이 있다. 이 기록에 따르면 제갈량이 연합군 결성을 위해 오나라에 사신으로 왔을 때, 손권은 제갈량의 형 제갈근에게 동생의 등용을 부탁했었다. 그는 제갈량이 정말로 탐이 났었나 보다. "제갈량을 등용하기 위한 가장 좋은 방법은 무엇일까?"하고 조조와의 일전을 앞둔 그 긴박한 와중에도 고민을 했던 것이다. 그리고 생각한 사람이 바로 제갈근이었다. 혈연의 힘을 빌려보려 한 것이다. 그런데 제갈근의 대답이 예술이다. "동생이 유비를 배신하지 않는 것은, 내가 당신을 배신하지 않는 것과 같다"라고 말한다. 그 아우에 그 형이다.

제갈근의 입장에서 생각해보자. 같은 신하인 장소의 부탁도 아니고, 군주가 직접 와서 부탁을 한다. 제갈근은 제갈량을 등용해달라는 손권의 부탁이 얼마나 부담스러웠을까? 그는 동생의 충성스런 성격을 누구보다도 잘 알고 있었기에 손권

손권(孫權, 182~252년)의 석상

손권은 제갈량을 등용하고자 하였으나, 결국 실패한다.
(출처: Wikimedia Commons)

의 부탁은 애초부터 불가능한 일이라고 생각했을 것이다. 필자였다면 "주공, 죄송하지만 동생을 등용하는 것은 불가합니다. 동생은 너무나 강직하고 충성스러운 인물입니다. 주공의 요청을 성공시키지 못해 죄송합니다" 정도의 답변을 했을 것이다. 그런데 제갈근은 손권의 부탁을 완곡하게 거절하면서도 손권에 대한 자신의 충성심을 드러낸다. 상사가 준 임무를 성공시키지 못했음에도, 오히려 그 상사에게 점수를 따고 있는 것이다. 현대인도 배울 만한 탁월한 처세술이 아닐 수 없다.

15

제갈근과 제갈량,
이 두 형제는 남보다 못한 관계였다?

서로의 인생에 간섭하지 않던 형제

제갈량의 형제관계는 3남 2녀로 추정된다. 큰형이 제갈근(諸葛瑾, 174~241년), 둘째가 제갈량, 막내는 제갈균(諸葛均, 181~?)이었으며, 이외 여자형제가 2명 더 있었던 걸로 보인다. 제갈근은 제갈량보다 일곱 살이 더 많았다. 추측건대, 서주 대학살을 기해 제갈량은 숙부 제갈현을 따라 형주로 피난을 갔지만, 제갈근은 장자로서 부모님을 포함한 가족제사를 책임져야 했기에 제갈현을 따라가지 않고 서주에 남아 있었던 것으로 보인다. 이때 이 두 형제는 이별을 하게 된다. 이후 제갈근은 동오 쪽으로 건너가 강동의 명사였던 노숙 등과 교류하며 손권에게 임관하게 된다. 그러나 제갈량은 그의 형을 따라가지 않고 유비에게 임관한다. 이 지점에서 우리는 제갈근과 제갈량, 이 두 형제의 관계가 어떠한 특징을 가지고 있었는지를 추측해 볼 수 있다. 결론부터 말하자면, 제갈근은 동생의 인생과 선택에 대해 크게 간섭하지 않았던 것으로 보인다. 다시 말해, 이들 형제는 각자의 인생과 선택을 서로 존중해주는 사이였을 가능성이 높다. 필자가 이렇게 추측하는 이유는 다음과 같다. 제갈량은 형주에 기거하고 있었으므로 마음만 먹으면 손권에게도 충분히 임관할 수 있었다. 더욱이 그의 형 제갈근이 손권 밑에서 일하고 있는 상황이었으므로 손권에게 임관한다면 이른바 "형 찬스"를 통해 공직생활에 적지 않은 메리트를 가질 수도 있었다. 그러나 제갈량은 유비를 선택했다. 이들과 비슷한 시기에 살았던 형제들은 보통 관직에 나아갈 때 동일한 군주를 선택하는 경우가 많았다. 유비에게 임관한 마량과 마속이 대표적인 예이다. 마속은 친형 마량이 유비에게 임관할 때, 자연스럽게 유비를 따랐다. 또한, 앞선 주제에서 살펴본 『강표전』의 기록에서도 손권이 말하지 않았던가. "경(제갈근)과 공명은 형제이며 또한 동생이 형을 따르는 것이 의에 있어서 순리"라고 말이다. 따라서 서로 다른 군주를 선택했던 제갈량과 제갈근의 케이스는 당시에도 상당히 이채로운 것이었다.

서로의 선택을 존중하고 간섭하지 않았던, 어떻게 보면 형제애가 없어 보이는 이들의 관계를 좀 더 구체적으로 파악해 볼 수 있는 사료가 남아있다. 적벽대전에서 조조를 물리친 유비는 재빠르게 형주지역을 점령해 나가기 시작한다. 이후 기세를 몰아 서쪽의 익주까지 평정하게 된다. 이에 손권은 유비에게 이제 익주까지 차지했으니 형주를 돌려달라고 요청을 하게 되는데, 이때 그가 파견했던 사자가 제갈근이었다. 『삼국지』 「제갈근전」에는 「건안(建安) 20년(215년), 손권이 제갈근을 촉에 사신으로 보내 유비와 호의관계를 맺게 했는데, 그 아우 제갈량과 함께 공적으로 만나 상견(相見)하며,

물러나서는 사사로운 면이 없었다.」는 기록이 있다. 즉, 이들 형제는 부득이하게 공적으로 서로를 만나게 될 때에도 따로 사적인 교류를 하지 않았었다는 것이다. 이를 두고 "제갈량과 제갈근은 애초에 형제애가 없어 공적으로 마주치게 될 때에도 형제간의 반가움을 드러내지 않는 남보다 못한 관계였다"라고 생각할 수도 있다. 하지만 이러한 결론에 이르는 것은 다소 섣부른 측면이 있다. 이들은 공적임무를 수행함에 있어 그들의 사적관계가 주변의 오해와 모함을 불러일으킬까 조심했던 것뿐일 수도 있기 때문이다. 특히, 유비와 손권의 관계가 안 좋은 시기라면 그 가능성은 더 커진다. 제갈량이나 제갈근을 견제하던 내부세력 입장에서는 이보다 더 좋은 기회는 없다. 나중에 관우가 손권의 배신

으로 죽고 난 후, 유비가 손권을 공격하기 위해 군을 일으켰을 때, 손권은 제갈근을 사자로 파견하여 유비에게 화해를 요청한 적이 있다. 이때 손권진영 내부에서 제갈근에 대한 모함이 있었다. 『삼국지』「제갈근전」에는 「어떤 자가 제갈근이 따로 친한 사람을 보내 유비와 서로 소식을 전했다고 말하자, 손권이 말하길 "나와 자유(제갈근의 자)는 생사도 바꾸지 않을 맹세를 한 사이로, 자유가 날 배신하지 않는 것은 내가 자유를 배신하지 않는 것과 같다"라 했다.」는 언급이 있다. 일전에

제갈근(諸葛瑾, 174~241년)

제갈근은 오나라에서 대장군까지 승진했을 정도로 크게 중용을 받았었다.
(출처: Wikimedia Commons)

소개한 『강표전』의 일화에서 손권이 제갈근에게 제갈량을 등용해 달고 요청했을 때, 이에 답한 제갈근의 말과 비슷한 얘기를 손권이 지금 하고 있는 것이다. 결과적으로 제갈근은 유비와 내통한다는 모함을 피할 수 있었지만, 제갈량과의 혈연관계 때문에 그는 공적인 임무를 수행함에 있어 언제나 각별히 조심해야했다. 만약, 제갈근이 제갈량의 형이 아니었다면 "유비와 내통"한다는 모함이 왜 나왔겠는가? 제갈량도 이러한 부분을 누구보다도 잘 알고 있었기에 불필요한 구설이 생기지 않도록 더욱 조심했을 것이다. 만약, 형제 중 한 사람이 혈연관계를 공적인 관계에 끌어들여 "아우야 이것 좀 해주라" 혹은 "형 이것 좀 해줘"라는 식으로 활용했었다면, 이 두 형제는 한 번쯤 큰 위험에 빠지지 않았을까 한다.

서로에게 각별했던 형제

이쯤 되면 이러한 의문이 든다. "서로의 뜻과 선택에 간섭하지 않았고 공적관계를 사적관계보다 우선시했었다면, 이 두 형제는 남보다 못한 관계는 아니었어도 그렇다고 우애가 각별했던 것도 아니지 않았을까?"라는 의문 말이다. 그러나 결론부터 말하자면, 제갈근과 제갈량은 우애가 매우 각별했던 형제였다. 『삼국지』「제갈교전」을 보면 「당초 제갈량에게 아들이 없어 제갈교로 후사를 잇고자 청하니, 제갈근이 손권에게 여쭈어 제갈교를 서쪽으로 보냈다.」는 기록이 있다. 제갈량은 늦은 나이까지 자식이 없어 걱정이 많았다. 이에 제갈량은 그의 형 제갈근과 상의하여, 제갈근의 차남인 제갈교를 양자로 들이게 된다. 형제간의 정이 없었다면 어찌 이 같은 일이 가능했겠는가. 여기서 놓치지 말아야 할 것은 제갈근이 그의 차남을 양자로 보내기 전에 손권에게 미리 허락을 받았었다는 부분이다. 왜 일까? 그 시대에는 다른 집에 자신의 아들을 양자로 보내려면 군주의 허락이 필요했던 것일까? 아닐 것이다. 그렇다면 제갈근은 왜 그랬을까? 그는 적국의 재상인 제갈량에게 자신의 아들을 양자로 보내는 것이 손권의 괜한 오해를 불러일으킬 수도 있다고 생각했던 듯하다. 손권 입장에서는 제갈근이 자신을 배신하기 위해 미리 가족들을 촉으로 보내는 게 아닌가 하는 의심을 할 수도 있었으니 말이다.

두 형제간의 우애를 엿볼 수 있는 또 다른 일화도 있다. 진수가 편찬한 『제갈량집(諸葛亮集)』에는 제갈량이 제갈근에게 보냈던 편지가 실려 있는데, 그 내용은 「제갈교는 본래 성도(成都)로 돌아가게 되어 있었으나, 지금 제장들의 자제(子弟)들이 모두 군량운반에 투입되어 있으니, 생각건대 영욕을 함께 함이 마땅합니다. 지금 제갈교에게 5~6백의 군사를 감독하게 하여, 여러 자제들과 함께 곡중(谷中)에서 전운하도록 했습니다.」라는 것이다. 아무리 제갈근이 자신의 아들을 양자로 보냈어도 친자식에 대한 부정을 어떻게 쉽게 뗄 수 있었겠는가. 이를 세심하게 고려한 제갈량이 형을 위해 제갈교의 근황을 편지로 전하고 있다. 이후 제갈량은 황부인에게서 친아들을 얻게 되는데, 이가 바로 제갈첨(諸葛瞻, 227~263년)이다. 『삼국지』「제갈첨전」을 보면 「제갈량이 무공(武功)으로 출병하고, 형 제갈근에게 "제갈첨은 이제 벌써 8살로 총명하고 사랑스러우나 그 조숙함이 걱정되니, 큰 인물이 되지 못할까 두렵습니다."라고 서신을 보냈다.」는 기록이 있다. 자신의 친아들에 대한 사랑과 걱정을 형과 공유하는 모습이다.

정리하면, 제갈량과 제갈근은 서로를 아껴줄 줄 아는 누구보다도 형제애가 깊었던 관계였다. 그러나 각자의 생각을 상대방에게 강요하지 않았으며, 서로의 선택을 존중했다. 또한, 공적관계로 만나게 될 때에는 그들의 사적관계를 배제시켜 주변의 불필요한 오해를 차단하고, 각자의 공적 임무에만 충실하려 했던 철저한 관계이기도 했다.

적벽대전에서 화살 십만 개를 얻고, 동남풍을 불게 한 게 모두 거짓이라고?

『삼국지연의』에서 적벽대전의 주인공은 단연 제갈량이다. 화살이 부족하다는 주유의 말에 화살 십만 개를 번뜩이는 지혜로 구해 오고, 바람의 방향을 걱정하는 주유를 위해 동남풍을 불게 하여 화공을 성공시키게 만든다. 그러나 이러한 제갈량의 눈부신 활약은 모두 나관중이 창작해낸 허구의 모습들이다. 역사서를 보면 "화살 십만 개"에 대한 내용이 전혀 등장하지 않는다. "동남풍"에 대해서도 제갈량이 이를 불게 했었다는 언급이 전혀 없다. 『삼국지』「주유전」에 「황개는 여러 배를 풀어 동시에 불을 질렀다. 당시는 바람이 매우 사나웠으므로 해안 위의 진에까지 불길이 번졌다.」고 나와 있을 뿐이다. 『강표전』에는 「황개는 미리 쾌속선 열 척을 준비해, 건조한 물억새와 나뭇가지들을 배 한가운데 싣고서, 고기 기름을 땔감에 붓고 붉은 휘장으로 가렸다. 마침 동남의 바람은 세차게 불었고, 황개는 조조군과의 거리가 2리 남짓 되었을 때 불을 붙였다.」는 기록이 있다. 이 기록에 따를 때에도 "동남의 바람이 세차

게 불었다"고만 서술되어 있을 뿐 제갈량이 동남풍을 불게 했다고
는 언급하고 있지 않다. 따라서 역사적 기록을 토대로 할 때 제갈
량이 동남풍을 불게 했다는 것은 확실한 거짓이다.

여기까지 확인하고 나니 "제갈량이 적벽대전의 전투에 참여하기
는 했을까?"라는 의문이 든다. 필자는 혹시나 해서 「주유전」, 「노숙
전」, 「선주전」, 「오주전」, 「무제기」, 「제갈량전」, 「관우전」, 「장비
전」 등 적벽대전과 조금이라도 관련이 있는 인물의 열전을 모두 찾
아봤다. 그러나 제갈량이 적벽대전의 전투에 참여했거나, 특정한
기여를 했었다는 언급을 전혀 찾을 수가 없었다. 따라서 적벽대전
에서 제갈량의 공적은 외교 사절로서 손권을 만나 연합을 이끌어
낸 것에 그쳤었다고 보는 게 합리적인 해석일 것이다.[1]

삼국지와 관련된 일부 서적에서는 제갈량이 주술을 통해 동남풍
을 불게 했던 것이 아니라, 적벽 지역에서 특정시기에 동남풍이 분
다는 사실을 미리 알고 있었을 뿐이며, 자신을 신격화하려고 "주술
쇼"를 해서 본인이 동남풍을 불어오게 만든 것처럼 꾸민 것이라고
주장하기도 한다. 그리고 뛰어난 군사 전략가는 전쟁에 임하기 전
에 전장의 날씨 등과 같은 핵심정보를 미리 파악해 놓는다며, 제갈량은
중요정보 파악을 게을리 하지 않은 탁월한 군사전략가였다고 치켜
세우기도 한다. 필자로선 선뜻 동의하기 어려운 주장이다. 일단 역
사기록에는 제갈량이 주술 혹은 주술쇼를 했었다는 언급이 전혀 없
다. 또한, 제갈량도 알고 있는 날씨정보를 그 지역에서 더 오래 살
아온 주유가 모르고 있었을 리도 없다. 만약 제갈량이 자신이 알고
있는 정보를 바탕으로 주술쇼를 했었다면, 제갈량을 어떻게든 견제

---

1 물론 앞에서 분석했듯이 이 지점에서도 제갈량의 역할은 제한적이었다.

하려고 애썼던 주유가 이를 가만히 두고만 보지는 않았을 것이다.

필자는 유튜브에서 대중적으로 꽤 유명한 역사교육자가 제갈량에 대해 강의하는 것을 들은 적이 있다. 화살 십만 개를 제갈량이 어떤 꾀를 내어 얻어냈는지에 대해 설명하는데, 방청석에서 "와"하는 감탄이 들려온다. 나관중이 지어낸 이야기를 실제 사실처럼 이야기하고, 방청객은 그것이 실제로 있었던 일인 양 감탄을 내뱉고 있는 것이다. 우리가 제갈량에게 배워야 하는 것은 화살 십만 개를 얻고 동남풍을 불게 하는 기상천외한 요술이 아니다. 이러한 허구를 걷어내도 그에게서 배울 수 있는 것은 무궁무진하다.

적벽대전 유적지

(출처: Wikimedia Commons)

유비의 익주정벌부터 이릉대전 발발 전까지

제갈량의 연도별 주요 행적 및 관련 사건

시기	나이	주요행적
211년	31살	• 유비, 형주를 제갈량, 관우에게 지키게 하고, 방통(龐統), 법정(法正), 황충(黃忠) 등을 이끌고 익주정벌을 떠남
~213년	33살	• 제갈량, 유비의 익주정벌을 지원하기 위해 장비, 조운 등과 형주지원군을 이끌고 익주(촉)로 들어감. 이후 백제(白帝), 강주(江州), 강양(江陽)을 평정함
214년	34살	• 익주의 군벌 유장이 유비에게 항복함 • 유비, 제갈량을 군사장군(軍師將軍)으로 삼고 좌장군부(左將軍府)의 일을 대행하게 함
218년	38살	• 유비, 한중점령을 위해 제갈량을 성도에 남기고 한중으로 진격함. 비슷한 시기 형주의 관우도 북진하여 조인 등을 공격함
219년	39살	• 유비, 하후연을 참살하고 한중을 점령함. 이후 유비는 한중왕(漢中王)에 오름. 이때 관우 등 주요 신하들은 승진했으나 제갈량은 군사장군직을 유지함 • 관우, 손권에게 붙잡혀 참수 당함
221년	41살	• 4월 유비, 촉한(蜀漢)을 건국하고 황제에 오름. 이때 제갈량을 승상에 임명함 • 6월 장비 피살당함

유비는 제갈량에게 군사 지휘관으로서의 역할을 기대하지 않았다?

혹자는 제갈량이 소설에서 그려진 모습과는 달리 군사를 지휘하고 통솔하는 것에는 소질이 없었다고 평가하기도 한다. 그리고 그 근거로 유비가 황제에 오를 수 있는 기틀을 마련해 준, 익주와 한중정벌의 군사전략을 입안했던 사람은 제갈량이 아니라 법정이었다는 점을 든다. 이러한 주장이 아예 신빙성이 없는 것은 아니나, 그렇다고 해서 이 주장에 전적으로 동의하기에는 뭔가 아쉬운 측면이 있다. 왜냐하면 군사적 재능이 없는 것하고, 그 재능을 발휘할 기회를 갖지 못한 것하고는 구분될 필요가 있기 때문이다. A라는 연예인이 있다. A는 노래도 잘하고 연기도 잘하는데, 소속사에서 가수만 시킨다. 그러면 A는 연기를 할 기회가 없었던 것뿐이지, 연기를 못하는 것은 아니다. 역사서의 기록을 하나하나 자세히 살펴보면, 유비가 전쟁과 관련하여 제갈량에게 기대했던 역할은 군대를 직접 지휘하거나 최전선에서 군사전략을 입안하는 것이 아니었다. 그럼 무엇이었을까? 유비가 제갈량에게 군사 또는 전쟁과 관련된 임무를 부여한 적은 역사서에 총 네 번이 기록되어 있다.

첫 번째 임무는 이미 살펴봤듯 군사외교 임무였다(적벽대전시 손권과의 연합성사임무). 바로 두 번째 임무로 넘어가 보겠다. 두 번째 임무는 군사보급과 관련된 것이었다.『삼국지』「제갈량전」에는「조조는 적벽(赤壁)에서 패하자 군을 이끌고 업(鄴)으로 돌아갔다. 선주(유비)는 마침내 강남(江南, 장강 남쪽)을 거두고, 제갈량을 군사중랑장(軍師中郎將)으로 삼아 영릉, 계양, 장사 3군을 감독하며 세금을 거두고 군대의 무기와 양식을 채우게 했다.」는 기록이 있다. 유비는 손권과 연합해 조조를 형주에서 물러나게 한 후, 형주의 남쪽 땅인 영릉, 계양, 장사, 무릉을 손에 넣게 된다. 그리고 이 중 앞의 3군을 제갈량에게 맡겨 세금을 징수하고, 군대의 무기와 군량을 보급하도록 했던 것이다. 선봉에 서서 적진으로 돌격하는 것만큼 중요한 것이 군대를 운용하기 위한 무기와 군량을 보급하는 일이다. 무기와 군량이 없으면 군대를 조직할 수도 없다. 우리는 『삼국지연의』의 영향 때문에 무력이 강한 장수끼리 일기토를 붙거나, 기습을 통해 적을 혼란에 빠트리는 극적인 장면들에만 익숙하다. 그러나 실제 전쟁에서는 보급이 일기토나 기습과 같은 군사작전보다 훨씬 더 중요하다. 군주 입장에서 무기와 군량의 보급을 맡길 사람은 그 능력도 탁월해야 하지만 동시에 충성스런 인물, 즉 신뢰가 가는 사람이어야 한다. 믿을 만한 사람이 아니면 후방의 배신으로 보급이 끊겨 군대가 오도 가도 못하고 굶어 죽게 될 수 있기 때문이다. 유

제갈량을 형상화한 목상

(출처: 작자)

비 입장에서 보급능력도 탁월하고 신뢰도 할 수 있었던 사람은 바로 제갈량이었다. 하후돈(夏侯惇, ?~220년)이라는 이름을 삼국지를 읽어본 사람이라면 들어봤을 것이다. 『삼국지연의』에서 그는 여포 세력과 전투를 하다 눈에 화살이 박히는 부상을 당하게 된다. 그리고는 부모님에게 받은 것을 함부로 버릴 수는 없다고 외치며 자신의 눈알을 뽑아 삼켜버린다.[1] 상당히 컬트적인 요소를 통해 나관중은 하후돈을 용맹스런 장수, 항상 선봉에 서는 용감한 장수로 만들었다. 그러나 실제 역사서의 기록을 살펴보면, 조조는 하후돈에게 후방에 남아 보급을 담당하는 임무를 주로 맡겼었다. 그만큼 하후돈은 능력도 있고, 자신과 오랜 시간을 함께해 믿을 수 있는 장수였기 때문이다.

세 번째 임무로 넘어가 보자. 유비는 제갈량에게 처음으로 정벌 임무를 부여한 적이 있다. 『삼국지』 「제갈량전」에는 「건안 16년 (211년), 익주목 유장(劉璋)이 법정(法正)을 보내 선주를 영접하고 장로(張魯)를 공격하게 했다. 제갈량은 관우와 함께 형주를 진수했다. 선주가 가맹(葭萌)에서 돌아와 유장을 공격하니, 제갈량은 장비, 조운 등과 함께 군사들을 이끌고 장강을 거슬러 올라가며 군현들을 나누어 평정하고, 선주와 함께 성도를 포위했다.」는 기록이 있다. 211년, 유장을 장로의 침공으로부터 구해준다는 명목으로 촉(익주)으로 들어갔던 유비는 방통의 조언의 따라 도리어 유장을 공격하기 시작한다. 그리고 214년, 성도(촉의 수도, 지금의 청두)를 함락시키는 데 성공하게 된다. 제갈량은 211년에서 214년 사이로 추정되는 시

---

1 실제 역사서의 기록을 살펴보면 하후돈이 여포와의 전투에서 눈을 다쳤던 것까지는 사실이나, 자신의 눈을 삼켰었다는 기록은 없다.

기에 장비, 조운 등을 이끌고 형주를 출발해, 형주와 인접한 유장의 땅을 차례로 점령해 나갔다. 이후, 성도부근에서 유비와 만나 함께 성도를 포위 공격했다. 그런데 여기서 먼저 짚어봐야 할 것은 형주에서 출발한 지원군의 총사령관이 장비, 조운, 제갈량 중 누구였냐는 것이다. 「제갈량전」을 보면 「제갈량은 장비, 조운 등과 함께 군사들을 이끌고」라고 서술되어 있다. 「조운전」에도 「제갈량이 조운과 장비 등을 이끌고 강을 거슬러 서쪽으로 올라가며 군현들을 평정했다.」고 기술되어 있다. 마지막으로 「장비전」에는 「선주가 익주(益州)로 들어간 뒤 군을 돌려 유장(劉璋)을 공격했고, 장비는 제갈량과 함께 물을 거슬러 올라가며 군현(郡縣)들을 나누어 평정했다.」는 기록이 있다. 「장비전」만을 봤을 때는 "제갈량과 함께"라고 서술되어 있어 장비와 제갈량 중 누가 총사령관이었는지가 불분명하다. 그러나 「제갈량전」과 「조운전」의 기록에서는 제갈량이 조운과 장비를 "이끌었다"고 일관되게 서술하고 있으므로, 제갈량이 형주지원군의 총사령관이었다고 보는 것이 합리적인 추측일 것이다. 그렇다면 이 시기가 제갈량이 보급능력을 넘어 야전 지휘관으로서 자신의 능력을 발휘할 수 있는 거의 최초의 기회였다고 볼 수 있다. 역사서의 기록을 좀 더 살펴보도록 하자. 「조운전」에는 「강주(江州)에 도착하자 조운을 나누어 보내 외수(外水)를 따라 강양(江陽)으로 서진하게 하니 성도(成都)에서 제갈량과 합류했다.」는 언급이 있다. 형주지원군은 강주에 도착해, 조운을 대장으로 하는 별동대를 구성하여 제갈량과 장비가 이끄는 본대와 서로 다른 방향으로 진군했었다는 기록이다. 물론 이러한 결정은 형주지원군의 총사령관이었던 제갈량이 했을 것이다. 별동대를 구성한 이유를 추측해보면 다음과 같다. 만약 형주지원군이 한쪽 길로만 진군하게 되면 진출로에 있는 익주지역만을 평정할 수 있으므로, 진출로에 놓이지 않은 익주의 다른 지역은 여전히 유장의 관할권에 놓이게 된다. 이렇게 되면 다음 두 가지 문제가 발생할 수 있었다. 먼저 나중에 성도를 포위했을 때, 형주지원군이 평정하지 않은 지역에서 유장을 구원하기 위해 원군을 보낼 가능성이 있었다. 둘째, 성도를 함락시키더라도, 유장이 자신의 부하가 점거하고 있는 인근지역으로 달아나 항복하지 않고 계속 항전하는 선택을 할 수도 있었다. 이렇게 되면 유장을 토벌하기 위해 다시 군대를 움직여야 한다. 제갈량은 이러한 두 가지 가능성 때문에 조운을 본대의 진출방향과 다른 방향으로 진군하게 하여, 본대가 점령하기 힘든 익주의 다른 지역을 평정하도록 조치했던 것이다. 처음으로 보급임무가 아닌 원정군을 통솔하는 총사령관의 임무를 수행하는 그였지만, 진출로를 막고 있는 유장의 부하장수들을 격파하는데 그치지 않고 차후 발생할 수 있는 문제점까지 미리 차단하려는 움직임을 보였던 것이다.

다음으로 제갈량은 유장이 자랑하는 명장, 엄안(嚴顔)을 적으로 만나게 된다. 「장비전」에는 「장비는 제갈량과 함께 물을 거슬러 올라가며 군현(郡縣)들을 나누어 평정했다. 강주(江州)에 이르러 유장의 장수인 파군태수(巴郡太守) 엄안을 격파하고 산 채로 붙잡았다. 장비가 엄안을 꾸짖으며 말했다. "대군이 당도했는데 어찌 항복하지 않고 감히 맞서 싸웠느냐?" 엄안이 대답했다. "경(卿) 등이 무도하게 우리를 침탈했으니, 우리 주에는 다만 머리가 잘리는 장군만이 있을 뿐 항복하는 장군은 있을 수 없소." 장비가 노하여 끌고가서 머리를 자르라고 좌우에 명했지만, 엄안은 안색이 변하지 않으며 말했다. "머리를 자르면 자르는 것이지 어찌 화를 내는가!" 장비가 이를 장하게 여겨 풀어주고 그를 빈객(賓客)으로 삼았다.』는 기록이 있다. 파군태수였다던 엄안은 진수의 『삼국지』에는 따로 열전이 없고, 앞서 소개한 「장비전」의 기록에서만 그 이름이 등장하는 인물이다. 그러나 그의 인상은 강렬하다. 장비에게 격파 당했지만, 절개를 잃지 않고 항복하지 않는다. 이에 장비가 겁을 주려했지만, 오히려 그는 평정심을 유지한다. 장비는 『삼국지연의』에서의 이미지와 실제 역사서에 기술되어 있는 이미지가 상당히 다른 부분이 많은 인물이다. 대표적으로 그는 본인이 마음이 가는 사람에게는 정을 베풀고 존경을 표하기를 부끄럽게 생각하지 않았다. 장비는 엄안의 의연함에 감복했던 것 같다. 앞에서 소개한 일화에서 알 수 있듯이, 엄안은 보통 장수가 아니었다. 분명 강적이었을 것이다. 또한 파군이 어디인가. 형주와 접하고 있는 국경지대였다. 유장이 군사적 능력이 없는 장수를 국경지역의 핵심사령관으로 앉혔을 가능성은 높지 않아 보인다. 그런데 이러한 엄안을 제갈량과 장비가 손

장비(張飛, 165~221년)의 석상

장비는 제갈량과 함께 촉(익주) 지역 대부분을 순조롭게 평정해 나간다.
(출처: Wikimedia Commons)

쉽게 격파했던 것이다. 이와 관련해 혹자는 엄안을 격파하는데 가장 큰 공이 있었던 사람은 장비였지, 제갈량이 아니었다고 주장할 수도 있다. 그러나 군사작전을 입안하고 그 결과를 책임지는 위치에 있던 사람은 제갈량이었다. 적벽대전에서 황개가 오나라군의 선봉을 맡아 조조군을 격파하는데 중요한 역할을 하긴 했지만, 뒤에서 그 작전을 총괄 지휘

했었던 주유의 역할을 무시할 수 없는 것처럼 말이다. 이처럼 제갈량은 엄안과 같은 유장의 명장을 격파하고, 별동대를 구성해 장차 아군에게 불리하게 작용할 수 있는 가능성을 사전에 차단하는 등 자신에게 처음으로 맡겨진 군사 지휘관으로서의 임무를 멋지게 성공시켰다.

유비가 제갈량에게 부여했던 네 번째 군사임무는 역시 보급임무였다. 『삼국지』「제갈량전」에는 「성도가 평정되자 제갈량을 군사장군(軍師將軍)으로 삼고 좌장군부(左將軍府)의 일을 대행하게 했다. 선주가 밖으로 출병하면 제갈량은 늘 성도를 진수하며 식량과 병사를 대었다.」는 기록이 있다. 성도가 평정되고 유비는 그 유명한 한중 공방전을 벌여 조조와 처음으로 정면대결을 펼치게 된다. 이때도 유비는 제갈량을 후방에 남겨 보급임무를 맡겼었던 것이다.

역사서의 기록을 토대로 할 때 전쟁과 관련해 유비가 제갈량에게 임무를 부여한 적은 총 네 번이었다. 분류를 해보면, 군사외교 1건, 보급 2건, 정벌 1건이었다. 제갈량이 정벌임무를 부여받지 않았던 것은 아니었으나, 유비가 그에게 기대한 역할은 주로 보급임무였음을 부인하기는 어려워 보인다. 따라서 제갈량은 유비 생전에 군사 지휘관으로서의 능력을 발휘할 기회가 많지 않았다고 보는 것이 타당할 것이다. 제갈량의 군사지휘관으로서의 재능을 좀 더 자세히 평가하려면 어쩔 수 없이 그의 북벌을 살펴봐야 한다. 이 책의 후 반부에 등장하는 북벌파트에서 이번 주제와 관련된 필자의 의견을 좀 더 펼쳐보도록 하겠다.

와룡과 봉추,
제갈량은 방통을 자신의 라이벌로 생각했을까?

『삼국지연의』를 보면, 사마휘(수경선생)가 유비에게 "와룡과 봉추, 둘 중 한 사람만 얻어도 천하를 얻을 수 있소"라고 말하는 장면이 등장한다. 다들 잘 알다시피, 여기서 와룡은 제갈량이고 봉추는 방통이다. 사실 이러한 사마휘의 말은 앞선 주제에서 이미 소개한 바 있는 『양양기』의 기록을 토대로, 나관중이 특유의 과장을 덧붙인 것이다. 『양양기』의 기록을 보면 사마휘는 제갈량과 방통이 "시무1를 아는 인재"라 했지 "천하를 얻게 해줄 수 있는 인재"라고는 안 했다. 어쨌든 제갈량과 방통이 형주지역에서 가장 이름을 날리던 인재였던 것만은 확실하다. 그러나 방통은 유비를 따라 익주정벌에 나섰다가 정벌을 채 완수하기도 전에 전장에서 복병을 만나 죽음을 맞이하게 된다. 좀 더 자세히 그 스토리를 살펴보도록 하자. 『삼국지연의』를 보면 제갈량이 별자리로 점을 처 보고난 후 방통의 전쟁운이 좋지 않음을 느끼고, 그의 출전을 말리는 전갈을 보내게 된다.

---

1 시무(時務)란 "지금 시대에 필요한 과제" 정도로 이해하면 편하다.

그러나 방통은 이러한 제갈량의 충고를 무시하고, 유비에게 출전을 재촉한다. 그리고는 결국 낙봉파(落鳳坡)에서 장임(張任, ?~213년)의 복병을 만나 전장에서 죽게 된다. 이 지점에서 혹자는 "제갈량은 방통이 익주정벌에서 큰 공적을 세우게 되면, 장차 자신의 세력 내 입지를 위협하게 될까 두려워 방통의 죽음을 방조했다"라는 주장을 하기도 한다. 삼국지를 좀 읽었다하는 독자라면 한 번쯤 이러한 주장을 들어봤을 것이다. 이 주장을 하는 사람들은 제갈량이 방통의 출진을 좀 더 강하게 말렸었다면, 그가 죽게 되는 일은 없었을 것이라고 말한다. 그러나 이러한 주장은 소설의 내용을 실제 역사로 착각하는 데서 비롯된 근거 없는 주장일 뿐이다. 제갈량이 별자리로 점을 처 보고난 후, 방통의 출진을 말렸었다는 것 자체가 사실이 아니기 때문이다. 역사서에는 이와 비슷한 얘기조차 기술되어 있지 않다. 다만, 제갈량이 방통의 죽음을 방조했다는 주장 자체는 사실이 아니라 하더라도, 이 주장에 깔려있는 전제에 대해서는 한 번 탐구해볼 가치가 있다. 그 전제는 바로 "제갈량은 방통을 자신의 세력 내 입지를 위협할 수 있는 라이벌이라고 생각하고 있었으며, 이 때문에 그를 어떻게든 견제하려고 했다"는 것이다.

『삼국지』「방통전」을 보면 「선주(유비)가 형주(荊州)를 다스리게 되자 방통을 뇌양령(耒陽令, 계양군 뇌양현의 현령)을 맡게 했는데, 방통이 현에 있으면서 제대로 다스리지 않아 면관(免官)되었다. 오(吳)의 장수 노숙(魯肅)이 선주에게 서신을 보냈다. "방사원은 백리재(百里才, 좁은 지역을 다스릴 인재)가 아니니, 치중(治中), 별가(別駕)의 임무를 맡겨야 비로소 그 뛰어난 재능을 충분히 펼칠 것입니다." 제갈량 또한 선주에게 이를 말하자 선주가 방통을 만나 얘기를 나누어보고 크게 평가하여 치중종사(治中從事)로 삼았다.」는 기록이 있다. 『삼국지연의』를 보면 유비는 방통의 투박한 외모가 눈에 거슬려 한직이라 할 수 있는 뇌양현의 현령자리를 준다. 현령이 된 방통은 근무를 태만히 하여 백성들의 원성을 사게 되는데, 유비가 이러한 원성을 듣고 방통을 꾸짖기 위해 뇌양현을 찾아간다. 그러나 방통은 유비 앞에서 그간 밀린 업무를 공정하고 합리적으로 빠르게 처리해 나간다. 이를 보고 놀란 유비에게 방통이 "방통을 꼭 요직에 써달라"는 제갈량의 추천서를 보여준다. 여기까지가 우리가 아는 소설 속의 이야기이다. 이 이야기는 앞에서 소개한 「방통전」의 기록과 크게 다르지 않다. 그러나 좀 더 디테일한 면을 들여다보면 소설책과 역사서의 기록에는 몇 가지 다른 점이 있다. 먼저 소설에서는 방통이 밀린 업무를 빠르게 처리하여 유비를 놀라게 했었다고 서술하고 있지만, 역사서는 방통이 면관, 즉 맡은 일을 제대로 처리하지 않아 뇌양령 자리에서 쫓겨났었다고 기록하고 있다. 다음으로 소설에서는 방통이 제갈량의 추천서를 유비에게 직접 보여줬던 것처럼 묘사하고 있으나, 실제 역사서에서는 방통이 면관된 후, 이를 안타깝게 여긴 노숙과 제갈량이 방통을 중용해줄 것을 유비에게 부탁했었다고 언급하고 있다.

어찌되었건 역사서의 기록에 따르면 제갈량은 확실히 방통을 나라의 큰일을 맡을 만한 뛰어난 인재라고 생각하고 있었다. 그리고 자신보다 늦게 유비에게 임관한 방통이 너무 낮은 관직에서부터 시작하게 될까 걱정이 되서, 그를 꼭 요직에 써달라고 유비에게 부탁하고 있다. 따라서 「방통전」의 내용만 보면 제갈량은 방통을 자신의 입지를 위협할 라이벌이라고 생각하지 않았다. 오히려 그가 중히 쓰여 본인과 함께 유비를 보좌하길 원했다. 만약 그가 방통을 라이벌로 생각하고 있었다면, 유비에게 방통을 중하게 써달라는 건의를 왜 하였겠는가. 이 하나의 일화만으로 필자가 너무 쉽게 단정 짓고 있다고 생각하는 독자가 있을 수 있다. 그래서 필자의 주장을 뒷받침할 수 있는 기록을 더 찾아봤다.

『삼국지』「요립전」을 보면 「유비가 촉으로 들어가고 제갈량이 형주를 지키고 있을 때, 손권이 사자를 보내 제갈량에게 우호의 뜻을 전했다. 그리고 선비들 중에서 누가 국가를 다스리는 일을 도울 수 있는지 질문했다. 제갈량이 "방통과 요립은 우수한 인재들로, 후세에 전해질 제왕의 사업을 보좌하여 일으킬 수 있는 자들입니다." 라고 말했다.」는 기록이 있다. 손권은 제갈량에게 일을 열심히 하는 인재, 아는 것이 많은 인재, 전투를 잘하는 인재, 계략이 많은 인재와 같이 어느 한 분야에서 특출난 재능을 가진 인재가 누구인지를 묻지 않았다. 이보다 더 높은 차원에서 국가를 경영할 능력을 가진, 다시 말해 재상이 될 만한 인재가 누구인지를 물었다. 이에 대한 제갈량의 대답은 요립과 방통이었다. 제갈량이 방통을 권력관계의 라이벌이라고 생각하고 있었다면, 그를 타국의 군주에게 이 정도까지 추켜세워 줄 필요가 있었을까?

이상에서 살펴본 역사서의 기록을 통해 제갈량은 방통을 권력관계의 라이벌이 아닌 대업을 함께할 동지로 여겼었다는 점이 어느 정도 명확해졌다. 그러나 여기에 대해서도 혹자는 다음과 같이 주장할 수 있다. "제갈량이 방통을 라이벌로 생각하지 않았던 이유는 방통이 자신보다 한 수 아래라고 생각하고 있었기 때문이다"라고 말이다. 즉, 제갈량은 방통을 뛰어난 인재로 인정하긴 했지만, 본인

만큼의 능력을 가진 인재라고는 생각하지 않았었다는 것이다. 이 추론이 맞다면 제갈량은 방통을 특별히 견제할 필요가 없었다는 결론에 이를 수 있다. 『삼국지강의』의 저자인 이중텐(易中天) 교수도 이와 비슷한 주장을 한다. 그는 방통은 제갈량급의 인재가 아니었다고 주장한다. 그는 그 근거로 인재에 목 말라하던 유비가 방통을 뇌양현 현령 같은 한직에 임명했던 것을 예로 든다. 그러면서 『양양기』의 기록, 즉 사마휘가 제갈량과 방통을 시무를 아는 인재로 추천했었다는 것은 사실이 아닐 것이라고 주장한다. 유비가 당대의 명사 사마휘에게 방통을 추천받았던 게 사실이라면, 왜 그를 한직에 임명했었겠냐는 이유에서 말이다. 필자는 이 의견에 동의하기 어렵다. 그 근거를 들어보겠다.

첫째, 유비가 방통을 한직에 임명했던 것은 그가 방통의 능력을 제갈량보다 낮게 봤기 때문이 아니었을 수 있다. 이중텐 교수처럼 『양양기』의 기록을 부정하지 않더라도, 유비는 여러 가지 이유에서 방통을 한직에 임명했을 수도 있다는 것이다. 먼저, 『삼국지연의』의 추측대로 방통의 첫인상이 안 좋았을 수 있다. 사람의 첫인상은 매우 중요하다. 면접에서 단정치 못한 외모는 채용자에게 부정적인 인상을 주는 것이 사실 아닌가. 그래서 우리는 중요한 면접에서 더 깔끔한 이미지를 내려고 노력하곤 한다. 유비도 사람인데 다를 수 있었겠는가.

방통(龐統, 178~213년)

유비의 방통에 대한 첫인상이 좋지 않았을 가능성을 배제하기는 어렵다.
(출처: Wikimedia Commons)

「방통전」에 방통의 생김새에 대한 구체적인 묘사는 없지만, 「방통은 어려서 투박하고 둔하여 그를 알아주는 이가 없었다.」는 언급이 있다. 방통의 첫인상이 안 좋았을 가능성이 아예 없지는 않은 것이다. 두 번째 가능성은 유비가 방통의 능력을 테스트 해본 것일 수도 있다. "제갈량은 아무런 테스트도 없이 받아들여 놓고선 방통만 왜 테스트를 했겠냐?"고 반문하면 필자도 할 말은 없다. 하지만 필자는 앞에서 추측한 두 가지 가능성이 아니더라도 유비가 방통에게 한직을 준 이유가 분명히 있었을 것이라고 강하게 확신할 수 있다. 그 이유는 뇌양현 사건 이후 방통에 대한 유비의 대우가 파격적으로 변했기 때문이다. 「방통전」에는 「(유비가 방통을) 친밀히 대우함이 제갈량에 버금갔고 마침내 제갈량과 함께 군사중랑장(軍師中郎將)으로 삼았다.」는 기록과 「제갈량은 남아서 형주를 진수하고 방통은 (선주를) 수종(隨從)해 촉으로 들어갔다.」는 기록이 있다. 어떠한 이유에서건 처음에는 유비가 방통의 능력을 과소평가 했던 것이 맞다. 그러나 그 이후 유비가 방통을 어떻게 대했는가. 당시 그가 가장 믿고 의지하던 제갈량의 관직을 방통에게도 동일하게 하사했다. 그리고 그 중요한 익주원정에 핵심 참모로 동행시켰다. 이중텐 교수의 주장은 유비가 방통을 평생, 죽을 때까지 뇌양현 현령으로 일하도록 했을 때만 수긍이 가는 주장이다. 하지만 유비는 방통에 대한 자신의 최초평가가 잘못되었음을 깨닫고, 그에게 제갈량에 버금가는 대우를 해줬다. 이를 두고 어떻게 방통이 제갈량 급에 미치지 못하는 인재였다고 단언할 수 있겠는가.

방통이 천하의 기재임을 인정한 것은 유비뿐만이 아니었다. 앞서 소개했듯이 제갈량도 방통을 "후세에 전해질 제왕의 사업을 보좌하여 일으킬 수 있는 자"라 극찬하였었다. 제갈량의 이 발언만 보더라도, 그가 방통을 자기보다 한수 아래로 여겼었다는 것은 어불성설이다. 방통을 자신보다 한수 아래로 생각하고 있었다면, 유비가 방통을 자신과 같은 군사중랑장으로 임명했을 때부터 그의 불만이 터져 나왔어야 한다. 유비가 방통을 군사중랑장으로 임명했던 것은 그를 데리고 익주원정을 떠나기 전이었다. 그리고 손권은 방통이 익주원정을 떠난 후에 제갈량에게 우호의 뜻을 전하며 질문을 던졌다. 즉, 제갈량은 방통이 자기와 같은 반열에 오른 뒤에도 손권에게 방통을 극찬했던 것이다. 유비가 방통을 자기와 버금가게 대하는 것에 불만이 있었다면, 제갈량이 손권에게 방통을 극찬하는 일은 일어나기 어려웠을 것이다. 따라서 제갈량은 방통을 자기와 같은 대접을 받을 만한 뛰어난 인재로 여겼었다고 보는 것이 합리적인 추측이라 할 수 있다. 진수도 「방통전」에서 「방통은 위나라 신하에 견주자면 순욱(荀彧)에 견줄 만하다.」라고 평가한 바 있다. 순욱은 더 이상의 설명이 불필요한 조조의 초특급 모사였다.

여담: 방통과 유비의 다툼

방통에 대한 이야기를 끝내기 전에 역사서에 기록되어 있는 유비와 방통의 재미있는 일화 하나를 소개해 보려 한다. 「방통전」에는 아래와 같은 기록이 있다.

부(涪)에서 큰 모임을 열어 술을 차리고 음악을 연주케 했다. 방통에게 말했다.

"오늘 모임이 가히 즐겁구려."

방통이 말했다.

"남의 나라를 치고 즐거워하는 것은 어진 이의 군대가 아닙니다."

선주가 술에 취해 있었는데 노하여 말했다.

"무왕(武王)이 주(紂)를 치며 그 앞뒤로 노래를 부르고 춤췄는데 그도 어진 이가 아니었단 말이오? 경의 말은 맞지 않소. 속히 일어나 나가시오!"

이에 방통이 머뭇거리며 물러났다.

선주는 곧 후회하고는 되돌아오도록 청했다. 방통이 다시 예전 자리로 돌아왔으나 돌아보고 사죄하지 않으며 태연자약하게 먹고 마셨다. 선주가 말했다.

"조금 전의 논의에서 누가 잘못한 것이오?"

방통이 대답했다.

"군신(君臣)이 함께 잘못했습니다."

선주가 크게 웃으며 당초처럼 술자리를 즐겼다.

유비가 한창 익주를 정벌하고 있을 당시, 그의 군대가 유장을 공격해 큰 승리를 거두자 연회를 연다. 방통은 이 연회가 맘에 안 들었던 모양이다. 그 이유를 추측해보면 다음 두 가지 가능성을 생각해 볼 수 있다. 첫째, 위의 일화에서 나와 있듯이 유장은 유비와 같은 집안사람으로, 유비는 그를 한중을 점거하고 있던 장로의 침공으로부터 구해준다는 명목으로 익주지역에 발을 들여놨었다. 그리고는 유장에게 칼을 겨눴다. 물론 이 같은 전략을 유비에게 진언했던 사람은 방통자신이었다. 그러나 방통은 이 전략을 제3자가 봤을 때, 혹은 후대사람들이 봤을 때 비겁하다 욕할 수도 있다고 생각했던 듯하다. 그래서 떳떳치 못한 승리를 연회까지 열어 축하하고 있는 유비에게 너무 즐거워하지 말고 정신 좀 차리라고 한소리 한 것이었을 수 있다. 두 번째 가능성은 아직 익주정벌이 완수되지도 않았는데, 벌써 기쁨에 취해 있는 유비에게 "아직 갈 길이 멀다"라는 경각심을 주기위한 것이었을 수도 있다. 생각건대, 아무래도 첫 번째 가능성이 좀 더 커 보인다. 당시 사람들은 세상의 평가, 특히 후대의 평가에 아주 민감했으니 말이다. 그렇다하더라도 한창 기분이 좋은 최고 권력자에게 방통처럼 직언하는 것은 아무나 할 수 있는 게 아니다. 그것도 회식자리에서 말이다.

방통의 말을 들은 유비는 화가 나 그를 내쫓는다. 이러한 유비의 호통에 방통은 "머뭇거리며" 물러난다. 방통은 유비가 못마땅해 자신의 성질을 부렸지만, 막상 그가 불같이 화를 내니 "아차 실수했다. 저런 반응을 예상한 게 아닌데…" 싶었을 것이다. 그리고 주뼛주뼛 자리를 피한다. 유비도 보통사람은 아니었다. 자신이 실수했음을, 방통이 왜 나에게 그런 말을 했는지를 바로 깨닫고 다시 방통을 부른다. 그런데 군주의 자존심상 자신이 먼저 방통에게 사과하기는 뭔가 내키지 않았던 모양이다. 그래서 방통이 먼저 사과하길 기대하며 묻는다. "조금 전의 논의에서 누가 잘못한 것이오?" 그랬더니 방통이 예상과 다른 답변을 한다. "둘 다 잘못한 거지요" 이 대답을 들은 유비는 방통에게 한 대 얻어맞은 느낌이었을 것이다. 그리곤 멋쩍은 듯 호탕하게 웃는다. 이후 둘은 다시 이전의 친밀한 관계를 유지했다고 한다.

19

유비의 사랑을 뺏어간 법정,
제갈량은 법정을 시기하고 질투했을까?

유비가 법정을 아꼈던 이유

제갈량만큼, 어쩌면 제갈량 이상으로 유비가 사랑하고 아꼈던 책사는 법정이었다. 유비가 왜 법정을 그토록 아끼고 사랑했었는지를 파악하려면, 법정의 공적을 먼저 살펴봐야 한다. 『삼국지』「선주전(유비전)」을 보면 「장송(張松)이 (유장에게) 말했다. "유예주(劉豫州)는 사군(使君)의 종실(宗室)이며 조공의 깊은 원수이고, 용병(用兵)을 잘하니 만약 그로 하여금 장로를 치게 한다면 필시 장로를 격파할 것입니다." 유장이 이를 옳게 여겼다. 그는 법정(法正)을 보내 4천 명을 이끌고 선주를 맞도록 하고 앞뒤로 많은 선물을 보냈다. 이로 인해 법정은 (선주에게) 익주를 취할 계책을 진언했다.」는 기록이 있다. 장송은 장로의 침공을 걱정하는 유장에게 유비를 활용하자고 진언한다. 유장은 이러한 장송의 전략을 채택하고 법정을 유비에게 사신으로 보낸다. 그러나 사실 장송과 법정은 오래전부터 유장은 천하를 도모할 수 있는 군주가 아니라고 판단하고, 유비를 새 주인으로 옹립할 것을 모의하고 있었다. 유비를 만난 법정은 익주를 취할 계책을 진언한다. 유비는 이 순간 가슴이 벅차올랐을 것이다. 당시 그는 제갈량의 융중대책을 차근차근 진행시키고 있었다. 형주를 점거하는데 성공했고, 이제 다음 목표는 익주였다. 그렇기에 유비는 어떻게 하면 익주를 차지할 수 있을까 하고 항상 고민에 고민을 거듭하고 있었을 것이다. 그런데 유장의 신하가 먼저 와서 자신을 돕겠다고 한다. 얼마나 기뻤겠는가.『삼국지』「법정전」에는「법정은 유장의 뜻을 전한 뒤 은밀히 선주에게 계책을 올렸다. "명장군(明將軍)의 영명한 재주로 유장의 유약함을 틈타십시오. 장송은 유장의 신임을 받는 중신으로 내부에서 호응할 것입니다. 그 연후에 익주의 풍성함를 기반으로 하고 하늘이 내린 험조함에 기대면 이로써 대업을 이루는 것은 손바닥 뒤집듯 쉬운 일입니다." 이를 선주가 옳게 여기고 군을 이끌고 익주로 들어갔다.」는 기록이 있다. 이처럼 법정은 익주공략을 위한 기본전략을 유비에게 제시했다. 그리고 유비는 이 전략을 토대로 유장을 공략하여 성도를 함락시키는데 성공하게 된다.

유비는 법정의 조언을 받아들이지 않은 적이 거의 없었던 것 같다. 역사서의 기록만 보면, 유비는 법정의 조언을 거절한 적이 단 한번도 없었다. 반대로 유비가 제갈량의 조언을 거절한 경우는 역사서에 기록되어 있다. 물론, 이러한 점만을 고려하여 법정이 제갈량보다 뛰어났다는 섣부른 결론을 내리기는 어렵다. 다만, 이릉대전에서 유비가 참패를 당하고 돌아온 이후 제갈량이 했던 말을 곱씹어 볼 필요가 있다. 「법정전」을 보면, 「선주가 동쪽으로 손권을 정벌해 관우의 치욕을 되갚으려 하니 뭇 신하들이 여럿 간언했으나 하나같이 따르지 않았고, 장무 2년(222년) 대군이 크게 패하고 백제(白帝)로 돌아와 머물게 되었다. 제갈량이 "법효직(법정)이 살아 있었다면 능히 주상을 제지해 동쪽으로 가시게 하지 않았을 것이다. 설령 동쪽으로 가셨다 하더라도 필시 형세가 위태로워지지는 않았을 것이다."라고 탄식하며 말했다.」는 기록이 있다. 사리분별이 명확한 제갈량은 분명 유비의 동오원정은 그 실익이 크지 않다고 생각했을 것이다. 그러나 유비는 원정을 떠난다. 그리고는 손권의 부하 육손에게 처참한 패배를 당하게 된다. 이후 제갈량은 "법정이 있었더라면…"이라며 한탄 섞인 말을 내뱉는다. 제갈량의 이 말로부터 우리는 유비가 법정의 조언을 얼마나 귀히 여기고 잘 따랐었는지를 추측해 볼 수 있다.

법정(法正, 176~220년)

법정은 유비가 제갈량만큼이나 아끼고 사랑했던 모사였다.
(출처: Wikimedia Commons)

내친김에 법정이 유비에게 어떠한 조언들을 했었는지에 대해 살펴보도록 하겠다. 그가 유비에게 조언했던 내용이 역사서에 기록되어 있는 경우는 총 다섯 번이다. 첫 번째는 앞에서 이미 소개했듯이 익주정벌을 위한 기본전략에 대한 것이었다. 이 조언을 유비는 받아들여 유장을 공격한다. 바로 두 번째 사례로 넘어가 보겠다. 두 번째 사례는 인재의 활용에 대한 것이었다. 허정(許靖, ?~222년)이란 인물이 있었다. 허정은 촉 지역에서 명망이 높은 인사였다. 그는 처음에는 유비에게 귀순하지 않고 있다가 유장의 정세가 불리해지자 그때서야 유비에게 투항을 시도한다. 그러다 유장에게 발각이 되어 옥에 갇히게 된다. 이후 유비가 성도를 평정하면서 허정은 옥에서 풀려나게 되는데, 유비는 허정이 주군에 대한 의를 저버린 것에 실망하여 그를 박대하려 한다. 허정의 명성은 실제보다 부풀려졌다는 이유에서 말이다. 그러자 법정이 "허명도 명성이다. 허정을 중용하지 않으면 주공(유비)은 인재를 박대한다는 오명을 얻을 것이다. 그러면 천하 사람들이 주공을 오해할 것이며, 촉을 안정화 시키는 데에도 어려움이 생길 수 있다"고 간언한다. 이에 유비는 법정의 조언을 받아들여 허정을 후대했었다고 한다. 세 번째 사례는 군사전략의 입안과 관련된 것이었다. 「법정전」을 보면, 「건안 22년(217년), 법정이 선주를 설득하며 말했다. "조조가 일거에 장로를 항복시켜 한중을 평정하고도 이 기세를 틈타 촉(蜀)을 도모하지 않고 하후연(夏侯淵), 장합(張郃)을 남겨 한중을 지키게 하고는 자신은 황급히 북쪽으로 돌아갔으니, 이는 그의 지모가 미치지 못하거나 역량이 부족해서가 아니라 필시 내부에 우환이 닥쳤기 때문일 것입니다. 지금 하후연과 장합의 능력을 헤아려보면 우리의 장수들보다 낫지 못하니 군사를 일으켜 공격하면 반드시 이길 수 있습니다. 이는 하늘이 우리에게 준 기회이니 이때를 놓쳐서는 안 됩니다." 선주가 그 계책을 좋게 여기고 이에 제장들을 이끌고 한중으로 진군했고 법정 또한 선주를 수행했다.」는 기록이 있다. 법정이 한중공략을 유비에게 입안하는 순간이다. 그리고 그 결과는 성공적이었다. 네 번째 사례도 한중공략과 관련된 것이었다. 「법정전」에는 「건안 24년(219년), 선주가 양평(陽平)

으로부터 남쪽으로 면수(沔水)를 건너 산을 따라 점차 전진하여 정군(定軍), 흥세(興勢)에 영채를 세우니 하후연이 군사를 이끌고 와서 그 땅을 다투었다. 법정이 말했다. "가히 공격할 만합니다." 선주가 황충(黃忠)에 명해 높은 곳에 올라 북을 울리고 함성을 지르며 이를 공격하게 하여 하후연군을 대파했고 하후연 등은 참수 당했다. 조조는 유비의 승리가 법정의 계책에서 비롯된 것을 듣고 "나는 예전부터 유비가 이 같은 일을 할 수 없음을 잘 알고 있었으니 필시 남의 가르침을 받았을 줄 알았다."고 말했다.」는 일화가 소개되어 있다. 유비가 명실상부한 촉의 주인으로 등극하고 한중왕(漢中王)의 자리에까지 오를 수 있었던 것은 한중을 차지한 것에서 기인하는 바가 컸다. 한중은 촉으로 들어오는 길목에 위치한 지리적 요충지이기도 했고, 한고조 유방이 왕위에 오르며 전국통일을 선언한 곳이기도 했다.[1] 즉, 한중은 지리적으로도 정치적으로도 의미가 큰 곳이었다. 이러한 한중을 점령하자고 유비에게 건의하고, 실제 전장에서 조조에게 승리할 수 있었던 것에는 위의 기록처럼 법정의 공로가 가장 컸다고 할 수 있다. 마지막 다섯 번째 사례는 앞의 사례들과 달리 유비의 혼인이라는 개인적인 일과 관련된 것이었다.[2] 당시 촉의 신하들은 유비의 부인이었던 손부인(손권의 여동생)이 오나라로 돌아가 버리자, 촉의 호족출신인 오일(吳壹)의 여동생(후일 목황후)을 부인으로 맞이하자고 유비에게 권유했었다고 한다. 그런데 유비가 목황후의 전 남편이 자신과 같은 유씨였다는 점을 들어 난색

---

1 유방은 기원전 206년에 한중왕(漢中王)에 올랐으며, 이후 자신이 세운 나라의 명칭을 한중(漢中)의 "한(漢)"을 사용해 한나라라고 칭했다.
2 물론, 그 당시 군주의 결혼은 군주 개인만의 문제는 아니었다.

을 표하자, 법정은 "만일 관계의 친함과 소원함을 논한다면, 어찌 춘추시대 진문공과 자어에 비교하겠습니까?"라고 유비에게 진언한다. 진문공은 자어라는 이와 가까운 종실 관계였음에도 불구하고 자어가 죽자 그의 아내였던 여자와 결혼했다. 법정은 이 예를 들며, 목황후의 전 남편이 유비와 동족이라고 해도 진문공의 사례에 비하면 아무 문제도 안 된다고 말하고 있는 것이다. 결국 유비는 법정의 조언을 받아들여 결혼을 승낙한다. 이상에서 살펴봤듯이, 역사서에 다섯 차례 드러나 있는 법정의 조언을 유비는 모두 받아들였다. 법정의 조언은 인재활용, 군사전략과 같은 국가의 일에서부터 군주의 결혼에 이르기까지 그 스펙트럼이 매우 넓었다. 유비가 법정의 조언을 중요하게 여겼었다는 것 외에도, 법정에 대한 유비의 지극한 사랑을 확인해 볼 수 있는 또 다른 일화는 역사서에서 어렵지 않게 찾아볼 수 있다. 배송지는 주석을 달아 다음과 같은 일화를 소개했다.

선주가 조공(조조)과 함께 다툴 때 형세가 불리했다. 의당 퇴각해야 했으나 선주가 크게 화를 내며 퇴각하려 하지 않으니 감히 간언하는 자가 없었다. 화살이 비 오듯 쏟아지고 있는데 법정이 선주의 앞으로 나아가려 하자 선주가 말했다.
"효직은 화살을 피하시오."
법정이 말했다.
"명공께서 친히 화살과 돌을 당해내시는데 하물며 소인이겠습니까?"
이에 선주가 말했다.
"효직, 내가 그대와 함께 물러나겠소." 그리고는 퇴각했다.

한중 공방전 당시, 법정이 전장에서 해를 입게 될까 퇴각을 결심하는 유비의 모습이다. 그가 법정을 진심으로 아끼지 않았었다면 일어나기 어려운 일이다.

법정을 견제했던 제갈량?

지금까지 법정의 공적과 그에 대한 유비의 지극한 사랑을 확인해 봤다. 그럼 이제 제갈량의 입장이 되어보자. "수어지교(水魚之交)"라는 고사성어가 말해주듯이, 법정이 등장하기 전까지 유비의 사랑과 신임을 독차지 하던 사람은 단연 제갈량이었다. 제갈량의 눈에 법정에 대한 유비의 사랑은 어떻게 느껴졌을까? 필자였다면 겉으로 표현은 안 했겠지만, 유비에게 약간은 서운한 감정이 들었을 것 같다. 그리고 유비의 사랑을 뺏어간 법정에게도 미운 감정을 품었을 것이다. 필자보다 권력욕이 더 강한 사람이 제갈량의 입장에 처했었다면 "법정을 어떻게 유비에게서 멀어지게 만들까? 저 잘나가는 법정을 어떻게 견제할까? 이렇게 놔두면 내가 뒤처지고 만다"라고 생각했을 것이다. 지금도 정부조직이나 민간조직 할 거 없이 조직 내 권력암투는 언제나 존재한다. 내가 아무리 잘나고 똑똑해도 조직 내 권력투쟁에서 밀리거나, 줄을 잘 못타면 크게 성공하지 못한다는 게 필자와 같은 범인들이 가지고 있는 생각이다. 제갈량은 어땠을까? 법정과 제갈량은 유비를 황제로 만들 계획을 가지고 있었다. 제갈량은 유비가 나중에 황제가 되고 나서 승상자리에 "내가 아닌 법정을 임명할 수도 있겠다"라는 불안감을 가지고 있지는 않았을까? 청년시절부터 자신의 능력에 대한 뚜렷한 확신이 있던 제갈량이지만, 그의 눈에 법정은 능력도 있었고 대단한 공적도 쌓았으며 유비의 사랑까지 독차지하고 있었다. 그에게 법정은 장차 제거해야 할 강력한 라이벌이 아니었을까? 그가 이러한 생각을 하며 법정을 제거할 기회를 엿보고 있을 거라 생각했는지, 어떤 이가 제갈량에게 접근한다. 그리고는 법정에 대한 투서(投書)를 던진다. 「법정전」에는 「법정이 (유비 밑에서 높은 자리에 오르자, 그가 유장 밑에 있을 때) 밥 한 그릇 얻어먹은 은혜나 자신에게 눈 흘긴 사소한 원한을 되갚지 않는 법이 없었고, 자신을 훼상(毀傷)한 자 몇 사람을 함부로 죽였다. 어떤 이가 제갈량에게 말했다. "법정이 촉군에서 지나치게 날뛰니 장군께서 의당 주공께 여쭈어 그의 권한을 억누르십시오." 이에 제갈량이 대답했다. "주공께서 공안(公安)에 계실 때 북쪽으로는 조조의 강성함을 두려워하고 동쪽으로는 손권이 핍박함을 꺼렸으며, 가까이는 손부인이 곁에서 변고를 일으킬까 겁내시었으니, 그 당시는 어려움에 빠지셨었소. 그러다 법효직이 주공을 보좌하여 (주공을) 높이 날게 하고 다시 남의 제약을 받지 않게 했으니, 어찌 법정을 금지해 자기 뜻대로 하지 못하게 하겠소!" 제갈량은 선주가 법정을 매우 경애하고 신임함을 알았기에 이와 같이 말한 것이다.」라는 기록이 있다. 법정은 그 재능이 탁월했지만 속은 그리 넓지 않았었나보다. 유비 밑에서 출세를 하게 되자, 본인이 유장휘하에 있던 때에 자신을 무시했던 사람들을 기억하고는 사소한 원한까지 되갚아주었다. 심지어는 사람을 죽이기까지 했다. 이러한 사실을 안 사람이 유비에게 그 사실을 고하지 않고, 제갈량을 찾아간다. 왜 그랬을까? 법정이 벌을 받게 만들고 싶었으면 군주인 유비에게 직고하는 것이 더 효과적인 방법이었다. 하지만 일화에 나온

"어떤 이"는 제갈량을 찾아간다. 제갈량은 유비와 달리 법정에 대한 직접처벌권이 없었는데도 말이다. 어떤 이는 제갈량이 법정을 견제할 기회를 엿보고 있을 거라고 생각했던 것이다. 따라서 자신의 정보가 유비보다는 제갈량에게 더 가치 있을 것이며, 이를 통해 제갈량으로부터 사적인 이익을 획득하려 했을 것이다. 그러나 제갈량의 반응이 예상한 바와 다르다. 그는 법정이 없었으면 지금의 주공도 없었다며 법정을 놔둘 수밖에 없다고 얘기한다. 보통의 사람이었다면 "옳거니! 유비에게 상소를 써야겠다. 잘 걸렸다 법정"이라고 생각했을 것이다. 그러나 제갈량은 달랐다. 그 이유는 무엇이었을까? 두 가지 가능성이 있을 수 있다.

첫 번째 가능성은 유비가 법정을 지금으로서는 너무나 사랑하기 때문에, 법정의 죄를 유비에게 상주해봤자 그가 벌을 받을 가능성이 크지 않다고 생각했을 수 있다. 진수는 이 일화를 소개하면서 "제갈량은 선주가 법정을 매우 경애하고 신임함을 알았기 때문에 이와 같이 말한 것이다"라고 덧붙였다. 아마 이 첫 번째 가능성에 무게를 둔 듯하다.

두 번째 가능성은 제갈량은 법정을 권력관계의 라이벌이 아닌 우리 세력에 없어서는 안 될 중요한 인재라고 생각하고 있었기 때문에 그에 대한 투서를 눈감아 준 것일 수도 있다. 이를 뒷받침할 수 있는 사료를 세 가지 제시해보겠다. 먼저, 앞에서 이미 소개한 바 있는 "어떤 이"의 투서에 대한 제갈량의 대답을 다시 한 번 살펴보자. 제갈량은 법정의 잘못을 놔둘 수밖에 없다고 말하며, 그의 공적이 얼마나 큰지를 구체적으로 설명하고 있다. 즉, 법정의 공적에 비해 지금 그의 잘못은 "조족지혈(鳥足之血)"에 지나지 않으므로, 그를 벌하는 것은 바람직하지 않다는 것이다. 두 번째로, 「법정전」에는 「제갈량과 법정은 비록 취향과 기호가 서로 같지 않았으나 공의(公義, 공적인 도의)로 서로 따랐고 제갈량은 늘 법정의 능력을 높게 여겼다.」는 기록이 있다. 제갈량과 법정은 그 취향이 서로 달랐지만, "공의(公義)", 즉 유비를 통해 대업을 달성한다는 뜻을 공유했고, 제갈량은 법정의 능력을 항상 높게 여겨왔다는 것이다. 마지막 근거는 "법효직이 살아 있었다면 능히 주상을 제지해 동쪽으로 가시게 하지 않았을 것이다. 설령 동쪽으로 가셨다 하더라도 필시 형세가 위태로워지지는 않았을 것이다"라는 제갈량의 말이다. 그는 법정의 부재만 아니었다면, 유비가 동오원정에서 육손에게 대패를 당하는 불상사는 없었을 거라고 탄식하고 있다. 법정을 정적으로만 생각하고 있었다면, 이러한 탄식이 그의 입에서 나오기는 힘들었을 것이다.

중국의 24사3(二十四史) 중 하나인 『송사(宋史)4』의 「장준전(張浚傳)」에는 「제갈량은 법정을 포용하였으나, 장준은 이강(李綱), 조정(趙鼎)을 포용하지 못하였을 뿐만 아니라 비방까지 하였으니, 이것이 바로 제갈량에게 미치지 못한 점이다.」라는 언급이 있다. 장준은 금나라의 침공을 막아낸 송나라의 명장이었다. 그러나 『송사』에서는 장준은 자신의 정치적 경쟁자였던 이강, 조정 등을 포용하지 못하였을 뿐만 아니라 비방까지 하였다며, 제갈량에게 미치지 못했다고 평가하고 있다. 반대로 얘기하면, 제갈량은 자신의 정치적 경

---

3 중국에서 정사(正史)로 인정받는 24종의 역사서를 일컫는 말.
4 북송과 남송의 약 320년간의 역사를 기록한 책이다. 중서우승상 탈탈(脫脫)이 1345년에 편찬하였다.

쟁자였던 법정을 포용했었다는 말이 된다.

　제갈량은 법정을 정적이 아닌 뜻을 같이할 동지로 생각했던 것 같다. 그리고 법정도 제갈량을 그렇게 생각했을 것이다. 이 둘은 유비의 사랑을 독차지하기 위해 서로를 헐뜯지 않았다. 우리는 과거와 현대의 역사 속에서, 권력자의 사랑을 독차지하기 위해 때로는 정의롭지 못한 방법까지 써가며 출혈경쟁을 일삼는 사람들을 자주 목도해왔다. 필자도 나 자신의 생존을 위해 경쟁자를 물리쳐야 하는 상황에 처하게 된다면 제갈량과 법정의 예를 반드시 따를 수 있을 거라고 장담하지 못한다. 그러나 제갈량의 마음속에는 자신의 경쟁자를 제거하는 것보다 대의의 실현이 항상 먼저였던 거 같다.

유비는 제갈량의 말이라면 무엇이든 OK?

앞선 주제에서 이미 살펴봤듯이 유비는 법정의 조언을 받아들이지 않은 적이 없었던 것 같다. 최소한 역사서의 기록에는 유비가 법정의 조언을 받아들이지 않았던 경우가 단 한 번도 서술되어 있지 않다. 그러나 유비가 제갈량의 조언을 받아들이지 않았던 사례는 두 번이 기록되어 있다. 첫 번째 사례는 앞에서 이미 소개한 바 있다. 유비가 형주에 머무르고 있을 때, 유표가 죽고 조조가 남하에 오자, 제갈량은 유종을 공격해 형주를 취하라고 조언했었다. 그러나 유비는 인의(仁義)를 내세우며 이를 거절한다. 바로 두 번째 사례로 넘어가 보도록 하겠다.

『삼국지』「주군전」을 보면 「당초 유비가 유장과 부현에서 만났을 때, 장유는 유장의 종사로 곁에서 모시고 있었다. 그 사람의 수염이 풍성했으므로, 유비가 조소하며 이렇게 말한 적이 있었다. "과거 내가 탁현에 살고 있을 때 모(毛)씨 성을 가진 자가 특히 많아 동서남북 모두 '모'라는 집이 많았었소. 탁현의 현령이 '수많은 털이 탁을 에워싸고 사는구나!'라고 했소." 장유가 즉시 답변을 했다.

"과거에 상당군 노현의 장이 되었다가 탁현의 현령으로 승진한 자가 있었습니다. 그는 관직을 떠나 집으로 돌아갔는데, 그 당시 어떤 사람이 편지를 주었습니다. 거기에는 노현이라고 기록하면 탁현을 무시하는 일이 되고, 탁현이라고 기록하면 노현을 무시하는 것이 되므로 '노탁군'으로 쓴다고 되어 있었습니다." 유비에게는 수염이 없었기 때문에 장유는 이런 방법으로 그를 깨우친 것이다. 유비는 항상 장유의 불손함을 미워하고 있었다.」는 일화가 소개되어 있다. 여기서 장유가 표현한 "노탁군"이라는 것은 유비가 탁군 출신임을 빗대, 수염이 없는 그를 조롱한 것이었다. 그러나 먼저 시작한 것은 유비였다. 유비도 매양 점잖은 사람은 아니었던 듯하다. 굳이 이러한 농담을, 그것도 자기 밑의 신하도 아닌 타국의 신하에게 던질 필요가 있었을까? 필자는 장유가 유비의 농담을 너그러이 받아들이지 못하고 곧바로 받아친 이유가 이해가 간다. 가능성은 두 가지이다. 첫째, 장유의 성격자체가 본래 자존심이 강해 아무리 자기보다 높은 사람이라도 본인에 대한 조롱은 못 참았을 가능성이다. 둘째, 당시 장유는 유장의 신하였기 때문에 유비의 조롱을 자신의 군주에 대한 조롱으로 여겼을 가능성도 있다. 그래서 유비의 조롱에 대응하지 않으면 우리 군주(유장)가 유비와의 기 싸움에서 밀리게 될 것이라고 생각했을 것이다. 어떤 가능성이던 간에 장유의 이런 대응은 결국 비극을 낳게 된다. 이후 장유는 유비 밑에서 일하게 되는데, 그는 주위 사람들에게 "경자년(220년)에 천하는 조대가 바뀌고 유씨의 제위는 이미 다할 것이다. 주공이 익주를 얻은 이후부터 9년 뒤인, 인년(222년)과 묘년(223년) 사이에 그것을 잃을 것이다"라고 말하고 다녔다고 한다. 어떤 사람이 유비에게 이 같은 장유의

유비(劉備, 161~223년)의 조각상

유비가 제갈량의 모든 조언을 받아들였던 것은 아니었다. (출처: Wikimedia Commons)

말을 상주하자, 유비는 그를 잡아 하옥시키고 사형에 처하라고 지시한다. 이때 제갈량이 장유의 재능[1]을 아깝게 여겨 유비에게 그의 죄를 용서해 달라고 요청한다. 그러나 유비는 "향기가 나는 난초라도 문 앞을 막는다면 베지 않을 수 없소"라고 말하며 결국 장유를 참수해 버린다. 유비가 단순히 이전의 수염사건 때문에 장유를 처형한 것이라고 보기는 어렵다. "유씨의 제위는 곧 다할 것이다"라는 그의 말은 죄를 물을 수밖에 없는 대단한 불경죄였다. 보기에 따라서는 역모로도 볼수 있었다. 그럼에도 장유라는 인재를 잃기가 안타까웠는지 제갈량이 유비에게 그를 용서해 줄 것을 요청했던 것이다. 아마 장유는 그 옛날 유비와의 첫 만남이 너무도 안 좋았고, 이후 유장이 몰락해 어쩔 수 없이 유비 밑으로 들어갔지만 속으로는 유비 또한 조비에게 몰락하기를 바라고 있었던 게 아닌가 싶다.

이상에서 살펴봤다시피, 유비는 제 아무리 제갈량의 조언이라 하더라도 무조건 그의 말을 따랐던 것은 아니었다. 역사서에 드러난 것만 두 번이니, 실제로는 더 많지 않았을까? 『삼국지연의』, 즉 소설에서 묘사하고 있는 유비와 제갈량의 관계를 생각한다면 상상하기 어려운 일이다. 세상에 절대적인 것은 없다. 유비는 자기보다 스무 살

---

1 장유는 점술에 능했었다고 전해진다.

이나 어린 제갈량을 항상 존경하고 신뢰했지만, 언제나 그의 조언을 모두 따를 수는 없었다. 유비가 누구인가? 산전수전 다 겪은 관록의 군주였다. 제갈량도 유비가 한 고집하는 군주라는 것을 잘 알고 있었을 것이다. 유비가 자신의 조언이나 요청을 들어주지 않았을 때 제갈량이라고 왜 유비에게 서운한 감정이 안 들었겠는가. 사람관계라는 게 다 이런 것 아니던가. 내 친구와 내가 아무리 잘 통해도 관계가 항상 좋을 수만은 없다. 때론 부딪히기도 하고 싸우기도 한다. 부부관계도 마찬가지이다. 다만 서로 갈등을 겪은 뒤 그 관계가 더욱 긴밀해질지 말지는 순전히 당사자들에게 달려있다. 즉, 당사자들이 상대방의 입장을 얼마나 이해하려고 애쓰는지에 달려있다는 말이다. 유비와 제갈량도 때때로 서로 의견이 맞지 않았던 때가 있었겠지만, 둘의 관계가 심하게 틀어진 적이 없다는 점을 고려할 때 이 두 사람은 분명 그때마다 서로의 입장을 이해하려고 애썼을 것이다.

여담: "세치 혀"로 스스로를 망친 사람들

앞에서 장유의 이야기가 나온 김에, 촉나라에서 언행의 불경함으로 벌을 받았던 사람들에 대해 살펴보고자 한다. 장유 외에 대표적인 예를 든다면, 팽양, 요립, 양의, 이엄을 들 수 있다. 이엄의 사례는 주제를 달리하여 자세히 살펴보기로 하고, 여기서는 앞의 세 사람의 사례에 대해서만 언급해 보겠다.

먼저, 팽양(彭羕)이다. 그는 유비에 의해 성도가 평정된 이후, 유비에게 임관하여 꽤 중용을 받았었다. 그러나 「팽양전」에 「팽양은 하루아침에 주위 사람들의 위에 서게 되었으므로 기세가 당당해졌으며, 갈수록 총애를 많이 받게 되어 오만해졌다.」라는 기록이 있을 정도로, 그는 자신의 관직에 기대 거만한 행동을 일삼았다. 이에 제 갈량은 팽양이 필시 나중에 큰 문제를 일으킬 거라 생각하여 유비에게 그를 중용하지 말자고 조언한다. 결국 유비는 이 같은 제갈량의 조언을 받아들여 팽양을 강등시켜 버린다. 이에 팽양은 유비에게 불만을 품기 시작한다. 그는 강등을 당한 자신을 위로하려 찾아온 마초에게 "유비는 늙어서 황당하고 어그러졌다"고 비난한다. 그리고 한술 더 떠서 "마초 그대는 무력으로 밖을 맡고, 내가 내부를 담당하면 천하를 도모할 수 있지 않겠소"라는 역모의 뜻을 내비친다. 팽양은 자신의 능력을 굉장히 과대평가하는 사람이었던 듯하다. 이 말을 듣고 기분이 꺼림칙했던 마초는 이를 유비에게 상주했고, 결국 팽양은 처형을 당하게 된다. 그의 나이 고작 37세였다. 여기서 한 가지 더 언급하고 싶은 것은 팽양을 위로하기 위해 마초가 건넸던 말이다. 「팽양전」을 보면 마초는 팽양에게 "그대는 재능이 특출나므로 주공께서는 그대를 중히 여기시며, 응당 제갈량, 법정 등과 함께 발을 나란히 하고 달려갈 것이라고 했습니다"라고 말했었다고 한다. 당시 유비 세력 내 최고 실세는 제갈량뿐만이 아니었다. 마초의 말을 통해 법정도 제갈량에게 결코 뒤지지 않았었다는 사실을 유추해 볼 수 있다. 우리도 회사에서 동료들과 자주 이야기하지 않는가. "요새 누가 실세야? 누가 제일 잘나가?"하고 말이다. 당시로 돌아가 촉나라 관료들에게 "누가 요새 제일 잘나가?"하고 물어보면, 다들 "제갈량과 법정"이라고 답했을 것이다. 다음은 요립 (廖立)이다.

「요립전」에 따르면 요립도 팽양과 마찬가지로 본인의 능력을 과

대평가하여 자신에게 높은 관직을 주지 않는다고 불평을 늘어놓았었다고 한다. 그러다 불경스런 언행이 제갈량에게 상주되어 결국 유배를 가게 된다. 여기서 재미있는 것은 제갈량이 황제 유선에게 썼던 "요립 탄핵문"의 내용이다. 탄핵문에는 어떤 이가 요립에게 "우리 촉나라 군대가 훈련도 잘 되어있고, 정예부대 같지 않아?"라고 했더니, 요립이 "말할 가치도 없다"라고 대답했었다는 내용이 있다. 서기 200년대의 화법이 지금이랑 너무나 비슷하다. 우리도 자주 쓰는 표현 아닌가? "야 말도 하지마. 말할 가치도 없어"와 같이 말이다. 당시 제갈량이 피땀을 흘려가며 군대를 훈련시켰던 이유는 "북벌" 때문이었다. 요립이 탄핵당한 시점은 북벌을 처음 시도하기 바로 직전이었다. 앞의 대화에 당시 상황을 좀 더 녹여보면, 어떤 이가 "이 정도 병사수준이면 북벌에서 성공할 수도 있지 않을까"라며 북벌에 대한 기대를 드러내자, 요립이 "성공은 무슨 성공. 분명 패하고 돌아올 거다"라고 한 것이다. 이 말에 가장 기분이 나쁜 사람은 누구였을까? 바로 혼신의 힘을 다해 북벌을 준비하던 제갈량이었을 것이다. 국가의 중대사를 시작하기도 전에, 요립이 초를 쳤다고 생각했을 것이다. 이러한 요립에 대한 처벌은 피할 수 없는 수순이었던 듯하다. 마지막 사례는 양의이다.

「양의전」에 따르면 양의는 능력은 있었으나, 원체 성미가 편협한 인간이었다. 그럼에도 제갈량은 양의의 능력을 높이 사, 그를 요직에 기용하며 중용했었다. 자연스럽게 양의는 자신의 능력만 믿고 제갈량이 죽으면 당연히 본인이 그 뒤를 물려받게 될 거라고 자신하고 있었다. 그러나 제갈량의 선택은 자신이 아닌, 자신보다 직위가 낮았던 "장완"이었다. 「양의전」에는 양의가 장완에게 후계자 자리를 빼앗기게 되자, 「(양의의) 원한과 울분이 말과 표정에서 드러나고 탄식하는 소리가 오장에서 터져 나왔다.」고 기록하고 있다. 얼마나 그 분함을 주위에 표출하고 다녔으면 진수가 저런 표현을 썼을까? 결국 그는 비의 앞에서 "지난 날 승상이 돌아가셨을 때 내가 만약 군을 들어 위나라에 갔다면 내 처지가 어찌 이처럼 추락했겠소! 후회해봤자 다시 어찌할 수 없소이다"라는 해서는 안 될 말을 하게 되고, 유선에 의해 유배를 당하게 된다. 이후 양의는 "수치심에 자살"을 했다고 역사서는 전하고 있다. 양의가 비의에게 뱉었던 말은 거의 역모 수준인데, 당시 황제가 유선이었기에 망정이지 유비였다면 장유나 팽양의 경우처럼 바로 처형을 당하지 않았을까 한다.

진수는 팽양, 요립, 양의 등에 대해 "이들은 화(禍)를 부르고 허물을 취함에 있어 자기 자신에게서 비롯되지 않은 것이 없었다"라고 평가했다. 더할 나위 없이 동의하는 바이다.

21

제갈량은 집안싸움 말리느라 정신이 없었다?
조직의 중재자로서 제갈량의 모습

우리가 흔히 알고 있는 제갈량의 이미지는 정치가, 행정가, 외교가, 군사전략가 등 크게 네 가지로 정리될 수 있다. 그러나 우리가 잘 모르는 제갈량의 숨겨진 이미지(능력)가 또 하나 있다. 바로 조직의 중재자로서의 이미지다. 그는 유비 세력 내에서 갈등 또는 분란이 발생할 조짐이 보이면, 조직통합에 부정적인 영향이 생기지 않도록 그 누구보다도 선제적으로 대처했다. 제갈량이 중재자로서 어떠한 역할을 했는지를 구체적으로 파악해보기 위해 역사서의 기록을 천천히 따라가 보도록 하겠다. 먼저, 앞서 소개한 바 있는 관우와 제갈량의 일화를 다시 한 번 살펴보도록 하자.

『삼국지』「관우전」의 기록에 따르면, 관우는 마초가 항복해왔다는 말을 듣고, 마초가 누구와 비견될 수 있는 인물인지를 제갈량에게 서신을 보내 물은 적이 있다. 이러한 관우의 물음에 대해 제갈량은 "마초는 문무를 겸비하고 굳세고 맹렬함이 남보다 뛰어난 일세의 호걸로 경포(黥布), 팽월(彭越)과 같은 무리입니다. 응당 익덕

마초(馬超, 176~222년)

마초는 유비에게 귀순하기 전까지
서량지역을 호령하던 군웅이었다.
(출처: Wikimedia Commons)

(益德, 장비의 자)과 말머리를 나란히 해 달리며 선두를 다툴 수는 있으나 그대의 출중함에는 미치지 못합니다"라고 답한다. 마초(馬超, 176~222년)가 누구인가? 한때 조조를 사지(死地)까지 몰아넣었던 천하에 이름난 맹장이었다. 사실 마초가 유비에게 항복을 해오긴 했지만, 그는 항복하기 이전까지 서량지역을 호령하던, 유비와 같은 반열에 있던 군주였다. 관우가 이를 몰랐을 리 없다. 그런데도 그는 왜 제갈량에게 마초의 사람됨과 재주에 대해 물어봤던 것일까? 사실은 마초의 재주가 궁금했던 것이 아니고, 마초가 자신보다 서열이 아래라는 것을 확실하게 정리해달라는 의도가 아니었을까? 평소 제갈량은 이러한 관우의 호승심과 자신을 드러내기 좋아하는 오만함을 잘 알고 있었기에, 그가 딱 듣고 싶었던 내용을 편지에 써서 보낸다. 제갈량은 관우와 마초, 이 두 사람이 화합하지 못하고 부딪힌다면, 조직의 응집력이 와해됨은 물론 각자의 능력이 조직을 위해 온전히 쓰이지 못하게 될 것이라고 걱정했을 것이다. 따라서 관우에게 보낸 편지의 내용이 백퍼센트 그의 진심이었다고 단정하기는 힘들다. 제갈량은 관우의 자존심을 세워주고, 마초의 자존심을 깎아내리는 게 조직통합에 더 도움이 될 것이라고 판단했을 뿐이다. 마초는 항장으로서 세력 내 기반이 없는 상태였고, 관우는 세력 내 최고 권력자 중 한 사람이었다. 그리고 그 자존심이 말도 못하게 셌으니, 관우의

자존심을 세워주는 게 조직통합을 위해 더
낫다고 생각했던 것이다. 다음 사례도 관우
와 관련된 것이다.

『삼국지』「황충전」의 기록에 따르면 유
비는 한중왕에 오르고 난 후, 관우를 전장
군(前將軍), 마초를 좌장군(左將軍), 장비를
우장군(右將軍), 황충을 후장군(後將軍)에 임
명하려 한다. 이때 관우의 성격을 잘 아는
제갈량이 유비에게 "황충(黃忠, ?~220)의 명
망(名望)은 본래 관우, 마초와 동등하지 않
았는데 이제 곧바로 동렬에 두려 하십니다.
마초와 장비는 가까이에서 황충의 공을 직
접 보았으므로 그 뜻을 이해할 수 있으나

제갈량은 조직의 화합을 위해 관우의
자존심을 항상 배려해주었어야 했다.
(출처: Wikimedia Commons)

관우는 멀리서 이를 들으면 필시 달가워하
지 않을 것입니다"라며 걱정을 표한다. 그러나 유비는 "내가 직접
이해시키겠소"라고 말하며, 관직임명을 강행한다. 이 일화를 통해
우리는 제갈량이 관직임명에 있어서도 조직 내 갈등을 불러올 요소
는 없는지 굉장히 신중하게 검토했었다는 점을 유추해 볼 수 있
다. 그럼 이 사례에서 유비는 어떻게 관우를 설득할 수 있었을까?
『삼국지』「비시전」에 관련 내용이 기록되어 있다. 「비시전」에 따
르면, 전장군의 직위를 관우에게 전달하기 위해 유비는 비시를 형
주로 파견한다. 예상한 대로 관우는 황충을 "노병(老兵)"이라 칭하
며 그와 나란히 할 수 없다고 비시에게 얘기한다. 참고로 황충이
노장의 이미지로 『삼국지연의』에서 묘사되었던 것은 앞에 소개한

황충(黃忠, ?~220년)

황충은 위나라의 명장 하후연을 참살하는 등 유비 밑에서 뛰어난 활약을 했다.
(출처: Wikimedia Commons)

대로 황충에 대해 관우가 "노병"이라 표현한 것에서 비롯되었다는 게 역사학자들의 지배적인 견해이다. 「황충전」에는 황충의 출생연도가 명확하게 기록되어 있지 않아 그가 노장이었는지에 대한 여부가 확실치 않다. 그렇기에 관우의 표현을 토대로 추측할 수밖에 없는 것이다. 하여튼 비시는 관우의 반응을 예상했다는 듯이 그를 설득해 나가기 시작한다. 비시가 관우를 설득했던 논지는 "비록 유비가 당신을 황충과 같은 동렬의 관직으로 임명했지만, 당신에 대한 유비의 마음속 평가는 황충과 결코 동등하지 않다. 유비는 당신을 훨씬 더 사랑하고 아낀다. 군주 입장에서 이러한 마음을 하나하나 다 관직에 반영하긴 힘들다. 당장의 관직이름에 얽매여 당신에 대한 유비의 마음을 결코 폄하하지 말라"였다. 아마 유비는 비시를 형주로 파견하기 전에 이렇게 관우를 설득하라고 일러주었을 것이다.

다음 사례는 장비와 관련된다. 『영릉선현전(零陵先賢傳)』의 기록에 따르면, 장비는 일찍이 유파(劉巴, ?~222년)가 머물고 있는 곳을 찾아갔었는데, 유파가 그와 말을 섞지 않자 장비는 매우 분노했다고 전해진다. 유파라는 사람은 어렸을 때부터 그 명성이 높았던 문인으로, 그가 형주지역에 기거할 때 당시 형주의 수장이었던 유표의 수차례의 초청에도 응하지 않다가, 형주지역을 잠깐 점거했던 조조의 밑으로 들어가 일을 하게 된다. 이후 형주를 차지한 유비가 그를 초청했으나, 그는 유비의 청을 거절하고 익주로 건너가 유장에게 임관한다. 이후 유비가 익주를 정벌하자, 더 이상 갈 곳이 없어진 유파는 제갈량의 천거로 드디어 유비에게 임용이 된다. 그러고 나서 그는 법정에 이어 상서령에 임명되는 등 유비에게 중용을 받는다. 유파도 이러한 유비의 기대에 부응하여 촉나라의 법률제도를 정비하고, 화폐를 개혁하는 등 많은 공적을 세우게 된다. 또한 그는 몸가짐이 바르고 청빈한 삶을 살아, 주변에 존경하는

장비(張飛, 165~221년)의 석상

장비는 『삼국지연의』 속의 이미지와 달리 학문의 경지가 높은 사람과 어울리기를 즐겼었다고 전해진다. (출처: Wikimedia Commons)

이가 많았었다고 한다. 그런데 이러한 유파를 유비세력 내에서 목에 힘 좀 주고 다닌다는 장비가 찾아갔던 것이다. 왜 무식한 이미지의 장비가 당대의 유식자인 유파를 찾아갔던 것일까? 『삼국지』 「장비전」을 보면 그 이유를 찾을 수 있다. 「장비전」에는 「관우는 병졸들은 잘 대해주었지만 사대부(士大夫)에게는 교만했고, 장비는 군자(君子)는 경애했지만 소인(小人)은 돌보지 않았다.」고 기록되어 있다. 관우는 사대부와 같이 상류층의 사람들에게는 오만하고 교만했지만, 병졸들에게는 너그러운 사람이었다. 그러나 장비는 관우와 반대였다. 그는 무인이었지만, 군자를 경애했다. 그러나 아랫사람은 돌보지 않았다. 「장비전」에 따르면 유비는 이러한 장비를 항상 걱정하며 "경(장비)은 형벌로써 사람을 죽이는 것이 벌써 지나친데 또

매일 장정들을 채찍질 하고는 그들을 좌우에 있게 하니 이것은 화(禍)를 초래하는 길이오"라고 말했었다고 한다. 유비는 장비가 아랫사람을 함부로 대하면서, 또 그들을 곁에 두니 장차 아랫사람에게 화를 당하지는 않을까 걱정했던 것이다. 유비의 이러한 걱정은 현실이 되었다. 나중에 장비는 부하에 의해 살해당하게 된다. 다시 유파와 장비의 일화로 돌아와 보자. 역사서에 기록된 장비의 성격을 고려해보면 그는 평소 명성이 높은 학자인 유파를 경애하고 있었을 것이다. 그래서 친분을 쌓고 싶어 찾아간다. 그런데 유파가 "난 너 같은 무인하고는 말을 섞지 않는다"라며 문전박대를 한다. 장비 입장에선 충분히 자존심이 상하고, 화가 나는 상황이다. 이 사실이 제갈량의 귀에까지 전해진다. 조직의 통합을 항상 중요시했던 제갈량이 나서지 않았을 리 없다. 그는 생각했을 것이다. 유비 세력 내에서 권력서열이 높은 장비와 몇 번을 매달려 겨우 우리 편으로 만든 출중한 능력을 가진 유파와의 갈등은 심한 경우 둘 중 한 명이 유비를 떠나야 하는 상황으로까지 갈 수 있다고 말이다. 이 사건은 유파가 유비의 분신 같은 존재였던 장비의 자존심을 완전히 깔아뭉개 버린 사건이었다. 그리고 이러한 갈등으로 한 사람이 유비를 떠나야 한다면 그는 유파가 될 가능성이 컸다. 원래부터 그는 유비에게 큰 뜻이 없었던, 마지못해 유비를 섬긴 인물이 아니던가. 이에 제갈량은 유파에게 찾아가 "장비는 비록 무인이지만, 그대를 경모하고 있습니다. 주군께서는 지금 문무를 결집하여 대사를 정하려고 하십니다. 그대는 비록 고상한 천성을 갖고 있지만, 굽히려는 뜻이 적습니다"라고 말한다. 쉽게 말해 "장비는 너를 존경하는 마음에서 찾아간 거고, 대사를 이루기 위해서는 무관과 문관이 힘을 합쳐야 한다. 고매한 고집을 좀 꺾는 것이 어떠냐?"고 유파를 설득했던 것이다. 이에 유파는 "대장부가 이 세상에 살면서, 응당 사해의 영웅들과 교제해야 합니다. 어찌 무사와 함께 말을 하겠습니까?"라고 하며 고집을 꺾지 않는다. 유파의 이 말은 유비의 귀에까지 들어갔고, 유비는 "유파, 너만 일을 잘하면 뭐하냐? 다 같이 힘을 합쳐 더 큰일을 해야 하는데 뭐하는 거냐?"라며 불같이 화를 냈었다고 전해진다. 유비는 장비의 편을 들어줬던 것이다. 사실 유비와 장비가 각별한 사이이긴 했지만, 각별한 사이가 아니었어도 군주된 입장에서 "그래 유파 니 말이 맞다. 칼이나 쓰는 무관 따위와 왜 말을 섞어"라며 유파의 편을 들어주기는 힘들다. 무식한 사람과는 상대를 하지 않는다니, 이 얼마나 오만한 생각인가. 지금 공직에 유파와 같은 사람이 있다면 세상의 질타를 받았을 것이다. 이제 제갈량은 유파를 달래다, 유파에게 화가 난 유비를 달래기 시작한다. 그는 유비에게 "장막 속에서 계책을 세우고 운영하는 것은 제가 자초(子初, 유파의 자)와 비교하면 한참 멀었습니다. 만약 북채와 북을 잡고 군문에서서 병사들에게 기쁜 마음으로 용기를 내게 하려면 마땅히 저 사람과 의논해야 합니다"라고 말한다. 쉽게 말해 "유파는 우리에게꼭 필요한 사람이니, 그를 미워하지 말고 계속해서 중용해 달라"는 얘기였다. 이 사건 이후, 유파가 상서령으로 임명되어 유비를 위해더 많은 일을 한 것으로 추정되니 장비와 유비, 그리고 유파의 갈등은 이때 어느 정도 봉합되었던 걸로 보인다. 중간에서 유파와 유비를 달랬던 제갈량도 대단하지만, 유파의 모멸을 참아냈던 장비도참 대단하다.

마지막 사례는 좀 특이하다. 제갈량이 자기 아랫사람들의 갈등을 중재했던 사례이다. 그 주인공은 바로 위연(魏延, ?~234년)과 양의(楊儀, ?~235년)였다. 위연은 유비가 직접 발탁한 장수다. 유비는 촉의 가장 중요한 요충지인 한중을 조조로부터 빼앗은 이후, 한중수비를 어떤 장수에게 맡길까 고민한 적이 있다. 이때 모두가 그 임무를 장비가 맡게 될 것이라 예상했었다. 그러나 유비는 장비가 아닌 위연을 선택한다. 위연은 그만큼 능력이 출중한 장수였다. 제갈량의 북벌에서도 그는 거의 마지막 남은 촉의 네임드 장수로서 북벌군의 선봉을 맡았었다. 양의의 경우 앞에서도 언급했지만, 제갈량은 그의 성품이 좁다는 것을 알면서도 그의 능력을 높이 사, 그에게 승상부의 중임을 맡겼었다. 즉, 제갈량의 승상부에서 무관 쪽 실세는 위연, 문관 쪽 실세는 양의였다. 문제는 이 두 명 모두가 성품이 편협하고 좁아 자주 부딪혔었다는 것이다. 『삼국지』 「위연전」에는 「위연은 사졸(士卒)을 잘 기르며 용맹이 남보다 뛰어났고 또한 성정이 교만하여 당시 사람들이 모두 그를 피했다. 오직 양의만이 위연에게 양보함이 없어 위연이 매우 분노하니 마치 물과 불 같았다.」는 기록이 있으며, 「양의전」에는 「제갈량은 양의의 재간을 아끼고 위연의 용맹함에 의지하니 두 사람이 화목하지 못함을 늘 한스럽게 여기며 차마 어느 한쪽을 폐하지 못했다.」는 언급이 있다. 이 둘의 갈등은 생각보다 심각했다. 얼마나 심각했으면 「비의전」에는 「위연이 양의와 더불어 서로 증오하니 매번 함께 자리해 쟁론(爭論)할 때, 때로는 위연이 칼을 뽑아 양의를 겨누고 양의가 눈물을 흘릴 때도 있었다.」는 기록도 있다. 타국의 군주인 손권도 이 둘의 갈등을 알고 있을 정도였다. 『양양기』에는 다음과 같은 기록이 있다.

비의(費褘)가 사신으로 오나라에 갔다. 손권이 잔치를 베풀었다. 손권은 술에 취해 비의에게 물었다.

"양의와 위연은 양떼나 몰아야 할 더벅머리 소인배들이오. 비록 새가 울고 개가 짖는 알량한 재주로 한번 시무에 도움이 되었다지만 이미 임무를 맡은 지 오래되어 세력이 가볍지 않게 되었소. 만약 하루아침에 제갈량이 없어진다면 그들 사이에서 반드시 화란이 일 것이오. 제군들은 어리석게도 이를 미리 방지할 생각을 하지 않고 있소. 이를 어찌 후손에게 정권을 물려줄 올바른 책모라 할 수 있겠소?"

위의 기록에서 손권은 위연과 양의는 능력은 있지만(그러나 그 능력도 알량하다고 깎아내린다), 서로의 개인적 감정을 우선시하여 대의를 생각하지 않고 유치한 싸움을 일삼고 있는 소인배들이라고 말한다. 그리고 제갈량이 없으면 그 둘 사이에는 장차 화가 닥칠 거라고 덧붙이고 있다. 그의 이 같은 예상은 정확했다. 제갈량이 죽고 나자, 둘의 유치한 감정다툼은 양의가 위연을 죽이고 이후 양의도 자살하는 것으로 마무리된다. "만약 하루아침에 제갈량이 없어진다면 그들 사이에는 반드시 화란이 일 것이오"라는 손권의 말에서 추론할 수 있듯이, 제갈량은 위연과 양의의 다툼이 극단으로 치닫지 않도록 중간에서 중재하는 역할을 했다. 부하들의 유치한 감정싸움에까지 신경을 써야 했던 제갈량이다.

여담: 위연과 양의가 서로를 싫어했던 이유

위연과 양의는 왜 그토록 서로를 싫어했던 것일까? 위연은 유비의 부곡(部曲),[1] 즉 일반병졸 출신이었다. 그러다 유비의 눈에 들게 되어 나중에 정서대장군(征西大將軍)의 반열에까지 오른 입지전적인 인물이었다. 제갈량의 마지막 북벌 당시 위연은 북벌에 참여한 무관 중 최고의 지위를 가졌었다. 그는 오로지 자신의 능력만으로 출세를 했다. 그래서 겸손하지 못하고, 교만했다. 사람들이 그를 대하기를 피할 정도로 자기 자랑이 심했고, 남을 쉽게 무시하는 인물이었던 것이다.

양의도 위연 못지않았다. 역사서에 기록된 대로 제갈량은 양의의 성격이 "급하고 편협"하다 여겼다. 그러나 능력 자체는 위연에게 뒤지지 않았던 모양이다. 그래서인지 위연의 잘난 척을 양의는 받아주지 않았다. "너가 무관으로서 승상 밑에서 잘나가지만, 나도 너만큼 잘나가. 넌 일반병졸 출신에 글도 잘 모르는 무관이지만, 난 귀족출신에 문관이야. 어디서 잘났다고 나대? 다른 사람은 너를 피하지만, 나는 너 안 피해" 이런 생각을 했을 것이다. 위연을 보고 양의와 같은 생각을 하는 사람은 적지 않았을 것이다. 그런데 양의는 이런 생각을 속으로만 하지 않았다. 실제 말과 행동으로 위연에게 맞섰다. 문관출신답게 말로 위연을 부끄럽게 하고 당황하게 만든 적이 한두 번이었을까? 「비의전」을 보면 위연이 양의에게 칼을 겨눴다고 나오는데, 그 상황이 너무나도 쉽게 추측이 된다. 위연이 잘난 척을 하며 양의를 무시하면, 양의가 이에 질세라 되받아치고, 말싸움으로는 양의의 상대가 안 되는 화가 난 위연이 양의에게

---

1 이 당시 부곡은 장군이나 지방의 호족이 거느리도록 인정받은 군부대에 소속된 군인(병졸) 또는 그들의 집단에 소속된 사병을 의미했다. 삼국시대 이후 남북조 시대에는 노예를 사병으로 한 결과 부곡은 신분이 낮아져 천민을 뜻하게 되었다.

칼을 겨누고, 다른 신하들이 말리면 양의는 울고 위연은 씩씩거리고 있는 그 상황 말이다. 국가 대사를 맡고 있는 당시 최고의 실세였던 사람들의 싸움 치고는 너무나 유치하다. 이 두 사람의 유치한 갈등을 봉합시켜 왔던 제갈량이 죽은 후, 이들이 펼친 막장 스토리는 주제를 달리하여 자세히 살펴보도록 하겠다.

제갈량이 법가사상에 기초해 국정을 운영했다고?
제갈량식 법치의 숨겨진 특징

　유비가 한중왕에 오른 이후, 제갈량은 본격적으로 국가의 기틀을 정립해 나가기 시작한다. 이때 그가 가장 중요하게 생각했던 국가의 기틀, 다시 말해 국정운영의 기본방침(통치철학)은 무엇이었을까? 이 물음에 대해 많은 사람들이 제갈량은 "법치"를 국정운영의 기본으로 삼았었다고 주장한다. 이 주장의 대표적인 근거는 『삼국지』 「이적전」에 등장한다. 「이적전」에는 「이적은 제갈량, 법정, 유파, 이엄과 같이 촉과(蜀科)를 만드니, 촉과의 제도는 이 다섯 사람에게서 유래된 것이다.」라는 기록이 있다. 여기서 촉과(蜀科)라 함은 촉나라의 법률을 뜻한다. 제갈량은 유비가 왕에 오른 후, 법정과 같은 능력 있는 신하와 함께 촉의 법률부터 정비했던 것이다. 이처럼 그가 법률정비를 서둘렀던 이유는 국가의 통치는 결국 법에서 비롯된다는 생각을 가지고 있었기 때문일 것이다. 그렇다면 그의 법치는 어떠한 특징을 가지고 있었을까? 안타깝게도 그가 만들었다던 촉과의 내용은 모두 소실되어 현재까지 전해지지 않기에, 제갈량식 법치의 구체적인 특징을 추측해내기란 쉽지 않은 것이 사실이다. 그렇다 하더라도 다른 여러 관련기록들을 참고하여, 제갈량의 법치가 구체적으로 어떠한 특징을 가지고 있었는지를 필자의 추측을 더해 지금부터 최대한 자세히 살펴보도록 하겠다.

논의를 본격적으로 시작하기 전에 먼저 법치의 개념을 세분화 해보고자 한다. 법치의 개념은 여러 가지 기준에 의해 나눠질 수 있지만, 이 주제에서는 법치를 법의 "내용"과 법의 "집행"으로 구분해보도록 하겠다. 법의 내용이란 법으로 백성을 규율함이 얼마나 광범위하고 세세했는지를 의미하는, 법 내용의 강약에 대한 문제이며, 법의 집행이란 만들어진 법을 집행함에 있어 얼마나 엄격하고 공정했는지를 뜻한다. 만약, 위정자가 법치를 추구한다면 법이 유명무실해지는 것을 바라지는 않을 것이기에, 법 집행을 엄격하게 하는 것을 기본으로 하고, 법 내용의 강약을 조절해 백성들의 자유와 국가의 통제가 조화를 이루도록 했을 것이다. 제갈량은 어땠을까? 먼저 법의 내용과 관련된 부분을 살펴보도록 하겠다. 아래는 『곽충 5사(郭沖五事)』 중 1사의 내용이다.

제갈량의 형법(刑法)이 엄하여 백성을 가혹하게 다루자 법정이 간언했다.

"옛날 고조께서 관(關)으로 들어와 약법삼장(約法三章, 법을 3장으로 간략히 함)을 시행하니, 진(秦)나라 백성들이 그 덕을 알았소. 지금 그대는 위력(威力)을 빌려 한 주(州)를 걸터앉아 점거하고 처음 그 국(國)을 소유했으나 은혜를 베풀어 위무하지 않았소. 게다가 주인과 손님의 의(義)로 보아도 의당 서로 낮추어야 하니, 형(刑)을 느슨하게 하여 그들의 원망을 달래십시오."

제갈량이 대답했다.

"그대는 하나만 알고 둘은 모르시오. 진(秦)나라는 무도하고 정치가 가혹해 백성들이 원망하니 필부의 함성에 천하가 무너져 내릴 지경이었고, 고조가 이로 인하여 널리 구제할 수 있었소. 유장(劉璋)은 암약(暗弱)하고, 유언(劉焉, 유장의 아버지) 이래 누대에 걸쳐 은혜를 베풀어, 문법(文法, 문서로 된 법령)이 제대로 시행되지 못하고 서로 아첨하니, 덕정(德政)이 이루어지지도 못하면서 형벌도 엄숙하지 못했소. 촉 땅 인사들이 권력을 마음대로 휘두르며 스스로 방자하게 되자 군신(君臣)의 도가 점차 쇠퇴했소. 지위로써 총애하니 지위가 극에 다다르면 (주인을) 얕보게 되고, 은혜로써 순종시키니 은혜가 고갈되면 교만해졌소. (금일의) 폐단이 실로 여기서 비롯된 것이오. 이제 내가 법으로 위엄을 세울 것이니 법이 행해지면 은혜로움(恩)을 알 것이고, 작위에 한도를 둘 것이니 작위가 더해지면 영예로움(榮)을 알 것이오. 영(榮)과 은(恩)이 아울러 다스려지면 위아래에 절도가 있게 되니, 다스림의 요체는 바로 여기서 드러나는 것이오."

위 일화를 통해 우리는 당시 촉의 법 "내용"이 상당히 세세하고 엄했었다는 점을 추측해 볼 수 있다. 이에 법정은 법이 너무 엄격하니 이를 간소화하자고 제갈량에게 요청한다. 그러나 제갈량은 유장이 다스리던 시기에는 국가의 법이 제대로 서지 않아 사회가 혼란스러웠기에, 새로운 국가는 법의 위엄을 보여 그 혼란을 바로잡아야 한다고 말하고 있다. 제갈량은 이 일화에서 강하고 엄격한 법만이 언제나 옳은 것이라고 말하고 있지 않다. 그의 법치는 상당히 탄력적인 부분이 있었다. 그는 시대상황에 기초하여 법의 강약을 조절하는 것이 필요하다고 생각했다. 이전의 법이 너무 엄격하여 백성의 원성을 샀다면 법을 간소화하고, 이전의 법이 엄격하지 못해 사회를 규율하는데 실패했다면 법을 엄격하게 만드는 식으로 말이다.

촉의 법 내용이 상당히 강하고 엄격했었다는 것은 제갈량에 대한 진수의 평가에서도 찾아볼 수 있다. 『삼국지』「제갈량전」에는「비록 제갈량의 통치는 형정(刑政)이 준엄했으나 원망하는 자가 없었으니, 이는 그 마음 씀이 공평하며 권하고 경계하는 것이 분명했기 때문이다.」라는 기록이 있다. 이 기록에서 진수가 언급한 "형정"이란 형법정도로 생각하면 이해하기 편하다. 즉, 촉 형법의 내용이 매우 엄했었다는 것이다. 독자분들 중에는 진수의 "형정이 준엄"했다는 표현은 형법의 내용에 대한 것이 아니라 형법의 집행이 준엄했었다는 것을 뜻하는 것일 수도 있다고 생각할지도 모르겠다. 그러나 진수는 뒤이어 "그 마음 씀이 공평하며 권하고 경계하는 것이 분명했기 때문이다"라고 덧붙이고 있다. 즉, 이 부분이 법 집행에 관한 서술이라고 볼 수 있는 것이다. 따라서 앞서 소개한 진수의 평은 "형법의 내용은 엄했으나, 집행이 공정해서 원망하는 자가 없었다"는 의미로 해석하는 게 바람직하다. 이상이 역사서에서 찾아볼 수 있는 촉의 법 내용에 관한 기록이다. 다음은 법 집행의 측면에서 제갈량식 법치의 특징을 살펴보도록 하겠다.

「제갈량전」에는「(제갈량은) 충성을 다하고 보탬이 된 자는 비록 원수라도 반드시 상주고, 법을 어기고 태만한 자는 비록 친한 자라도 반드시 벌주었다. 선행이 작다하여 상주지 않는 일이 없고, 악행이 작다하여 문책하지 않는 일이 없었다. 모든 일을 정련(精練)히 하여 그 근본을 다스리고, 명분에 따라 그 실질을 책임지우며 헛된 것은 입에 담지도 않았다.」는 기록이 있다. 이 기록을 통해 우리는 제갈량이 얼마나 법 집행의 공정함을 중요시했었는지를 추측해 볼 수 있다. 그는 자신과 친하다고 해서 잘못을 눈감아주지 않았고, 비록 원수라 할지라도 국가에 충성을 다하고 성과를 내면 반드시 상을 주었다. 이를 통해 제갈량은 공직자들에게 자신의 출신이나 배경과 상관없이 열심히 성과만 낸다면 출세할 수 있다는 사실, 즉 실적주의(성과주의)를 각인시켰을 것이다. 또한, 백성들에게는 귀족이든, 평민이든, 부자든, 가난한 자든 출신과 가진 재산에 관계없이 공정하게 상벌을 줄 것이라는 인식을 확산시켜 사회 분위기를 안정시켜 나갔을 것이다. 제갈량은 법 집행의 공정함을 바로 세워, 촉나라의 관료들과 백성들이 각자 주어진 역할에 충실할 수 있도록 유도하려 했던 것이다. 우리는 과거의 현재의 역사 속에서 내 편에게는 법이 한없이 관대해지고, 나의 적 또는 아무런 상관이 없는 사람들에게는 법의 공정함을 내세우며 엄격하게 법을 집행하는 경우를 수없이 목도해 왔다. 제갈량은 이러한 사례가 많아질수록 법치가 위협받을 수 있다는 사실을 그 누구보다도 잘 알고 있었다. 그렇기에 법 집행의 공정함을 그토록 강조했던 것이다.

진수는 『삼국지』와 별개로 제갈량이 남긴 글을 따로 모아둔 『제갈량집』을 지으면서, 당시 진나라[1]의 황제였던 사마염(司馬炎)에게 왜 『제갈량집』을 편찬했는지에 대한 상소문을 올린 적이 있다. 이 상소문에는 「(제갈량은) 법과 교령을 엄히 해 상벌에 필히 믿음이 있게 하여 악은 필히 처벌되고 선은 필히 현창되니, 관원에게는 간사함이 용납되지 않고 사람들은 스스로 힘쓰며 길에 떨어진 물건이 있어도 줍지 않고 강자가 약자를 침범하지 않고 사회기풍이 숙연해졌습니다.」라는 언급이 있다. 법의 공정함을 그 무엇보다도 강조했

---

1 조비가 세운 위나라가 나중에 사마씨의 쿠데타로 몰락한 후 새로 등장한 국가.

던 제갈량식 법치의 특징을 다시 한 번 확인해 볼 수 있는 기록이다. 진수와 같은 시대 인물인 원준이 쓴 『원자』에도 비슷한 언급이 있다. 『원자』에는 「제갈량은 법령에 밝고 상벌에 신의가 있어 사졸들이 명을 받으면 험지에 뛰어들면서 몸을 돌보지 않았으며, (중략) 제갈량이 촉을 다스릴 때에는 경작지가 개간되고 창고는 충실해지고 기계는 날카로워지고 축적된 곡식이 넉넉해졌으나 조회(朝會)는 화려하지 않고 도로 위에 술 취한 사람이 없었다.」는 기록이 있다. 진수의 상소문의 기록과 일맥상통하는 내용이다. 『자치통감』은 제갈량의 국정운영에 대해 「상을 주되 먼 사람을 빠뜨리지 않고, 벌을 주되 가까운 사람에게 아첨하지 않았다. 작위를 주면서 공로를 세우지 않고는 얻을 수 없었고, 형벌을 주면서 귀하고 세력이 있다고 하여 면제해주지 않았으니 이렇게 하였기에 현명한 사람이든지 어리석은 사람이든지 모두가 그 자신의 몸을 잊었던 것이다.」라고

유비, 제갈량 등의 동상

왼쪽부터 장비, 유비, 관우, 제갈량, 조운 순 (출처: Wikimedia Commons)

기록하고 있다. 이상에서 소개한 역사서의 기록을 종합해보면, 촉의 법은 그 집행에 있어서 엄격한 공정함이 있었다. 그 결과 사졸들은 명을 받으면 험지에 뛰어들면서 몸을 돌보지 않았고, 신하들은 현명하든 어리석든 국가를 위해 최선의 노력을 다했다. 즉, 성과만 있으면 출신이나 배경에 상관없이 공정한 평가를 통해 상을 받을 수 있다는 생각에, 병사들과 신하들은 각자 주어진 역할을 충실히 이행했던 것이다. 또한, 죄를 지으면 신분과 재산에 관계없이 반드시 벌을 받았기에 도로 위에 술 취한 사람이 없었고, 길에 물건이 떨어져 있어도 줍지 않았을 정도로 촉나라의 치안은 매우 안정적이었다.

그러나 이것 말고도 우리가 놓치지 말아야 할 제갈량식 법치의 또 다른 중요한 특징이 있다. 그의 법 집행은 엄격하기만 한 게 아니었다. 법 집행의 엄격함 뒤에 "교화"의 기회가 숨어있었다. 「제갈량전」에는 「죄를 인정하고 실토한 자는 비록 중죄라도 반드시 풀어주고, 헛된 말로 교묘히 꾸미는 자는 비록 가벼운 죄라도 반드시 죽였다.」는 기록이 있다. 또한, 『촉기(蜀記)2』에는 「형벌은 정나라보다 공정하고 교화는 노나라보다 아름다우니, 촉민들이 수치를 알게 되고 하수, 위수가 안거했도다.」라는 언급이 있다. 이러한 기록을 통해 제갈량은 법 집행의 공정함을 최우선으로 생각하면서도, 죄를 진심으로 뉘우치면 재기와 교화의 기회를 반드시 주었었다는 사실을 추측해 볼 수 있다. 필자는 제갈량이 죄를 지인 이에게 재기의 기회를 주었던 예시를 역사서에서 찾아보려고 애썼지만, 아쉽게도 딱 맞는 예시를 찾지 못했다. 대신, 요립과 이엄이 떠올랐다. 앞선

2 중국 동진 시대의 역사가 왕은(王隱)이 편찬한 역사서.

주제에서도 이미 언급한 적이 있는 요립은 촉나라의 내부 기강과 사기를 혼란스럽게 하는 불경스런 언행을 했다는 이유로 제갈량에 의해 탄핵을 당했던 인물이다. 이엄도 제갈량의 북벌당시 군량을 제대로 조달하지 못하고, 황제에게 거짓상소를 올렸다는 이유로 요립과 똑같이 제갈량에 의해 탄핵을 당하게 된다. 요립과 이엄, 이 두 사람은 제갈량에게 탄핵당한 이후 똑같이 유배를 가게 된다. 그런데 주목해야 할 것은 이들은 나중에 제갈량이 북벌 도중 사망했다는 소식을 듣고 똑같은 반응을 보였다는 것이다. 「요립전」에는 「(요립은) 제갈량이 세상을 떠났다는 말을 듣고 눈물을 떨구며 "나는 줄곧 이민족이 되겠구나!"라고 말했다.」는 기록이 있다. 「이엄전」은 「건흥 12년(234년)에 이평(이엄의 개명한 이름)은 제갈량이 세상을 떠났다는 소식을 듣고 질병이 들어 죽었다. 이평은 항상 제갈량이 자신을 다시 살려줄 것으로 기대했으며, 제갈량의 후계자는 이런 기회를 주지 않을 것임을 헤아렸기 때문에 격분하여 결국 병들어 죽은 것이다.」고 기록하고 있다. 이상의 기록을 통해 추측해 보면, 요립과 이엄은 자신들이 유배지에서 진실로 죄를 뉘우치고 있으면, 제갈량이 언젠가 다시 기회를 주어 이전의 영예를 되찾을 수 있을 것으로 기대하고 있었다. 그러나 제갈량이 그 기회를 주기도 전에 전장에서 죽어버리자, 요립은 "다시는 기회를 가질 수 없겠구나!" 하고 눈물을 떨궜고, 이엄은 "다시는 관직에 나갈 기회를 갖지 못하겠다"고 생각하고는 병이 들어 죽었다. 요립과 이엄 입장에서 제갈량은 자신들을 탄핵시킨 원수 같은 사람이었다. 그런데도 그들은 제갈량을 원망하며 살지 않고, 언젠가 그에게서부터 다시 기회를 받을 수 있을 거라고 기대하고 있었다. 그들은 제갈량의 법치가 비록 상벌이 매우 엄격했지만, 그 뒤에 "교화"의 기회가 숨어있다는 사실을 잘 알고 있었던 것이다.

법치는 국가의 근본이다. 유교를 국가의 존립기반으로 세운 유방의 한나라에도 법은 있었다. 따라서 제갈량이 국정운영의 철학을 법치(또는 법가사상)에 두었었다는 것은 다른 국가보다 법을 더 강조했다는 의미로 이해해야 한다. 그리고 그는 법치를 시대의 흐름과 상황을 고려하여 탄력적으로 적용하려고 했지, 엄격한 법치, 강한 법만이 항상 옳은 정답이라고 생각하지 않았다. 법의 내용이 얼마나 세세했는지는 추론하기 어려우나, 법의 위엄이 없었던 후한 말의 시절보다는 세세했던 것으로 보인다. 또한, 제갈량은 법치가 제대로 서려면 법의 내용보다 "법의 집행"이 더 중요하다고 생각했다. 그는 "법 앞의 만민의 평등"을 무엇보다도 중요시 했다. 신분과 직위, 그리고 재산과 상관없이 상벌을 주어 법 집행의 엄격함과 공정함을 현실에서 실현시켜 나갔다. 그러나 간과하지 말아야 할 것은 그 엄격함 뒤에는 "교화", 즉 유연함이 있었다는 것이다. 비록 죄를 지었더라도 그 죄를 진심으로 뉘우치면 제갈량은 반드시 재기의 기회를 줬다. 여기까지가 필자가 추론한 제갈량식 법치의 특성이다. 물론 비판은 얼마든지 있을 수 있다. "왜 마속에게는 재기와 교화의 기회를 주지 않고 바로 죽인 것이냐?"와 같은 주장 말이다. 이에 대해서는 이후 북벌파트에서 마속과 관련된 이야기를 다루면서 필자의 생각을 전개해 보려 한다.

23

제갈량의 법 집행은 공정했지만, 본인과 본인 가족에게는 예외였다?

법 집행의 공정함을 세우기 위해서는 예외가 있어서는 안 된다. 나와 친하다고 봐주거나, 자신이나 자신의 가족에게만 특별대우를 하는 순간 법의 공정함은 한순간에 와르르 무너지게 된다. 아무리 다른 99.9%의 사람들에게 법을 엄격하고 공정하게 적용해 왔어도 말이다. 우리는 과거와 현재의 역사 속에서, 법의 공정함을 강조하던 권력자들이 본인이나 본인 가족들에게는 그 공정이라는 가치를 너무도 쉽게 포기하는 경우를 자주 목도해왔다. 그러나 국가 최고의 권력자였던 제갈량은 법의 공정함을 세우기 위해 본인과 본인 가족에게도 절대 예외를 두지 않았다. 이를 뒷받침할 수 있는 두 가지 일화를 소개해 보도록 하겠다. 첫 번째 일화는 1차 북벌 당시에 일어났던 일이다.

제갈량은 1차 북벌에서 실패를 겪은 후, 패전에 책임이 있는 장수들에 대한 처벌을 내리기 시작한다. 그는 자신이 아끼는 부하라고 해서 처벌에 예외를 두지 않았다. 일단, 가정지역을 사수하지 못한 마속은 처형되었고, 기곡에서 더 이상 진군하지 못한 백전노장 조운은 진동장군(鎭東將軍)에서 진군장군(鎭軍將軍)으로 강등되었다. 제갈량은 북벌 실패의 책임을 부하장수들에게만 묻지 않았다. 패배의 모든 책임은 군을 총지휘했었던 본인에게 있다며, 자신의 벼슬을 3등급 강등시켜 줄 것을 스스로 황제에게 청했다. 그는 법의 공정함을 지키기 위해 "잘못이 있으면 지위를 막론하고 벌을 받는다"는 원칙을 자기 자신에게도 그대로 적용했던 것이다.

물론 여기에 대해 혹자는 "어차피 실질적 권력은 유지하지 않았느냐?1" 혹은 "그렇게 법 집행을 공정하게 하려 했다면, 마속은 죽이고 왜 자신은 스스로 자결하지 않았느냐?"와 같은 비판을 제기할 수도 있다. 필자는 이러한 비판에 대해 다음과 같이 반문하고 싶다. 제갈량에게 실질적인 권력을 유지시켜 준 사람, 즉 이전의 일을 그대로 하도록 지시했던 사람은 제갈량이 아니라 유선이었다. 제갈량은 유선에게 강등을 시켜달라고 했지, 강등을 하되 이전에 맡고 있던 업무를 계속해서 수행하게 해달라고 요청하지 않았다. 유선은 제갈량의 청에 따라 그의 벼슬을 강등시켰었지만, 그 믿음직한 제갈량을 두고 다른 사람에게 승상자리를 맡기고 싶지는 않았을 것이다. 그렇기 때문에 제갈량의 실질적인 권력을 유지시켜 줬던 것이다. 또한, 강등만으로도 제갈량에게 가해지는 명확한 불이익이 있었다. 세력 내 정치적 입지의 축소라던가 녹봉의 삭감 같은 실질적 불이익 말이다. 내가 조직에서 최고로 잘 나가다가 강등을 당했다고 가정해보자. 불안하지 않겠는가. 나를 따르던 사람들이 이젠 나

---

1 유선은 제갈량의 요청대로 그의 벼슬을 강등시켰었지만, 이전과 같은 일을 처리할 수 있도록 배려해주었다.

의 능력을 의심하고, "한 물 갔다"고 뒤에서 속닥이기 시작할 것이다. 나의 권위와 조직 내 발언력도 예전 같지 않을 것이다. 이러한 점을 제갈량이 몰랐을 리 없다. 다시 말해 그는 자신이 감내해야 할 불이익이 있을 수 있다는 점을 잘 알고 있었으면서도, 법의 "공정함"을 지키기 위해 스스로 강등을 요청했던 것이다. 그는 북벌의 패배가 자신의 권력에 조금의 악영향도 미칠 수 없도록 만들기 위해 마속이나 조운에게 패전의 책임을 모두 떠 밀수도 있었다. 특히 제갈량의 명을 어겨 패배를 자초했던 마속의 죄는 명확했다. 다른 주제에서도 설명하겠지만, 1차 북벌이 실패로 돌아간 것에는 마속의 책임이 가장 크다는 것이 당시의 압도적인 여론이었다. 또 제갈량은 권력의 최정점에 있었기에, 그가 마속에게 패배의 책임을 모두 전가시킨다고 해서 이를 제지하거나 반대할 수 있는 사람도 많지 않았을 것이다. 그럼에도 그는 패배는 모두 자신의 허물에서 비롯된 것이라며 스스로 강등을 청했다.

다음으로 "그렇게 법 집행을 공정하게 하려 했다면, 마속은 죽이고 왜 자신은 스스로 자결하지 않았느냐?"와 같은 혹자의 비판에 대해서는, 자타가 공인하는 촉나라의 유일한 버팀목이었던 제갈량이 마속을 죽이고 자신도 자결하는 것이 과연 책임 있는 행동일 수 있는지를 먼저 생각해볼 필요가 있다. 그리고 결국 그는 국가를 위해 끝까지 헌신하다 죽게 되지 않던가. 따라서 누군가 혹자와 같은 주장을 한다면 다소 억지스러운 논리라고 밖에 생각할 수 없다. 바로 두 번째 일화를 소개해 보도록 하겠다.

이미 앞선 주제에서 소개한 바 있는 제갈량이 그의 형 제갈근에게 보냈던 편지를 다시 한 번 살펴보자. 그는 이 편지에서 "제갈교는 본래 성도(成都)로 돌아가게 되어 있었으나, 지금 제장들의 자제(子弟)들이 모두 군량운반에 동원되어 있으니 생각건대 영욕을 함께 함이 마땅합니다. 지금 제갈교에게 5~6백의 군사를 감독하게 하여, 여러 자제들과 함께 곡중(谷中)에서 전운하도록 했습니다"라고 언급한 바 있다. 쉽게 말해 "지금 부하장수들의 자식들이 공무(군량운반)에 동원되어 있는데, 이것이 어려운 일이라고 해서 나의 아들을 예외로 할 수 없다. 그래서 지금 제갈교(제갈량의 양자)가 같이 그 임무를 수행하고 있다"고 말하고 있는 것이다. 당시 군량운반 업무에 제장들의 자제들이 이미 많이 투입되어 있었기에, 굳이 제갈량의 아들까지 투입할 필요는 크지 않았을 것이다. 한 명이 더 투입된다고 해서 일의 진행이 얼마나 더 빨라지겠는가. 그럼에도 제갈량은 어려운 일이라고 해서 자기자식만 예외로 둘 수는 없다며, 제갈교를 굳이 공무에 투입한다. 그가 국가의 일을 행함에 있어, "공정"이라는 가치를 지키기 위해 본인 가족에게도 예외를 두지 않으려고 얼마나 노력했었는지를 엿볼 수 있는 사례라 할 수 있겠다.

여담: 역사서에 기록된 조자룡의 실제 모습

이번 주제에서 조운이 잠깐 언급된 김에 그에 대해 좀 더 알아보고자 한다. 『삼국지연의』에서 조운은 그야말로 신이 내린 장수다. 장판파에서 백만 대군을 뚫고 유선을 구해내고, 수많은 일기토를 통해 적장을 무찌른다. 그러나 혹자들 중에는, 조운은 소설 속의 모습과는 달리 실제로는 주로 유비의 가솔을 지키는 임무를 맡았던 호위장수였을 뿐이며, 군대를 통솔하고 전투를 지휘하는 장군으로서는 그 능력이 출중하지 못했었다고 폄하하는 사람들이 있다. 그리고 이러한 주장을 하는 사람들은 조운은 관우, 장비, 마초, 황충과 같은 반열의 장군으로 보기 어렵다고 덧붙이기도 한다. 필자는 이에 동의하기 어렵다. 그는 충분히 관우, 장비, 마초, 황충과 어깨를 나란히 할 수 있는 능력과 전공을 가졌었다. 게다가 조운은 생각하는 바가 굉장히 합리적이고 모범적이었던 참 군인이었다.

먼저 역사서의 기록을 토대로, 조운이 전장에서 세웠던 공적들을 하나하나 살펴보도록 하겠다. 크게 네 가지 공적이 있다. 먼저, 우리가 잘 알고 있는 장판파 전투에서의 공적이다. 『삼국지』「조운전」에는 「선주가 당양(當陽) 장판(長阪)에서 조조에게 추격당해 처자를 버리고 남쪽으로 달아나자, 조운이 몸소 후주(後主, 유선)와 감부인

조운(趙雲, ?~229년)의 동상

조운은 한나라의 개국공신이자 용맹한 장수였던 관영과 하후영에 비견되는 명장이었다.
(출처: Wikimedia Commons)

(甘夫人)을 보호했으니 이들이 모두 위난을 면할 수 있었다. 아문장군(牙門將軍)으로 올랐다.」는 기록이 있다. 『삼국지연의』에서처럼 백만 대군을 뚫고 유선을 구했다는 기록은 없지만, 유비가 가족을 버리고 달아났을 정도로 급박하고 불리했던 상황에서 조운과 같은 공적을 세우는 것은 보통 어려운 일이 아니다. 두 번째는 익주정벌과 관련된 공적이다. 「조운전」에는 「제갈량이 조운과 장비 등을 이끌고 강을 거슬러 서쪽으로 올라가며 군현들을 평정했다. 강주(江州)에 도착하자 조운을 나누어 보내 외수(外水)를 따라 강양(江陽)으로 서진하게하니 성도(成都)에서 제갈량과 합류했다.」는 기록이 있다. 이 기록에서 나타난 조운의 모습은 유비의 가솔이나 지키는 호위장수로서의 모습이 아니라, 정벌군을 지휘하는 군사지휘관으로서의 모습이다. 앞선 주제에서 이미 언급했듯이, 형주지원군은 익주 대부분을 손쉽게 평정하는 성과를 올렸었다. 군사지휘관으로서 조운은 자신에게 주어진 정벌임무를 성공적으로 수행했던 것이다. 세번째는 한중 공방전 당시의 기록이다. 『조운별전』을 보면 황충은 하후연을 참살한 후, 기세를 몰아 조조군의 군량을 탈취하기 위한 군사행동을 감행했었다. 그러나 오래도록 황충이 돌아오지 않았다. 이에 조운이 그가 위험에 빠진 것을 알고, 수십기만을 이끌고 나가 조조의 군대를 격파하고 황충을 구해온다. 이후 그는 자신의 부하 장수인 장저(張著) 또한 위험에 빠지자, 다시 수십기만을 이끌고 출전하여 장저를 구해낸다. 약이 바짝 오른 조조군이 조운을 추격해 촉의 진영에까지 다다르자, 조운은 진영의 문을 활짝 열어놓는 기만술을 펼쳐 조조의 군대가 지레 겁을 먹고 물러나게 만든다. 다음 날 유비는 조운이 싸웠던 곳을 둘러보고는 "자룡(子龍)은 일신이 모

두 담덩어리로다"라고 말했었다고 한다. 유비의 이 말에서 당시 조운이 치른 전투가 얼마나 말도 안 되는 전투였는지, 그가 얼마나 불리한 상황에서 이 같은 전공을 올린 것인지를 어렵지 않게 추측해 볼 수 있다. 마지막 네 번째 사례는 1차 북벌 당시에 일어났던 일이다. 1차 북벌에서 조운은 별동대를 이끌고 기곡으로 진출하여, 위나라의 대장군 조진의 군세를 견제하는 역할을 맡았었다. 비록 그는 앞에서 언급한 대로 기곡에서 별다른 전공이 없었다는 이유로 제갈량에 의해 벼슬이 강등되지만, 퇴각에 있어서만큼은 어떤 부대보다도 완벽했다. 「조운전」에는 「조운, 등지의 군사들은 약하고 적은 강하여 기곡(箕谷)에서 불리했으나 군사들을 거두어 굳게 지켰으므로 대패에 이르지는 않았다.」는 기록이 있다. 아래의 『조운별전』의 기록을 보면 조운이 대패를 당하지 않았던 이유가 서술되어 있다.

제갈량이 말했다.
"가정(街亭)의 군이 퇴각할 때는 병졸과 장령들을 다시 서로 수습하지 못했는데 기곡의 군이 퇴각할 때는 병장(兵將)들이 처음처럼 잃은 바가 없었으니 어찌된 까닭이오?"

등지(鄧芝)가 대답했다.
"조운이 몸소 뒤를 끊고 군수물자와 집기조차 함부로 버린 일이 거의 없으니 병장(兵將)들을 잃을 까닭이 없었습니다."

지금까지 살펴본 네 가지 기록을 토대로 볼 때, 조운은 유비의 호위무사였을 뿐이며 장수로서의 능력과 전공이 관우, 장비, 마초, 황충에 비해 보잘 것이 없었다고 단정하기는 힘들어 보인다. 조운이 더 높게 평가받아야 마땅한 이유는 전투능력도 전투능력이지만,

그는 상황을 바라보는 신중함과 올곧음이 모범적이었던 군인이었기 때문이다.

『조운별전』에는 「조운은 강남(江南)을 평정하는데 종군하여 편장군(偏將軍)이 되고 계양태수(桂陽太守)를 겸하여 기존의 계양태수였던 조범(趙範)을 대신했다. 홀몸이 된 조범의 형수 번씨(樊氏)가 뛰어난 미모를 가지고 있어, 조범이 그녀를 조운에게 짝지어주려 했다. 조운이 "우리가 서로 동성(同姓)이니 경의 형이 곧 내 형과 같소."라 하며 굳게 사양하며 허락하지 않았다. 다시 그녀를 맞아들이도록 권하는 사람이 있자 조운이 말했다. "조범이 급박하게 항복했으니 그 마음을 헤아릴 수 없소. 천하에 여자가 적지 않소." 그리고는 그녀를 취하지 않았다. 나중에 조범이 과연 도주하였으나 조운은 조금도 연루되지 않았다.」는 일화가 소개되어 있다. 이 일화에서 우리는 다음 두 가지 사실을 추론해 볼 수 있다. 먼저, 조운이 계양태수를 맡았다는 것에서 그는 단순한 유비의 호위무사가 아니었다는 점을 다시 한 번 확인해 볼 수 있다. 둘째로, 조운의 신중함과 조심성이다. 남자라면 누구나 미인을 탐내지 않는가. 조조도 그에게 항복한 장수(張繡)의 형수를 탐냈었다. 그러다 자신이 가장 총애하던 아들 조앙(曹昻)을 잃게 된다. 그러나 조운은 달랐다. 그는 자신의 사리사욕보다 국가의 일을 더 우선시했다. 『조운별전』에는 「조운은 하후돈(夏侯惇)과 박망(博望)에서 싸워 하후란(夏侯蘭)을 사로잡았었는데, 하후란은 조운과 같은 동향사람으로 소소하게 서로 아는 사이였다. 조운은 선주(유비)에게 그를 살려주도록 청하고 하후란이 법률에 밝다고 천거하여 군정(軍正)으로 삼게 했으나 조운이 이후 그를 가까이 하지는 않았으니 그의 신중하고 사려 깊음이 이와 같았다.」는 기록도 있다. 조운은 자신과 동향사람인 하후란(夏侯蘭)의 능력이 출중하다는 것을 알아채고 유비에게 그를 천거한다. 그러나 조운은 이를 두고 하후란에게 어떠한 대가도 요구하지 않는다. 그리고 적군의 장수였던 하후란과 필요이상으로 친하게 지낼 경우, 자신도 의심을 받을 수 있었기에 일부러 하후란을 멀리했었다는 것이다. 그의 신중함과 조심성, 사려 깊음이 어느 정도였는지를 짐작할 수 있게 해주는 또 다른 사례라 할 수 있다. 『조운별전』에는 다음과 같은 일화도 있다.

익주가 평정된 뒤 당시 사람들이 의논하여 성도의 가옥과 성 바깥의 과수원, 뽕밭을 제장들에게 나누어주고자 했다. 조운이 이를 반대하며 말했다. "(한무제가 집을 하사하자) 곽거병(霍去病)은 흉노(匈奴)를 아직 멸하지 못했으니 집이 쓸모없다고 하였는데 또한 나라의 적이 비단 흉노만이 아니니 아직 안락을 구해서는 안 됩니다. 천하가 모두 평정될 때를 기다려 각자 고향으로 되돌아가 본래 땅에서 농사짓는 것이 마땅합니다. 익주(益州)의 백성들은 처음 전란을 겪었으니 논밭과 집들을 모두 되돌려주고 이제 이에 안거(安居)하며 생업에 복귀하게 한 뒤에 부역하게 하고 세금을 거둔다면 그들의 환심을 얻을 수 있을 것입니다."
이에 선주가 이를 따랐다.

조운은 유비에게 직언하기를 두려워하지 않던 장수였다. 보통 올곧은 성격을 가진 장수가 그렇지 아니한가. 조운은 "익주정벌에 성공했다고 해서 자축하고 있을 때가 아니다. 익주 백성들의 토지를 빼앗아 장수들에게 하사하지 말고 오히려 돌려주자. 그래서 전란을 겪은 그들을 위로하자"고 주장하고 있다. 이 얼마나 바람직하고 이치에 맞는 주장인가. 조운은 자신의 영달과 입신양명을 위해 유비를 따랐던 게 아닌듯하다. 이러한 면에서 조운과 제갈량은 통하는 면이 있었다. 보통사람이라면 "내가 목숨을 걸고 싸워 우리 주공이 익주를 얻게 되었는데 토지 정도는 당연히 받아야지"라고 생각했을 것이다. 제갈량의 1차 북벌 당시에도 이와 비슷한 일화가 있었다. 비록 조운은 강등을 당했었지만, 퇴각은 완벽했었다는 점을 이미 언급했다. 이후 제갈량은 조운의 남은 군자품을 병사들에게 나누어 주어 그들을 위로하려 했다. 그러자 조운이 패군에게 어찌 상을 줄 수 있냐며 제갈량에게 "청컨대 그 물건들은 모두 창고에 넣어두었다가 10월이 되길 기다려 겨울 하사품으로 삼으십시오"라고 권했었다는 기록이 있다. 제갈량은 조운의 이 의견을 받아들인다. 이렇듯 그는 전투능력은 물론이고, 신중함과 조심성, 올곧음을 함께 보유한 이상적인 장군이었다.

『삼국지』「조운전」에는 「당초 선주(유비) 때에는 오직 법정만이 시호를 받았다. 후주(유선) 때에는 제갈량은 공덕이 세상을 덮고 장완, 비의는 국가의 중임을 떠맡았으니 또한 시호를 받았다. (중략) 그러다 관우, 장비, 마초, 방통, 황충과 조운이 시호를 추증 받았으니 시론(時論)에서는 이를 영예로운 일로 여겼다.」는 기록이 있다. 시호는 국가에 큰 공적이 있는 신하만이 받을 수 있는 아주 영예로운 일이다. 유비 생전에는 오직 법정만이 시호를 받았다. 그리고 유비가 죽고, 유선이 황제였을 때 제갈량, 장완, 비의, 진지, 관우, 장비, 마초, 방통, 황충, 조운 등 총 10명이 시호를 받았다. 조운이 유비의 가솔이나 지키고 이렇다 할 전공도 없었던 장수였다면, 유선이 그에게 시호를 내렸겠는가. 조운의 시호를 정할 당시의 상황이 『조운별전』에 나타나 있다. 기록에 따르면, 유선은 조서를 내려 "조운이 지난 날 선제(유비)를 뒤따르며 공적이 이미 현저했고, 짐이 나이어려 어려움을 겪을 때 그의 충성스러움에 힘입어 위험에서 구제되었다. 무릇 시호는 그 으뜸 되는 공을 잘 드러내야 하는 법이니 바깥에서 조운에게 합당한 시호에 관해 의논하도록 하라"고 말했었다고 한다. 이에 강유 등의 신하들은 토의를 거쳐 조운의 시호를 순평후(順平侯)라 정한다. 순평후는 "어질고 온화하며 강직하고 다스림에 기강이 있다"는 뜻이다.

진수는 조운을 관우, 장비, 마초, 황충과 같이 묶어 열전을 기록했다. 객관적인 관직은 조운이 가장 뒤떨어졌었지만, 그는 조운을 관우, 장비 등과 같은 반열에 설 수 있는 촉의 명장으로 평가했던 것이다. 참고로 이에 근거해 나관중이 "오호장군(五虎將軍)"이란 명칭을 만들어 내기도 한다. 진수는 「조운전」에서 「조운과 황충은 유방이 세운 한나라의 개국공신이자 용맹한 장수였던 관영(灌嬰)과 하후영(夏侯嬰)에 비견된다.」고 평하였다. 관영과 하후영2은 유방 세력에서 기병대를 담당하던 장군들로, 진수가 이미 언급하고 있듯이 유방에게 수많은 승리를 가져다준 개국공신이었다. 조운을 폄하하는 혹자들의 주장과는 달리, 그의 활약을 옆에서 지켜보았던 황제를 비롯해 진수와 같은 그 시대의 역사가들은 조운을 이미 시대의 명장으로 평가하고 있었던 것이다.

---

2 조조의 부하였던 하후돈과 하후연의 조상으로도 알려져 있다.

제갈량이 사면에 인색했던 이유

제갈량식 법치의 특징을 좀 더 구체적으로 이해하기 위해 사면 (赦免)에 대한 그의 입장을 알아보도록 하겠다. 『화양국지(華陽國志)[1]』 에는 「제갈량에게 사면에 인색하다고 하는 자가 있자 제갈량이 "세 상을 다스릴 때는 큰 덕으로 해야지 작은 은혜로 해서는 안 되오. 선제(유비)께서 말씀하시길, '내가 진원방(陳元方), 정강성(鄭康成)과 교제할 때 늘 가르침을 받아 난세를 다스리는 도리를 배웠지만 일 찍이 사면에 대해서는 말한 적이 없었소'라고 하셨소. 만약 유표와 유장부자처럼 해마다 사면한다면 나라를 다스리는데 무슨 도움이 되겠소!"라고 답했다.」는 기록이 있다. 다시 말해, 제갈량은 사면에 인색하다는 주위의 지적에 대해 해마다 사면을 실시하는 것은 국가 경영과 사회질서 확립에 도움이 안 된다고 반론하고 있는 것이다. 사면을 자주 시행하면 법의 위엄이 바로서기 힘들다고 생각했던 게 아닌가 싶다. 사람들이 법을 어겨 처벌을 받아도 얼마 안 가 풀려

---

1 중국 파촉지역의 역사와 지리를 기록한 책으로, 동진시대 학자인 상거(常璩)가 348~354년 사이에 편찬했다.

날 수 있다는 기대를 가지게 될 수도 있으니 말이다.

진수는『삼국지』「후주전(유선전)」에서「함부로 사면하지 않았으니 또한 탁월하지 않은가」라고 언급한 바 있다. 아마 진수도 사면에 대한 제갈량의 태도가 국가를 다스리는데 더 바람직하다고 생각했던 듯하다. 이후 진수는 역시「후주전(유선전)」에서「제갈량이 죽고 나서는 이런 제도는 점차 이지러져 우열(優劣)이 더욱 분명해지게 되었다.」라고도 언급하고 있는데, 이 기록을 근거로 추측해보면 제갈량 사후에는 사면이 상당히 자주 이루어진 모양이다. 유선은 심지어 촉나라를 멸망시킨 등애, 종회, 제갈서의 정벌군이 촉으로 진격하고 있을 때도 사면을 실시했었다. 때문에 진수가 "우열"이라고 언급한 것은 유선에 대한 평가와 관련이 있어 보인다. 진수는 유선에 대해「어진 재상에게 일을 맡길 때는 도리를 따르는 군주였으나, 환관에게 미혹되자 우매한 군주였다.」고 평가하기도 했다. 진수는 제갈량이 재상으로 있었을 때에는, 유선은 사면에 인색하고 큰 덕으로 국가를 다스릴 줄 아는 "우"수한 군주였지만, 제갈량 같은 탁월한 재상이 없어지자, 사면을 자주 시행하며 작은 은혜로 국가를 다스리는 "열"등한 군주가 되었다는 뜻으로, "우열(優劣)이 더욱 분명해지게 되었다"고 표현했던 것이다. 이러한 진수의 유선에 대한 평가는 가히 촌철살인(寸鐵殺人)급이라 볼 수 있다.

배송지도 주석을 통해「신 송지가 보건대 "함부로 사면하지 않았다"는 것은 실로 칭찬할 만합니다.」라고 언급하며 사면에 대한 제갈량의 태도에 손을 들어준바 있다. 참고로 제갈량이 사면에 인색했을 뿐이지, 사면을 아예 한 번도 실시하지 않은 것은 아니다. 221년 유비가 황제의 자리에 올랐을 때 대사령을 내려 사면을 실시한 적이 있다.

제갈량은 남들보다 승진이 빨랐을까?
제갈량의 대외적 관직과 실질적 권력에 대한 탐색

이 주제에서는 제갈량이 공직에 입문한 후, 그의 관직이 어떻게 변화되어 왔는지, 승진은 얼마나 빨랐었는지에 대해 살펴보고자 한다. 더 나아가 대외적인 관직과 함께 그의 실질적 권력의 변화에 대해서도 함께 추측해 볼 것이다. 특정한 조직의 내부권력관계를 정확히 파악하려면, 대외적으로 드러난 관직과 직급을 기본으로 탐구해야겠지만 실제로 실권이 누구에게 있는지, 누구의 입김이 조직의 장에게 가장 잘 먹히고 있는지와 같은 실질적 권력관계에 대한 조사도 놓쳐서는 안 된다. 서열상으로는 대단히 높지만 실권이 없는 명예직일 뿐인 지위도 있고, 서열상으로는 낮지만 실권에 있어서만큼은 상급직위를 훨씬 뛰어넘는 지위도 있을 수 있기 때문이다.

제갈량이 처음으로 대외적 직함을 가지게 된 것은 209년이며, 그 직함은 군사중랑장(軍師中郞將)이었다. 공직에 입문한지 2년 만에 공식적인 대외직함을 가지게 된 것이다. 209년은 유비가 손권과 함께 조조를 적벽에서 물리친 후 영릉, 계양, 장사 등 장강 이남을 점령한 직후였다. 유비는 제갈량을 군사중랑장에 임명하면서 영릉, 계양, 장사 3군을 감독하며, 세금을 거두고 군량과 무기를 확보하도록 했다. 중랑장이란 무관계열의 관직으로 실무를 담당하는 관직이었다. 아직 "장군"의 직위를 받기 이전으로 당연히 장군보다는 그 지위가 낮았다. 이때 유비세력의 대표주자인 관우는 탕구장군(盪寇將軍), 장비는 정로장군(征虜將軍), 조운은 아문장군(牙門將軍), 미축은 안한장군(安漢將軍)으로 임명되었었다. 당연히 제갈량은 대외관직상으로 세력 내 최고가 아니었다. 실질적인 권한에 대해서는 추측하기 힘들지만, 이 시점까지는 유비세력 내에서 관직서열이 가장 높았던 관우의 실권을 뛰어넘지는 못했을 것이다.

이후 211년에 유비는 방통을 데리고 익주정벌에 나서게 되는데, 이때 형주에는 제갈량, 관우, 장비, 조운 등을 남겼었다. 이때까지도 이들의 대외 관직은 위에서 설명한 것과 변함이 없었다. 즉, 제갈량은 여전히 관우, 장비, 조운 등과 달리 장군직위를 받지 못하고 있었다. 그러나 이때 대외직위와는 별개로 실질적 권한에 있어서는 제갈량이 관우를 뛰어넘고 있었던 것으로 보인다. 『삼국지』「방통전」에는 「제갈량은 남아서 형주를 진수하고 방통은 (선주를) 수종(隨從)해 촉으로 들어갔다.」는 기록이 있다. 이 기록은 형주를 진수하는 대표자로 관우가 아닌 제갈량을 언급하고 있다. 유비는 익주로 원정을 떠나면서, 형주를 맡길 총책임자로 제갈량을 선택했던 것이다. 뭔가 부족한 느낌이 들어 기록을 더 찾아봤다. 「요립전」에는 「유비가 촉으로 들어가고 제갈량이 형주 지역을 지키고 있을 때, 손권이 사자를 보내 제갈량에게 우호의 뜻을 전했다.」는 언급이 있다. 이 기록에 따르면, 유비가 익주정벌을 떠난 뒤 유비와의 우호를 다지기 위해 형주로 사자를 파견한 손권이 관우가 아닌 제갈량에게 우호의 뜻을 전하고 있다. 이는 제갈량이 형주의 총책임자였음을 간접적으로 추론케 하는 또 다른 근거가 된다. 손권이 바보가 아닌 이상 자신의 외교사절을 형주의 총사령관에게 파견하지 않을 이유가 없기 때문이다. 정리하면, 211년에 이르러 제갈량은 대외관직만 봤을 때는 여전히 관우 등 다른 사람들에게 뒤처져 있었지만, 실질적 권력에 있어서만큼은 가장 강력한 권한을 가진 신하가 되었던 것으로 보인다. 이때 그의 나이 고작 31세였다.

214년 익주정벌이 성공적으로 끝난 이후, 제갈량은 군사장군(軍師將軍)으로 승진해 장군직위를 처음으로 받게 된다. 이후 유비는 제갈량으로 하여금 좌장군부(左將軍府)의 일을 대행하게 했다고 한다. 이때 유비의 대외적 지위가 좌장군(左將軍)이었는데, 그 밑에 부(행정조직)를 열어 여러 행정업무를 처리했던 것이다. 좌장군부의 일을 "대행"했었다고 하니, 유비는 전쟁(예를 들어 한중점령)과 외교 등 국가의 중요사항을 주로 결정하고 나머지 일은 제갈량이 유비에게 전권을 위임받아 대신 처리했던 것으로 추측된다.

유비가 한중왕의 자리에 오른 219년 이후에도 제갈량은 여전히 군사장군의 직위를 유지하고 있었으며, 특별히 승진을 하지 않은 것으로 보인다. 이때 관우는 전장군(前將軍), 황충은 후장군(後將軍), 마초는 좌장군(左將軍), 장비는 우장군(右將軍)으로 승진했으며, 당연히 군사장군인 제갈량보다 대외적인 지위가 높았다. 제갈량만큼이나 유비가 사랑하고 아꼈던 법정의 경우 양무장군에서 호군장군(護軍將軍)으로 승진하게 된다. 다만, 법정의 호군장군과 제갈량의 군사장군은 모두 잡호장군(雜號將軍)의 한 종류로 누가 관직 서열이 위였는지는 불분명하다. 여기서 후한시대의 장군서열을 잠시 살펴보겠다. 먼저 대장군(大將軍)이 장군직위 중 가장 으뜸이 되는 높은 자리였다. 제갈량 사후, 장완이 대장군을 지냈으며 이후 비의, 강유 등이 대장군을 역임했었다. 그 다음이 표기장군(驃騎將軍), 거기장군(車騎將軍), 위장군(衛將軍) 순이었다. 마초가 죽기 전 최종관직이 표기장군이었으며, 장비가 거기장군이었다. 강유가 대장군이 되기 전 위장군을 역임했었고, 제갈량의 아들 제갈첨이 강유가 대장군으로 승진한 이후 위장군의 지위에 올랐었다. 이 다음은 사방장군(四方將軍)이라 하여, 전장군, 후장군, 좌장군, 우장군이었다. 유비는 한중왕이 되고 난 후, 관우, 장비, 마초, 황충을 사방장군에 임명했었다. 이 다음이 사진장군(四鎭將軍)으로 진동장군(鎭東將軍), 진서장군(鎭西將軍), 진남장군(鎭南將軍), 진북장군(鎭北將軍)이었다. 조운은 유비가 한중왕이 된 후 진동장군에 임명된 바 있다. 그 다음이 사정장군이라 해서 정동장군(征東將軍), 정서장군(征西將軍), 정남장군(征南將軍), 정북장군(征北將軍)이었다. 사정장군 이하부터는 잡호장군이라 하여 장수의 특성을 반영하거나 필요에 따라 이름을 붙이는 경우가 많았다. 따라서 잡호장군 간에는 서로의 관직서열을 가리기가 매우 힘들다. 다시 강조하지만, 제갈량의 군사장군과 법정의 호군장군은 잡호장군에 속했다. 또한, 대장군이 가장 서열이 높고 표기, 거기, 위장군이 다음으로 관직이 높다는 점에는 대부분의 역사학자들이 동의하나, 국가에 따라 시기에 따라 사방장군, 사진장군, 사정장군, 잡호장군의 서열도 바뀌는 경우가 있었다. 실제 촉, 위, 오 삼국 모두가 약간씩 다른 장군서열 체계를 운영했었다. 필자의 생각으로 219년까지 제갈량의 대외적 관직은 확실히 관우, 장비, 마초, 황충보다 낮았다. 그러나 실질적 권한에 있어서만큼은 여전히 유비를 제외하고 신하 중 최고였던 것으로 보인다.

221년 유비는 황제의 자리에 오른 후 제갈량을 승상으로 임명한다. 승상은 황제를 보좌해 국가의 정무를 총괄하는 관직으로, 현대의 국무총리와 부통령을 합쳐놓은 직위 정도로 볼 수 있다. 이때를 기점으로 제갈량은 관직 상으로나, 실제 권력 상으로나 유비 세력의 명실상부한 1인자(유비 제외)로 등극하게 된다. 조조도 위왕이 되기 직전의 관직이 승상이었다. 즉, 승상은 신하로서 오를 수 있는 거의 최고의 자리라고 볼 수 있는 것이다. 이때 제갈량의 나이 41세였다. 27세의 나이에 공직에 처음 입문한 뒤, 15년이 지나 신하로서 오를 수 있는 최고의 자리에 올랐던 것이다. 여기서 끝이 아니다. 이후 유비는 제갈량을 녹상서사(錄尙書事), 가절(假節)로 삼았다. 녹상서사는 굳이 따지자면 현대의 대통령 비서실장 정도로 볼 수 있다. 이 관직은 승상보다 낮은 직위였다. 후술하겠지만, 유선은 제갈량이 죽은 뒤 승상자리를 공석으로 비워두고, 제갈량의 후계자인 장완(蔣琬, ?~246년)을 녹상서사로 임명한다. 즉, 신권의 최고 관직을 녹상서사로 제한했던 것이다. 그간 승상제도로 인해 신권이 황권을 과도하게 압도해 왔다고 생각했기 때문이었을 것이다. 가절이라 함은 군령을 어긴 부하에 대한 즉결 처분권

제갈량의 모습을 표현한 그림

제갈량은 그의 나이 41세에 승상의 자리에 임명된다.
(출처: Wikimedia Commons)

을 뜻한다. 또한, 제갈량은 장비가 죽자 그를 대신하여 사례교위(司隸校尉)를 겸하게 됐으며, 223년에는 익주목(益州牧)으로도 임명된다. 사례교위는 현대로 치면 수도방위사령관이자 감사원장 정도로, 익주목은 군 통솔권을 보유한 광역지방자치단체장 정도로 볼 수 있다. 독자들은 익주자사(益州刺史)라는 관직도 들어봤을 텐데, 익주목과 익주자사의 차이점은 지방에 분포되어 있는 군대에 명령을 내리고 통솔할 수 있는 권한이 있는지 없는지의 차이다. 익주목은 이러한 권한을 보유했다. 우리나라의 지방자치제도를 보면 광역지방자치단체장은 지방에 분포되어 있는 군대에 대한 통솔권한이 없다. 따라서 자사에 해당한다고 볼 수 있다. 참고로 유선은 제갈량의 후계자인 장완, 장완 이후 재상의 역할을 맡았던 비의에게 익주목이 아닌 익주자사의 지위만을 부여했었다. 승상자리를 공석으로 남겨 두었던 이유와 같은 이유에서였을 것이다. 정리하면, 221년 이후부터 제갈량은 부통령에 국무총리이면서, 수도방위사령관에, 감사원장에, 군대통솔 권한을 보유하고 있는 지방자치단체장에 이르는 막강한 권한을 가졌었다.

제갈량은 유비 생전에 이미 엄청난 관직과 권한을 부여 받았었지만, 유비는 그 스스로 능력을 갖추고 직접 제업을 일군 군주였기에 자신이 원하는 대로만 국정을 운영할 수는 없었다. 앞서 소개한 대로 유비는 제갈량을 존중하고 경애하여 그의 많은 조언을 받아들였었지만, 받아들이지 않은 것도 있었다. 유비가 제갈량의 조언을 받아들이지 않으면, 제갈량은 묵묵히 유비의 의견을 따랐다. 그러나 정치적 기반이 전무한 유선이 황제가 된 이후에는 제갈량은 자신이 원하는 대로 모든 국정운영을 좌지우지할 수 있었다. 제갈량이 당시 가졌던 직위와 권력은 현대로 치면 말도 안 되는 것이다. 역사에서 그 사례를 찾아보기 힘들 정도로 엄청난 권력의 집중이었다. 당시에도 막대한 권력을 가진 제갈량을 권력을 탐하는 신하라고 시샘하고 모함하는 사람이 있었을 것이다. 필자의 추측으로 제갈량은 분명 권력욕이 컸던 사람이다. 그러나 그의 권력욕은 자신의 사적이익을 위한 것이 아니었다. 그의 꿈, 다시 말해 대의를 실현하기 위함이었다. 그는 그의 나이 41세에 승상이 되고 난 후, 13년의 세월을 막중한 업무와 책임감 속에서 살다가 결국 과로로 삶을 마감하게 된다. 또한, 그의 남겨진 재산은 그의 권력에 비해 한없이 초라했다. 거의 재산 축적을 하지 않았던 것으로 추측되는 사료가 남겨져 있다. 이와 관련해서는 제갈량의 최후파트에서 다시 한 번 다룰 것이다.

필자는 회사 일을 처음 시작했을 때만 해도 승진을 빨리해서 높은 자리로 가는 것이 항상 좋은 것이라고 생각했었다. 그런데 필자의 부서장이 일하는 모습을 보고 이전의 막연한 생각을 고쳐먹게 되었다. 나는 나에게 주어진 업무만 하면 되지만, 부서장은 다른 부서원들의 업무들도 모두 속속들이 알고 있어야 하며, 책임도 지고, 방향도 제시해야 한다. 하물며 회사의 모든 업무를 총괄하는 사장이나 회장은 어떻겠는가. 그 회사의 운명과 직원들의 생사가 오직 나에게 달려있다는 중압감은 말로 표현하기 힘들 정도일 것이다. 제갈량처럼 경제, 조직, 인사, 감사, 군사 등 국가의 거의 모든 부분을 전담하여 처리했다면 그 중압감은 어느 정도였을까? 직위가 높고 권력이 크다고 해서 항상 영예롭고 즐거운 것은 아닐 것이다.

26

제갈량의 업무처리 능력은 어느 정도였을까?

앞에서 제갈량이 얼마나 많은 권력을 가졌었는지, 그 업무량과 책임의 범위에 대해 알아봤다. 이번 주제에서는 그의 업무처리 능력에 대해 추측해보고자 한다. 물론 제갈량의 업무처리 능력은 다른 사람들보다 훨씬 뛰어났을 것이다. 그러나 이렇게 막연히 추측하면 재미가 없지 않는가. 역사서는 제갈량의 업무처리 능력에 대해 구체적으로 기록하고 있지 않지만, 간접적으로 이를 추측해 볼 수 있는 사료가 남겨져 있다.

본격적인 설명에 앞서 "촉한사영(蜀漢四英)"에 대해 먼저 알아볼 필요가 있다. 촉한사영이란 촉나라의 뛰어났던 네 명의 정치가를 가리키는 말로, 제갈량, 장완, 비의, 동윤이 그 주인공이다. 이 말은 『화양국지』의 「촉나라 사람들은 제갈량, 장완, 비의, 동윤을 사상(四相)으로 삼고 사영(四英)이라고 칭했다.」는 기록에서 비롯되었다. 제갈량은 자신의 후계자로 장완을 지목했고, 장완 이후에는 비의가 재상으로서 황제를 보좌했다. 그리고 비의는 자신의 후계자로 동윤을 생각했었다. 그는 자신이 더 높은 자리로 승진을 하게 되면 이전에 자신이 맡았던 직위를 동윤에게 물려주곤 했다. 비의가 맡고 있던 상서령(尚書令, 이전에 법정이 맡기도 했던 직위로, 현대로 치면 행자부 장관정도로 볼 수 있다)의 자리를 동윤이 바로 물려받았던 것이 대표적인 예이다. 그러나 동윤은 비의의 뒤를 이어 재상이 되기도 전에 비의보다 먼저 병사하게 된다.

『삼국지』「동윤전」에는 「(비의는) 일이 많아 공무(公務)가 번잡하였는데, 비의가 남보다 뛰어나 매번 서기(書記)를 살펴서 읽을 때마다 눈을 들어 잠시 보면 이내 그 뜻을 바로 통달하니 (그의 일처리) 속도가 남들보다 몇 배에 달하였다. (비의는) 늘 조포(朝晡, 오전 7~9시)와 신시(申時, 오후 3~5시)에 정무를 처리하고, 그 사이에는 빈객(賓客)들을 만나 먹고 마시며 놀았지만, 일에는 소홀함이 없었다. 동윤이 비의를 대신하여 상서령이 되자 비의의 일처리를 본받으려 하였는데 열흘 안에 일의 대부분이 잘못되거나 지체되었다. 이에 동윤이 탄식하며 말했다. "사람의 재력(才力)이 서로 다른 것이 이처럼 매우 머니 이는 내가 미칠 수 있는 바가 아니다. (나는) 하루 종일 청사(聽事)하여도 여전히 여유가 없을 것이다."」라는 기록이 있다. 이 일화의 핵심은 비의는 상서령의 자리에 있을 때 하루 4시간만 일을 했음에도 불구하고, 일이 지연되거나 막히는 일이 없었다는 것이다. 동윤은 비의에 이어 상서령이 되고 나서, 자기 능력만 제대로 발휘하면 비의처럼 쉽게 일을 처리할 수 있을 거라고 생각했다. 그런데 막상 해보니 하루 종일 일을 해도 비의의 업무처리량을 따라갈 수가 없었다. 우리도 학창시절에 학교에 와서 항상 잠만 자고 친구들과 어울려 놀기를 좋아하는데, 성적은 항상 1등을 놓치지 않는 친구를 한 번쯤 본적이 있지 않는가. 동윤에게 비의는 그런 친구였던 것이다. 그렇다고 동윤이 당시에 그 능력을 인정받지 못했던 것도 아니었다. 제갈량은 출사표에서 유선에게 동윤은 촉을 이끌어갈 핵심인재이니 중용해야 한다고 말했었다. 그리고 애초에 그가 촉한사영 안에 들어갔다는 것 자체가 제갈량, 장완, 비의와 어깨를 나란히 할 수 있는 인재라는 뜻이다. 그러나 업무처리 능력에 있어서는 동윤보다 비의가 한 수 위였던 것 같다. 물론, 상서령의 업무 특성에 비의의 재능이 동윤이 가진 재능보다 더 적합했을 수도 있다. 직위에 따라 필요로 하는 능력에는 차이가 있을 수 있기 때문이다. 동윤이 비의보다 그 재능을 더 잘 발휘할 수 있었던 자리도 분명 어딘가에 있었을지 모른다. 그렇다하더라도 비의가 동윤보다 업무처리 능력이 뛰어났었다는 결론에 이르는 데에는 큰 무리가 없을 듯하다.

그렇다면 비의가 당시 처리했던 업무의 범위는 어느 정도였을까? 그의 최종관직은 대장군(大將軍)과 녹상서사(錄尚書事)였다. 즉, 군정과 내정 모두에서 당시 신하 중 최고의 관직을 가졌었다. 이후 그는 익주자사(益州刺史)도 겸하게 된다. 다만, 유선은 강유(姜維, 202~264년) 또한 녹상서사로 임명하여, 비의와 함께 내정을 관리하도록 했다. 신권간의 경쟁을 유도하여 황권을 강화하려는 의도였을 것이다. 이제 비의가 맡았던 업무의 범위를 제갈량과 비교해보자. 비의는 제갈량이 역임했던 승상보다는 낮은 관직을 가졌었지만, 군정과 내정 모두를 총괄했었다는 점에 있어서는 제갈량이 했던 업무범위와 비슷한 일을 했었다고 볼 수 있다. 다만, 비의는 단독으로 녹상서사의 일을 전담하지 않았다. 그리고 제갈량은 사례교위를 겸하여 조직 감사권을 가지고 있었으며, 익주목으로 재직하여 익주자사보다 더 많은 업무와 책임의 범위를 가졌었다. 여기에 더해, 제갈량은 비의처럼 국가가 갖춰진 상태에서 재상의 자리에 오른 게 아니었다. 거의 제로베이스의 상황에서 법과 제도 등을 새로 만들어 국가의 기반을 다져야 했다. 또한, 타국정벌을 시도하지 않았던 비의와 달리 제갈량은 남만정벌, 북벌과 같은 원정도 여러 번 수행했었다. 같은 재상이었지만 제갈량의 업무량은 확실히 비의의 업무량을 훨씬 뛰어넘고 있었던 것이다. 그리고 제갈량은 역사의 평가가 말해주듯, 자신의 업무를 훌륭하게 수행했다(비의의 업무평가가 나빴다는 말은 아니다). 따라서 단순하게 추론하면, "촉한사영"에 포함될 정도로 뛰어난 인재였던 동윤. 그런 동윤의 업무처리 능력을 가뿐하게 뛰어넘었던 비의. 그리고 그 비의보다도 제갈량의 업무처리 능력은 한 수 위였던 것으로 추론해 볼 수 있다.

비의도 이를 인정했던 듯하다. 『한진춘추』를 보면 「비의가 강유에게 말했다. "우리는 승상(제갈량)만 못하거니와 또한 많이 뒤떨어지오. 승상께서도 중원을 능히 평정하지 못했는데 하물며 우리들이겠소! 나라를 보전하고 백성들을 다스리며 신중하게 사직(社稷)을 지키느니만 못하오."」라는 기록이 있다. 강유는 제갈량이 가지고 있던 북벌의 유지를 이어받아, 북벌을 위한 군사를 일으키려고 매번 그의 상관인 비의에게 병력을 내어줄 것을 요청했었다. 이에 비의가 "우리의 능력은 제갈량에 한참 뒤떨어진다. 그 제갈량도 실패한 북벌을 우리가 어떻게 성공시키겠는가? 때를 기다리는 것만 못하다"고 답한 것이다. 이렇듯 제갈량의 능력에는 범접할 수 없음을 스스로 인정하고 있는 비의의 모습에서, 우리는 제갈량의 업무 능력이 어느 정도였는지를 다시 한 번 간접적으로나마 짐작해 볼 수 있다.

제갈량은 위험에 빠진 관우를 일부러 구원하지 않았다?

삼국지에서 가장 안타까운 장면 중의 하나는 바로 관우의 죽음이다. 관우는 유비가 익주정벌을 하러 촉으로 들어갔을 때, 형주를 수비하는데 그치지 않고 북진을 통해 조조의 영지인 양양성 일대를 공격했었다. 그 움직임은 초반에는 매우 성공적이었으나, 이후 예상치도 못한 일이 발생하게 된다. 적벽대전에서 조조를 함께 무찔렀던 손권이 오히려 조조와 협공해 후방에서 관우를 공격한 것이다. 이 점만 봐도 "현실주의"의 패러다임이 말해주듯 국제무대에는 영원한 친구도 영원한 적도 없다. 여하튼 관우는 결국 그의 충실했던 양자 관평(關平, ?~219년)과 함께 손권에게 사로잡혀 목숨을 잃게 된다. 그런데 바로 이 지점에서 삼국지에서 논란이 되는 주장 하나가 등장한다. "왜 제갈량은 관우를 구원하지 않았나? 그는 유비세력 내에서 자신의 라이벌이었던 관우를 일부러 죽게 내버려뒀다"는 주장이 바로 그것이다. 필자가 방통, 법정과 관련된 주제에서 이미 소개한 혹자들의 주장과 비슷한 논지이다. 당연히 이에 대한 필자의 반론은 "터무니없는 주장"이라는 것이다. 지금부터 왜 이 주장이 터무니없는 것인지에 대해 살펴보도록 하겠다. 다만 그 이전에 관우의 북진에 대해 좀 더 자세히 살펴볼 필요가 있다.

관우가 북진(北進)했던 이유

왜 관우는 형주를 수비하는데 그치지 않고 조조를 공격했던 것일까? 그 이유를 파악하기 위해서는 당시 일어났던 여러 사건의 시기를 명확하게 정리해볼 필요가 있다. 원래 익주(촉)로 들어오는 입구라 불리는 한중지역은 조조의 땅이었다. 원래 장로가 다스렸으나, 조조가 장로의 항복을 받아내 점거한 것이었다. 그 사이, 한중의 남쪽지역을 유장으로부터 점령한 유비는 한중을 공격하자는 법정의 조언을 받아들여 한중정벌에 나서게 된다. 「법정전」을 보면 법정이 유비에게 한중정벌의 필요성을 설파한 게 217년이고, 「선주전」을 보면 유비가 제장들을 이끌고 한중으로 진격한 것이 218년이다. 따라서 218년부터 유비는 조조와 한중지역을 놓고 한판 승부를 벌였다. 그러나 이때 조조는 직접 전투에 참여하는 대신 장안에 주둔하면서, 그가 신임하는 장수 하후연에게 한중방어를 전담하게 하고 싸움의 흐름을 지켜보기만 한다. 이후 219년 초에 하후연이 황충에게 패배하여 목숨을 잃게 되자, 장안에 주둔하고 있던 조조는 그해 3월에 한중으로 접근하기 시작한다. 그러나 결국 한중을 "계륵(鷄肋)"에 비유하며 철군을 하게 되는데 이때가 5월 정도로 추정된다. 이후 유비는 한중왕의 자리에 오르게 된다. 이 시기가 「선주전」을 보면 "가을"이라고 적혀 있다. 진수는 『삼국지』를 서술하면서 10월부터를 겨울이라고 표현하고 있으므로, 유비가 한중왕에 오른 시기는 219년 7월에서 9월 사이였던 것으로 추정된다.

그럼 관우는 언제 군을 일으켰을까? 위나라 쪽 기록을 통해 그 시기를 좀 더 구체화 해보자. 『삼국지』「무제기」를 보면 「218년 10월, 조인이 관우 토벌을 위해 번성에 주둔하고 있었는데, 번성의 북쪽에 위치한 완성에서 반란이 일어나 완성을 포위했다.」는 기록이 있다. 이미 조인이 218년 10월에 "관우 토벌[1]"을 위해 번성에 주둔하고 있었다면, 관우는 최소 218년 10월 전에 군을 일으켰다. 따라서 조조측이 관우의 북진을 인지한 시점은 늦어도 218년 10월 이전이다. 즉, 한중공방전이 한창일 당시였다.

관우의 북진이 한중공방전이 한창일 당시에 이루어졌던 것이라면, 그의 북진은 독자적인 판단에 따른 군사행동이 아니라, 유비와 미리 논의된 전략적 움직임이었을 가능성이 크다. 그 목적은 "조조가 한중공방전에 모든 전력을 쏟아 붓지 못하게 만들기 위함"이었을 것이다. 당시 유비는 익주를 차지하는 데에 성공은 했지만, 막강한 전력을 자랑하는 조조와 정면 대결을 벌이기에는 자신의 전력이 아직 역부족이라는 점을 잘 알고 있었다. 그렇기에 유비는 조조의 후방에 걱정거리를 만들어, 위나라의 방어병력이 한중에 집중되지 못하도록 만들 필요가 있었다. 그리고 조조를 두려움에 떨게 할 수 있는 남자는 단 한 사람밖에 없었다. 바로 관우다. 관우는 당시에도 그 명성이 자자했던 천하의 명장이었다. 조조도 이를 알기에 관우를 그토록 자기 사람으로 만들고 싶었던 것이다. 아래의 역사 기록에서 보듯, 관우의 용맹과 무력은 나관중이 소설을 통해 창작

---

1 진수가 "관우 토벌"이라 표현한 것은 관우가 먼저 공격의 움직임을 보여, 이를 토벌하기 위해 조인이 번성에 주둔하고 있었다는 의미로 보는 것이 타당하다.

해낸 것이 아니었다. 관우는 위나라의 정욱(程昱)과 곽가(郭嘉), 오나라의 육손(陸遜)과 여몽(呂蒙) 등 타국에서도 인정하고 있는 당대 최고의 맹장이었다. 「정욱전」에는 「당초 장비의 웅장위맹(雄壯威猛)은 관우에 버금갔으므로 위(魏)의 모신(謀臣) 정욱 등이 모두 관우와 장비를 칭하길 만인지적(萬人之敵, 만인을 대적할 만한 사람)이라 했다.」는 기록이 있으며, 「곽가전」에는 「장비와 관우는 모두 만인지적으로, 유비를 위해 사력을 다해 싸웁니다.」라는 기록이 있다. 「육손전」에는 「관우는 평소 용맹하여 그를 적대하는 것은 어렵습니다.」라고 기록하고 있으며, 「여몽전」에는 「관우는 실로 곰과 범 같은 장수인데 어찌 계획을 미리 정하지 않을 수 있습니까?」라는 언급이 있다.

이처럼 자타가 공인하는 천하의 맹장 관우를 활용해 조조의 후방에 걱정거리를 만든다는 유비의 전략은 초반에는 꽤나 성공적이었다. 조조는 한중에 자신의 방어병력을 집중시키지 못했다. 그는 유

시기에 따른 유비군과 관우군의 움직임

	유비군(익주)	관우군(형주)
217년	법정, 한중공략 필요성 설파	
218년 초중순	유비, 군을 이끌고 한중에서 하후연 등과 전투	관우, 북진하여 조인을 공격
218년 9월	조조, 장안에 도착해 주둔	
218년 10월		조인, 관우토벌을 위해 번성에 주둔
219년 초	하후연 참수	
219년 3월	조조, 장안을 나와 한중으로 진격	
219년 5월	조조, 한중에서 철군	
219년 8월	유비, 한중왕 등극 (7월~9월 사이로 추정)	관우, 우금을 생포하고 방덕을 참수

비가 한중을 침공하자 본인이 직접 방어군을 이끌고 허도(허창)를 출발해 진군하지만, 한중까지 가지 않고 한중과 상당히 떨어진 장안에 주둔한다. 그리고 한중은 하후연을 총대장으로 삼아 유비의 침공에 대항하게 한다. 관우의 침공이 예상되는 번성에는 조인을 총대장으로 임명하여 방어를 지시한다. 관우에 의해 형주가 함락될 경우, 낙양, 허도와 같은 중원이 바로 위험에 빠질 수 있었기 때문에 조조는 형주의 형세가 위험해지면 즉각 구원을 가야 했다. 반대로 한중의 상황이 위급해지면 또 구원을 해야 했다. 그래서 조조는 한중과 번(형주)의 중간지역인 장안에 자신의 전력을 집중시켜 놓고, 상황을 봐서 군을 움직이려 했던 것이다. 결국 조조는 한중에서 하후연이 패하게 되자, 다급하게 군을 움직여 한중으로 구원을 간다. 그러나 결국 한중에 대한 욕심을 포기한다. 그리고는 219년 5월 장안으로 돌아와 형세가 어렵게 돌아가는 형주지역에 원군을 급파한다. 조조 입장에서 생각해보자. 당초 조조는 장안에 주둔하며

유비의 한중공략 및 관우의 북진

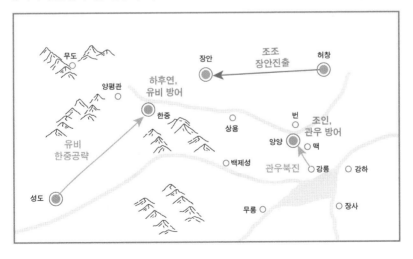

관우가 방덕을 사로잡는 모습을 표현한 그림

관우는 위나라의 맹장인 방덕과 우금을 사로잡는 등 북진 초기에는
큰 승리를 연이어 거둔다. (출처: Wikimedia Commons)

한중과 형주에 대한 유비의 침공을 모두 방어하려 했다. 그런데 믿
고 있던 하후연이 대패를 당하게 된다. 그리고 형주 쪽에서는 관우
가 방덕을 베고, 우금을 사로잡았다는 소식이 들려온다. 방덕과 우
금도 하후연만큼은 아니지만 조조가 자랑하는 위의 맹장들이었다.
「관우전」에는 「(북진당시) 관우의 위세가 중국전체에 진동했다.」는
기록이 있다. 또한, 『진서(晉書)[2]』「사마의전」을 보면 「촉장 관우가
번(樊)에서 조인을 포위하고 우금 등 7군이 모두 패몰하자, 조인이
포위당한 일이 더욱 위급해졌다. 당시 한나라 황제(헌제)가 허창에
도읍하고 있었는데 위무제(조조)는 적이 가깝다 하여 하북으로 천도

---

2 사마의 시절부터 동진이 멸망할 때까지의 역사를 기록한 책. 중국의 24사(二十
  四史) 중 하나로 인정받고 있으며, 648년에 완성되었다.

하고자 했다.」는 기록이 있다. 얼마나 관우의 기세가 대단했으면, 조조는 도읍을 북쪽으로 옮길 생각까지 했을까. 물론 이러한 조조를 사마의가 말려 도읍을 옮기는 일은 실행되지 않는다. 조조는 이 시기 한중과 형주 중 어디에 방어병력을 집중시킬지를 놓고 고민을 거듭하고 있었을 것이다. 그리고 그는 치열한 고민 끝에, 한중은 점령한지 얼마 되지 않아 통치에 어려움이 있을 수 있고, 지리적 위치상으로도 형주보다는 전략적 가치가 떨어진다고 판단했을 것이다. 그래서 그는 형주방어에 전력을 집중시키고자 "계륵"이라는 말을 남기며 한중에서 철군했던 것이다. 조조는 힘겹게 관우를 막아내고 있던 조인에게 서황(徐晃)을 대장으로 하는 정예 병력을 급파한다. 이후 관우는 손권의 배후 공격에 의해 죽음을 맞이하게 되는

관우(關羽, ?~219년)의 조각상

관우의 북진에 조조는 도읍을 북쪽으로 옮길 생각까지 한다. (출처: Wikimedia Commons)

27 제갈량은 위험에 빠진 관우를 일부러 구원하지 않았다?　177

데, 이때가 219년 12월이었다. 그 해 가을까지만 해도 승승장구하고 있던 그가 단 몇 개월 사이에 몰락하여 죽임을 당한 것이다.

제갈량은 일부러 관우를 죽게 내버려 뒀다?

자 그렇다면 본래 주제로 다시 돌아와 보자. 과연 제갈량은 관우를 일부러 구원하지 않았나? 필자는 이미 "아니다"라고 언급했다. 근거를 제시해 보겠다. 첫 번째 근거는 제갈량은 형주를 그 누구보다도 중요하게 생각했던 사람이었다는 것이다. 우리는 그의 융중대책을 기억한다.

> 만약 형주, 익주를 타넘어 차지해 그 험준함에 기대고, 서쪽으로 제융(諸戎, 여러 융족들)과 화친하고 남쪽으로 이월(夷越)을 어루만지며, 밖으로는 손권과 화친하고 내정을 갈고 닦으면서, 천하에 변고가 있을 때 한 명의 상장(上將)에게 명해 형주의 군사를 이끌고 완, 낙양으로 향하게 하고 장군께서는 몸소 익주의 군사를 거느리고 진천(秦川)으로 출병하신다면, 장군을 영접하지 않을 백성이 감히 누가 있겠습니까? 실로 이처럼 한다면 가히 패업(霸業)이 이루어지고 한실(漢室)이 흥할 것입니다.

제갈량의 큰 그림은 형주, 익주, 동오(손권)의 세 갈래로 위나라를 정벌하는 것이었다. 그리고 그가 융중대책에서 언급한 "형주방향에서 군사를 이끌 한명의 상장(上將)"은 관우였을 가능성이 크다. 익주지역만으로는 중원을 수복하는 데에 한계가 있을 수밖에 없음을 제갈량은 잘 알고 있었다. 이러한 그가 관우가 무너지면 형주가 통째로 날아간다는 사실을 알면서도 자신의 권력을 공고히 할 목적으로 관우를 일부러 구원하지 않았다? 제갈량이 이처럼 소탐대실(小貪大失)할 인물인가? 자신의 입신양명을 위해 세력 내 권력쟁투에만 열중하던 인물인가? 그는 본인의 정치적 입지만을 고려해 자신의 꿈을 심각하게 위협할 수 있는 일을 결코 선택하지 않았을 것이다. 역사에 만약은 없지만, 형주가 유비의 영토로 계속해서 남아 있었다면 제갈량의 북벌은 성공했을지도 모른다. 최소한 성공가능성은 형주가 없는 것보다 몇 배는 높아졌을 것이다.

둘째, 제갈량은 권력관계에서 관우를 특별히 견제할 이유가 없었다. 앞선 주제에서 살펴봤듯이, 관우가 북진을 시작했을 당시 제갈량의 대외관직은 관우에게 뒤처져 있었지만, 실제 권력 면에서는 이미 관우를 앞지르고 있었다. 그는 익주를 정벌 중인 유비를 돕기 위해 자신이 총책임자로 있던 형주를 떠나면서, 관우가 자신을 대신하도록 유비에게 추천했을 것이다. 아마 유비도 관우밖에는 맡길 사람이 없다고 생각했을 것이다. 제갈량은 관우와 달리 재상의 면모를 가진 신하였다. 관우는 재상의 그릇이라기보다는 장군에 적합한 인물이었다. 장차 유비가 황제가 되었을 때 그를 보좌해 국가를 경영할 인물은 제갈량이었고, 관우는 지역의 도독 또는 사령관이 더 적당했다. 관우가 이를 몰랐을 리 없다. 제갈량이 유비세력에 처음 들어왔을 때, 제갈량과 유비와의 관계를 질투했던 그였지만, 그 이후에는 앞선 주제에서 소개한 바와 같이 관우는 제갈량을 진심으로 인정하고 존경하기 시작했었다. 즉, 둘의 관계는 라이벌이라기보다는 서로의 능력을 인정하는 동지였고, 각자 유비에게 기여할 수 있는 바가 달랐던 신하였다. 마치 조조의 부하였던 순욱(또는 사마의)과 하후돈의 관계처럼 말이다. 순욱과 하후돈이 서로를 견제했던 예가 있었나? 조조는 이들을 모두 아꼈었지만, (물론 순욱의 최후는 예외로 한다) 이 둘은 서로를 질투해 정치적 알력관계를 형성하지 않았다. 제갈량과 관우처럼 조조에게 기여할 수 있는 바가 처음부터 달랐던 신하였기 때문이다.

셋째, 당시 군사전략 입안은 제갈량의 주요임무가 아니었다. 위기에 처한 관우에게 원군을 파병하는 것은 제갈량보다는 유비의 권한이었다. 물론, 제갈량이 유비에게 원군파견을 먼저 요청할 수도 있었겠지만 말이다. 따라서 관우가 위험에 처해있다는 사실을 유비와 제갈량이 모두 알고 있었다고 가정하면, 관우에게 원군을 파견하지 않아 그를 죽음에 이르게 한 것에는 제갈량보다 유비의 책임이 더 크다. 유비가 원군을 파견하려는데 제갈량이 이를 반대했다는 기록이 없는 이상에는 말이다. 당연히 이러한 기록은 존재하지 않는다. 그리고 나중에 관우가 죽고, 손권에게 복수하기 위해 동오 원정까지 일으켰던 그 유비가 관우가 위험에 처해있다는 사실을 알면서도 원군을 보내지 않았을 리도 없다. 바로 이 지점에서 우리는 유비 또는 제갈량이 관우를 구원하지 않았던 게 아니라, "못했"던 것임을 추론해 볼 수 있다.

유비와 제갈량이 관우에게 원군을 보낼 수 없었던 이유

앞의 논의를 토대로 "제갈량은 본인의 권력유지를 위해 자신의 라이벌이었던 관우를 일부러 죽게 내버려뒀다"는 주장은 사리에 맞지 않음이 명확해졌다. 그렇다면 유비와 제갈량이 관우를 빨리 구원하지 "못한" 이유가 무엇 때문이었는지 추론해보자. 가장 가능성이 있는 추론은, 이 두 명은 관우가 위험하다는 사실을 인지하지 못하고 있었다는 것이다. 관우가 조인을 포위해 우금을 사로잡고, 방덕을 참수했던 시점이 219년 8월이다. 이에 다급해진 조조는 서황을 파견해 조인을 돕게 한다. 이때가 또한 8월이다. 이후 「무제기」를 보면 「겨울 10월, 군(軍)이 낙양으로 돌아왔다. 손권이 사자를 보내 관우를 토벌하는데 힘을 다해 노력할 것이라 했다. 왕이 낙양으로부터 남쪽으로 관우를 정벌했다. 미처 (조조가) 이르기 전에 서황이 관우를 격파하고 관우는 달아나니 조인에 대한 포위가 풀렸다.」는 기록이 있다. 이 기록에 따르면, 조조는 한중을 떠나 장안을 거쳐 10월에 낙양으로 그의 군대를 이끌고 돌아왔고, 손권과 함께 상황이 위급하게 돌아가는 형주를 구원하기 위해 직접 군을 이끌고 남쪽(형주)으로 진군하기 시작한다. 그런데 이때 관우가, 8월에 지원군으로 파견했던 서황에게 패배하여, 조인에 대한 관우의 포위가 풀렸다는 것이다. 이후 관우는 자신의 본거지인 강릉으로 돌아가려 했으나, 후방을 담당하던 자신의 부하 미방(糜芳, 미축의 동생)과 사인(士仁)이 손권 쪽으로 배신하여, 오도 가도 못하는 신세가 된다. 이에 그는 근방의 조그만 성인 맥성으로 피신한다. 그리고 그의 위치와 가장 가까운 유비의 영지인 상용(上庸)에 원군을 요청하게 된다. 아무리 기다려도 상용으로부터 아무런 소식이 없자, 관우는 맥성은 오래 머물기에 적합하지 않다고 판단하고, 아예 상용방향으로 탈출을 감행하게 된다. 그러다 손권의 부하 반장과 마충에게 사로잡히게 되는데, 이때가 219년 12월이었다.

유비와 제갈량은 손권이 배신하기 전인 10월까지만 하더라도 관우가 승승장구하고 있다고 여기고 있었을 것이다. 관우가 곧 조인을 패퇴시키고 양양과 번성을 장악할 거라고 기대하면서 말이다. 손권, 그리고 미방과 사인이 후방에서 배신할 줄 어떻게 예상했으랴. 상황은 정말 순식간에 관우에게 불리해졌다. 관우의 원군요청이 없지는 않았다. 조인을 처음 공략할 때부터 관우는 수차례 상용으로 원군을 요청했었다. 그러나 상용을 지키던 유봉(劉封, 유비의 양자)과 맹달(孟達)은 상용이 점령된지 얼마 되지 않아, 아직 안정되지 않았다는 이유로 관우의 요청을 매번 거절한다. 분명 관우는 맥성에서 적군에게 포위되었을 때도 상용에 다시 원군을 요청했을 것이다. 그러나 유봉과 맹달은 또다시 원군을 거절했던 것으로 보인다. 상용에 다시 원군을 요청하러 갔던 관우의 사자는 유봉과 맹달이 원군 요청을 거절했다는 사실을 관우 쪽에 전달하는 한편, 유비에게 직접 원군을 요청하기 위해 분명 성도 쪽으로 곧바로 달려갔을 것이다. 상용에서 성도까지의 거리는 우리나라로 치면 북한의 신의주에서 부산까지의 거리보다 더 먼 거리다. 이 와중 관우는 맥성에서 본인이 오래 버티지 못할 것이라는 점을 이미 알고 있었다. 그래서 원군을 무작정 기다리기보다, 상용으로 차라리 퇴각하여 기회를 노리는 것이 낫다고 생각해 탈출을 감행했던 것이다.

유비와 제갈량이 관우가 위험하다는 사실을 전달받을 수 있는 시나리오는 두 가지였다. 첫째, 상용에 원군요청을 갔다가 거절당하고 유비에게 원군을 요청하기 위해 성도로 출발했던 관우의 사자를 만났거나, 둘째, 그들의 정보원으로부터 관우의 위급함에 대한 정보를 전달받았을 가능성이다. 「무제기」를 보면, 10월에 손권이 조조에게 관우를 배신하겠다는 뜻을 전했으니, 유비와 제갈량은 위의 두 가지 시나리오에 의거할 때 관우의 위급함을 빨라야 11월이나 12월에 전달받을 수 있었을 것이다. 관우가 12월에 참수되었으니, 만약 정보를 전달받았던 시기가 12월이었다면 이미 관우가 죽고 난 후 그의 위급함을 알게 되었을 가능성이 크다. 다행히 11월에 정보를 전달받을 수 있었다면, 관우가 참수당하기 전에 그의 위급함을 인지했을 수도 있다. 그래서 최대한 빠르게 11월 말이나 12월 초에 원군을 출발시켰을 수도 있다. 그러나 이때에도 원군이 당도하기도 전에 관우는 이미 맥성 탈출을 시도하다 사로잡혔을 가능성이 크다. 역사서에 유비와 제갈량이 성도에서 관우를 구원하기 위해 군대를 동원했었다는 기록이 전혀 없는 걸로 봐서는, 유비와 제갈량이 관우의 위급함을 알게 된 시점은 관우가 이미 죽고 난 이후였을 것이다. 즉, 유비와 제갈량은 관우를 구원하지 않은 것이 아니라, 못한 것이다. 유비는 자신의 양자였던 유봉을 관우를 구원하지 않았다는 이유로 사형(자살)에 처한다. 또한, 그는 관우의 복수를 위해 동오정벌에 나서기도 했다. 이처럼 관우의 죽음에 분노했던 유비가 관우가 위험하다는 사실을 알고 있으면서도 그를 구원하지 않았을 가능성은 거의 제로에 가깝다.

혹자는 "관우가 위급하다는 정보가 제갈량에게만 보고된 거 아니냐? 이를 제갈량이 알고도 모른척한 거 아니냐?"라는 주장을 할 수도 있다. 그러나 정보원의 입장에서 생각해보자. 내가 정보원이라면 제갈량에게만 은밀히 찾아가서 "관우가 지금 위험에 빠져 있는데, 그가 죽으면 당신의 권력유지에 도움이 될 테니 가만히 있으십시오"라고 말할 이유가 있는가? 유비가 관우를 얼마나 아끼는지 모를 리가 없는데 말이다. 내가 제갈량에게만 정보를 전했다는 사실이 나중에 밝혀지면? 유봉처럼 참수당할 것이 뻔하다. 그리고 설사 정보원이 제갈량에게만 정보를 전달했었다 해도, 제갈량은 유비에게 관우의 위급함을 바로 알렸을 것이다. 세상에 영원한 비밀은 없다는 사실을 그가 몰랐을 리 있는가. 관우가 위급하다는 정보를 유비에게 전달하지 않고 있다가 그도 유봉처럼 되지 말라는 보장도 없었다. 그리고 제갈량은 분명 정치적 입지고 뭐고 형주부터 지켜야 한다는 생각에 유비에게 곧장 달려갔을 것이다. 결국, 제갈량만 관우의 위급함을 알고 있었다는 식의 주장도 동의하기 어려운 억측일 수밖에 없는 것이다.

여담: 결국에는 관우에게 복수한 방덕

방덕(龐德, ?~219년)은 원래 마초의 부하였으나, 이후 조조의 밑으로 들어가 일을 하게 된다. 조조는 그의 무공을 높게 평가해, 그를 꽤 중용했었다. 남자는 자신의 능력을 알아봐주는 사람에게 목숨을 바친다고 했던가? 방덕은 자신을 인정해준 조조에게 보답하기 위해 "나는 국은을 입은 몸이니, 죽음으로 의를 다하겠소. 내가 직접 나서서 관우를 치고자 생각하고 있소. 올해 안에 내가 관우를 죽이지 못하면, 내가 관우의 손에 죽겠소"라 말하며 결연한 의지로 관우와의 싸움에 임했었다. 그러나 앞에서 언급했다시피, 그는 결국 관우와의 전투에서 패배하여 목숨을 잃게 된다.

세상일은 알다가도 모를 일이라고 했던가? 방덕이 죽은 지 거의 50년이 지난 263년, 방덕의 아들 방회(龐會)는 위나라의 장수로서 촉 정벌에 나서게 되는데, 『촉기(蜀記)』에는 "방회는 촉이 (위나라군에 의해) 격파되자 관씨 일가를 모두 멸족시켰다"는 기록이 있다. 관우는 방덕을 사로잡고 그를 참수했을 때만 하더라도 자신의 일가가 방덕의 후손에게 멸족을 당할 것이라고는 전혀 생각하지 못했을 것이다. 관우와 방덕. 이들의 이야기를 다시 헤아려보니, 결국 세상일에는 영원한 승자란 존재하지 않는 것 같다.

이릉대전 발발부터 사망까지

제갈량의 연도별 주요 행적 및 관련 사건

시기	나이	주요행적
222년	42살	• 봄, 유비, 동오정벌을 위해 군을 이끌고 진군함. 제갈량을 성도에 남겨 국사를 총괄하게 함 • 6월 유비, 육손(陸遜)에게 대패하고 백제성으로 후퇴함
223년	43살	• 2월 제갈량, 백제성에 도착함 • 3월 유비, 제갈량에게 탁고함(후일을 부탁함) • 4월 유비 사망함 • 유선, 제갈량에게 승상부를 열어 정무를 처리하게 함 얼마 후 익주목(益州牧)을 겸하게 함 • 제갈량, 손권에게 등지(鄧芝)를 파견하여 동맹을 체결함
225년	45살	• 제갈량, 군을 이끌고 남만지역 정벌을 위해 출병함. 가을에 남만을 평정함
227년	47살	• 제갈량, 북벌을 위해 군을 이끌고 한중에 주둔함 • 친아들 제갈첨(諸葛瞻, 227~263년)이 출생함
228년	48살	• 봄, 제갈량, 기산으로 출병하고 조운을 기곡으로 출병하게 해 양동작전을 펼침(1차 북벌) • 마속, 가정에서 장합에게 패배. 이후 제갈량은 한중으로 퇴각함. 제갈량, 유선에게 강등을 요청함. 이에 유선은 제갈량을 승상에서 우장군(右將軍)으로 강등함 • 가을, 제갈량, 군을 이끌고 진창성을 포위하나 학소에게 패배함. 왕쌍(王雙)을 참수함(2차 북벌)
229년	49살	• 제갈량, 진식(陳式)을 보내 무도(武都), 음평(陰平)을 공격하여 평정함(3차 북벌). 이후 승상으로 복직함
231년	51살	• 제갈량, 기산으로 출병하여 사마의와의 2차례 교전에서 모두 승리함. 그러나 이엄의 잘못으로 군량조달에 문제가 생겨 퇴각함. 장합(張郃)을 참살함(4차 북벌)
234년	54살	• 봄, 제갈량, 군을 이끌고 오장원으로 출병하여 둔전을 실시함(5차 북벌). 사마의와 대치 중 8월에 사망함

제갈량은 동오로 원정을 가는 유비를
왜 적극적으로 말리지 않았나?

219년 관우가 죽고 난 후, 바로 2년 뒤인 221년 4월에 유비는 황제의 자리에 오르게 된다. 그리고 그는 그해 7월 군대를 일으켜 관우의 복수를 위해 동오로 원정을 떠난다. 역사서에 명확하게 기록되어 있지는 않지만, 아마 유비는 4월에 황제가 되자마자 동오원정의 뜻을 주위에 내비쳤을 것이다. 제위에 오른지 단 3개월 만에 바로 군을 이끌고 동오로 출발했으니 말이다. 이러한 유비의 결정에 당시 많은 신하들이 반대의견을 표명했었다. 「법정전」에는 「선주가 존호에 칭한 뒤 장차 동쪽으로 손권을 정벌해 관우의 치욕을 되갚으려하니 뭇 신하들이 여럿 간언했으나 하나같이 따르지 않았고, 장무 2년(222년) 대군이 크게 패하고 백제(白帝)로 돌아와 머물게 되었다.」는 기록이 있다. 그렇다면 누가 공식적으로 유비에게 반대의사를 표명했었을까? 『조운별전』에는 조운이 "나라의 적은 조조이지 손권이 아니며 게다가 먼저 위(魏)를 멸하면 오(吳)는 저절로 복종해올 것입니다. 조조는 비록 죽었으나 그의 아들인 조비가 찬탈했

조운(趙雲, ?~229년)의 석상

유비의 동오원정에 공식적으로 반대의견
을 표명했던 신하는 조운이 대표적이다.
(출처: Wikimedia Commons)

으니 응당 뭇사람들의 마음에 의거해 조속
히 관중(關中)을 도모해야 합니다. 하수와
위수 상류를 점거해 흉악한 자들을 토벌하
면 필시 관동(關東)의 의사(義士)들이 양식
을 싸매고 말을 채찍질해 달려와 천자의
군대를 영접할 것입니다. 위(魏)를 내버려
두고 먼저 오(吳)와 싸워서는 안 됩니다.
병세(兵勢)가 한 번 엇갈려 교전하게 되면
급히 풀 수 없습니다"라고 말했었다는 기
록이 있다. 조운은 지금 국가의 적은 오나
라가 아니라 위나라이며, 위나라를 토벌하
면 오나라는 당연히 정복할 수 있다며 유
비의 동오원정을 만류했던 것이다. 최고
존엄인 유비 앞에서도 그가 잘못된 길을
가고 있다는 생각이 들면, 자신의 의견을 꿋꿋이 직언하는 조운
의 모습을 다시 한 번 확인해 볼 수 있는 기록이다. 진밀(秦宓)이
라는 사람도 유비에게 반대의견을 표명했었다. 「진밀전」에 따르
면 「유비가 칭제한 후, 동쪽으로 오나라를 정벌하려고 했다. 진밀은
천시가 틀림없이 유리함이 없다고 진언하였다. 이 일로 그는 옥에
갇히게 되었는데, 후에 석방되었다.」는 언급이 있다. 진밀은 유비에
게 촉군이 패배할 것 같으니 동오원정을 가지 말라고 진언했던 것
이다. 그는 조운과 달리 원정의 패배를 암시했다고 하여 옥에 갇히
게 된다.

여기서 의아한 것은 신하 중 가장 높은 관직에 있었고 발언력도

가장 강력했던 제갈량이 아무런 의견을 표명하지 않았었다는 것이
다. 역사서에는 유비의 동오원정과 관련해 그가 반대든 찬성이든
자신의 의견을 표명했었다는 기록이 전혀 없다. 다만 앞선 주제에
서 소개했듯이, 유비가 원정에서 대패하고 돌아온 후에야 "법정이
있었더라면 주상을 저지할 수 있었을 것이다"라고 말한 기록만이
전해질 뿐이다. 이러한 그의 탄식에서 미루어 보건대, 제갈량은 유
비의 동오원정을 찬성하지 않았을 가능성이 크다. 그럼에도 왜 그
는 유비에게 반대의견을 직접적으로 표명하지 않았던 것인가. 두
가지 가능성이 있을 수 있다. 첫 번째 가능성은 그의 형 제갈근 때
문일 수 있다. 「제갈근전」에는 「(제갈근은) 후에 관우를 토벌하는데
종군하여, 선성후(宣城侯)에 봉하고, 수남장군(綏南將軍)으로서 여몽
을 대신해 남군태수를 관할하여 공안에 머물렀다.」는 기록이 있다.
즉, 제갈근은 손권이 관우를 토벌할 당시, 직접 그 토벌군에 참여했
었던 것이다. 유비에게 관우의 죽음은 군사를 일으켜 원정을 떠날
정도로 가슴 아픈 사건이었다. 이를 모를 리 없는 제갈량이 그의
형 제갈근이 관우의 죽음에 깊게 관여되어 있었다는 사실 때문에,
그 스스로 죄책감을 느끼고 있었던 것은 아니었을까? 죄책감까지는
아니더라도 유비와 관우에 대한 미안함, 부끄러움 등과 같은 감정
정도는 분명히 가지고 있었을 것이다. 그래서 유비에게 반대의견을
표명하고 싶었지만 차마 그러지 못했던 게 아닐까 싶다. 미축의 경
우를 보자. 유비가 처음 거병을 하고나서, 그가 어려울 때마다 자신
의 재산을 써가며 유비를 지원하고, 자신의 누이를 유비에게 시집
까지 보낸 그 미축 말이다. 「미축전」에는 「미축이 얼굴에 결박을
하고 죄를 청하였으나, 선주는 그를 위로하고 타일러 형제의 죄가

서로 미치지 않게 하고, 존숭하여 대우하길 처음과 같이 하였다. 미축은 부끄러움에 병이 나, 몇 년 있다 죽고 말았다.」는 기록이 있다. 자신의 동생 미방의 배신으로 관우가 죽게 되자, 미축은 유비에게 스스로를 결박하고 죄를 청한다. 비록 동생의 죄였지만, 관우가 유비에게 어떤 의미였는지를 미축은 너무나도 잘 알고 있었기 때문에 유비에게 죄책감과 부끄러움을 느꼈던 것이다. 미축과 완전히 동일한 경우는 아니지만, 제갈근이 관우를 죽음에 이르게 하는데 적극 가담했었고 그 사실이 역사서에 등장할 정도로 당시에 널리 알려졌던 사실이라면, 제갈량이라고 미축이 느꼈던 감정을 가지지 않았을 거라 단정하기는 힘들다.

두 번째 가능성은 제갈량은 유비의 원정이 썩 내키지는 않았지만, 그렇다고 적극적으로 반대할 이유도 없다고 생각했을 수도 있다. 형주는 그의 꿈인 북벌을 위해 반드시 필요한 땅이었다. 유비는 제갈량보다 군사경험도 많고, 스스로 전략도 세울 줄 알았던 사람이다. 이에 제갈량은 유비의 형주수복 가능성에 기대를 했고, 패배하더라도 군사를 물려 퇴각하면 그만이지라고 생각했을지도 모른다. "지금 오나라를 공격하는 것은 맞지 않지만, 그래도 주공(유비)이라면 본전은 찾을 것이다. 운이 좋아 형주를 수복하게 된다면 금상첨화고" 이렇게 생각했을 가능성도 있다는 것이다. 아마도 제갈량은 유비가 오나라에게 인생 최대의 처참한 패배를 당할 거라고는 전혀 예상하지 못했을 것이다.

필자의 추측으로는 제갈량이 동오로 원정을 떠나는 유비를 적극적으로 만류하지 않았던 배경에는 앞서 설명한 두 가지 가능성이 모두 복합적으로 작용했던 것이 아닌가 싶다. 즉, 제갈량은 유비의 관우에 대한 애정, 현재 유비가 가지고 있는 손권에 대한 복수심, 자신의 형이 관우의 죽음과 관련이 있다는 점 등을 고려해 자신이 유비의 원정을 반대할 명분이 약하다고 생각했던 것이다. 그리고 반대하더라도 유비가 자신의 조언을 듣지 않을 가능성이 크다고 판단했을 것이다. 그는 "법정만이 유비를 말릴 수 있었을 것"이라고 말하지 않았던가. 제갈량은 유비를 설득할 자신이 없었던 것이다. 그리고 유비를 설득할 수 없다면 "긍정적으로 생각해보자"라며 오히려 자신을 설득하지 않았을까? "동오원정은 주공의 능력을 고려하면 이길 수 있는 싸움이다. 형주는 북벌을 성공시키기 위해 언젠가는 반드시 꼭 수복해야 하는 땅이다"라고 말이다.

유비의 유언, "당신이 취하시오"라는 말은
제갈량에게 정말 황제가 되라는 뜻이었을까?

유비의 죽음

유비의 동오원정은 처참한 패배로 끝이 났다. 유비가 군을 이끌고 동오로 들어간 지 거의 1년 만에 일어난 일이었다. 『삼국지』「선주전」에는 「222년 여름 6월, 누런 기운이 자귀에서부터 10여 리 되는 곳에서 보였는데, 그 넓이가 수십 장에 이르렀다. 그 10여 일 뒤, 육손이 선주군을 효정에서 대파하고, 장군 풍습(馮習), 장남(張南) 등이 모두 전몰했다.」는 기록이 있다. 이 기록에서 진수는 이릉대전의 결과를 서술하면서, "대파", "전몰" 등의 단어를 사용하고 있다. 유비의 패배가 어느 정도로 처참했었는지를 가늠할 수 있게 해주는 단어선택이라 할 수 있다. 이후 유비는 몸에 병이나 오나라와 인접한 성인 백제성에서 그가 죽을 때까지 약 10개월을 머물렀다. 아무리 병이 나 몸이 안 좋았다 해도 수도인 성도로 돌아갈 시간은 충분했다. 그러나 유비는 가지 않았다. 아마 자신의 오랜 동지였던 관우와 장비를 갑작스레 떠나보내고 본인도 자기 고집으로 무리하게 일으킨 원정에서 대패를 당하니, 성도로 돌아가 제갈량을 비롯한 신하들을 볼 면목이 없었을 것이다. 본인에 대한 자신감도 많이 떨어졌을 것이다. 자신이 가장 아끼던 동지를 잃고, 자기 때문에 수많은 장수와 병사가 목숨을 잃었다. 나이 50이 가까이 될 때까지 남의 밑에 의탁하며 아무것도 이룬 것이 없었어도, 관우, 장비와 함께 한실을 부흥시키겠다는 당찬 꿈을 꿨었다. 그런데 이제 그 꿈을 자기 대(代)에서 이루기엔 가망이 없다고 느껴졌을 것이다. 몸은 병이 들어 힘이 없고, 자꾸 먼저 떠난 형제들의 모습만 생각이 난다. 왜 내가 이 원정을 일으켰을까 하는 후회가 밀려온다. 필자는 이때 아마 유비에게 우울증 비슷한 게 오지 않았을까 한다. 『제갈량집』에는 「유비가 "짐(유비)이 처음에는 병이 다만 이질이었는데, 그 뒤 잡다한 병으로 옮겨 거의 스스로 구할 수 없는 지경이 되었다."고 말했다.」는 기록이 있다. 유비 스스로 말하고 있듯이, 처음에는 가벼웠던 병이 나날이 심해져 가고 있었던 것이다. 필자가 유비가 성도로 돌아가지 않은 것에 의미를 두는 이유는 성도로 돌아갔다는 것은 "재기하겠다" 즉, 패배를 극복하고 다시 일어서겠다는 의지의 표현일 수 있기 때문이다. 그러나 그는 그러지 않았다. 이 당시 유비는 실의와 슬픔, 그리고 우울증에 빠져 있었던 듯하다.

223년 3월, 병세가 더욱 깊어지자 유비는 마지막 유언을 남기기 위해 승상 제갈량과 상서령 이엄을 백제성으로 불러 탁고[1]를 한다. 그리고 제갈량에게 그 유명한 말을 남긴다. 「제갈량전」에 그 기록이 남아있다.

---

1 황제가 죽기 전에 후사를 신하에게 부탁하는 일.

장무 3년(223년) 봄, 선주는 영안(永安)에서 병이 깊어지자 성도에 있던 제갈량을 불러 뒷일을 부탁했다. 제갈량에게 말했다.

"그대의 재능이 조비의 열 배에 달하니 필시 나라를 안정시키고 끝내 대사를 완성할 수 있을 것이오. 만약 내 아들이 보좌할 만하면 보좌하시고, 그가 재능 있는 인물이 아니면 그대가 스스로 취하도록 하시오."

제갈량이 눈물을 흘리며 말했다.

"신이 감히 신하로서의 헌신을 다하고 충성을 지킴에 있어 죽기로 계속할 것입니다."

선주는 또 후주에게 조칙을 내렸다.

"너는 승상과 함께 일을 처리하고, 승상을 이 아비처럼 섬겨라."

여기서 주목해야 할 유비의 유언은 "만약 내 아들이 보좌할 만하면 보좌하시고, 그가 재능 있는 인물이 아니면 그대가 스스로 취하도록 하시오"라는 말이다. 이 뜻에 대해 학계는 물론이고, 삼국지를 좋아하는 팬들 사이에서도 이견이 많다. 대체로 두 가지 의견이 대립되는데, 유비의 유언은 "그의 진심"이었다는 의견과 이는 진심이 아니라 실은 "제갈량을 떠본 것이다"라는 의견이 바로 그것이다.

"제갈량을 떠본 것이다"라는 주장의 논지는 다음과 같다. "유비와 제갈량은 소설 속에서처럼 백퍼센트 신뢰관계가 아니었다. 그런 관계는 현실에서 존재하지 않는다. 정치 9단 유비는 제갈량이 막강한 권력을 보유하고 있었을 뿐만 아니라 그 능력도 뛰어나다는 것을 잘 알고 있었기에, 나중에 그가 유선을 폐위하고 직접 황제가 될까 두려웠다. 그래서 그의 충성심을 확인해 본 것이다. 유비가 제갈량에게 말한 유언의 진의는 자신의 핏줄이 황제의 자리를 지속해서 잘 이어나갈 수 있도록 충성을 다해 보필해달라는 것이었다"

이 견해는 유비가 이엄을 같이 불렀던 것도 제갈량에게만 탁고를 하면, 그가 혼자 탁고를 받았다는 이유로 권력을 더 독주할 수도 있으니 이엄을 통해 제갈량을 견제하기 위함이었다고 말한다. 『삼국지강의』의 저자 이중톈 교수도 이와 비슷한 의견이다. 유비의 유언은 제갈량에게 황제가 되라는 의도가 아니고, 유씨가 황제의 혈통을 지속해서 이을 수 있도록 유선을 잘 보좌해달라는 뜻이 담긴 것으로 봐야 한다는 것이다. 독자 여러분들의 생각은 어떤가? 필자는 유비의 유언을 곧이곧대로 이해하는 게 옳다는 입장이다. 즉, 유비의 유언은 그의 진심이었다는 것이다. 이제부터 필자가 왜 이렇게 생각하는지, 그 이유를 제시해보겠다.

유비의 탁고를 표현한 조각 작품

(출처: Wikimedia Commons)

유비의 유언이 진심이었던 이유

먼저, 유비의 유언이 "제갈량을 떠본 것이다"라고 주장하는 사람들의 논지대로, 유비가 가장 바랬던 것은 "자신의 핏줄이 황제의 자리를 지속하는 것"에 있었다고 가정해보자. 이럴 경우 그는 제갈량으로 하여금 자신의 아들을 폐위시키지 않고 끝까지 충성하도록 만들어야 한다. 그런데 그나마 제갈량을 컨트롤 할 수 있었던 자신에게는 이제 남은 시간이 별로 없다. 제갈량에게 뭐라고 하는 것이 유비입장에서 가장 좋을까? 그냥 솔직하게 말하는 게 가장 좋은 방법이 아닐까? 즉, 정공법을 택하는 것이다. "내 아들을 잘 부탁하고, 끝까지 다른 마음을 품지 말고 보좌해주시오" 이렇게 말이다. 이렇게 정공법을 택하는 것이 최소한 "만약 내 아들이 보좌할 만하면 보좌하시고, 그가 재능 있는 인물이 아니면 그대가 스스로 취하도록 하시오"라고 말하는 것보단 유선의 안위를 지키는 데에 더 유리하다. 당시에는 자신이 황제가 되고 싶으면, 없는 명분이라도 만들어서 황제를 쫓아내는 것이 일상화되던 시기였다. 동탁과 조비가 대표적인 예 아니던가. 따라서 유비의 말은 오히려 제갈량에게 유선을 폐위시킬 명분을 만들어 주는 것일 수 있다. "유선, 너희 아버지가 너가 능력이 없어 보이면 나보고 황제 하랬어. 그러니 내가 할게" 이 얼마나 좋은 명분인가. 유비가 이런 말을 해주면 역모를 원하는 신하입장에서는 "땡큐"다. 유비가 정공법을 택했을 때 역모를 일으키는 것보단 최소한 역적이라는 소리는 덜 들을 것이다. 따라서 유비가 유선의 안위만을 걱정했다면, "당신이 취하시오"라는 쓸데없는 말을 할 필요가 없었다. 자신의 말이 역모의 명분이 될

수도 있다는 것을 정치 9단 유비가 왜 몰랐
겠는가?

유비의 유언과 관련해 배송지는 손성(孫
盛, 302~373년, 동진시대의 역사가)의 의견을
주석으로 달았는데, 손성은 "유비가 제갈량
에게 명한 것은 심히 어지러운 말이로다!
만약 부탁받은 이가 충현(忠賢)한 자라면 이
런 가르침은 필요 없고, 만약 그 사람됨이
아닌 자라면 찬역의 길을 열어주는 것이니
적합지 않다"라고 말했었다고 한다. 손성의
요점은 유비의 말은 오히려 "찬역의 길을
열어줄 수 있다"는 것이다. 참고로 조비의
아들 조예의 탁고를 보자. 「명제기(조예전)」

유비는 61세의 나이로 세상을 떠난다.
그가 죽기 직전 제갈량에게 남긴 유언
은 그의 진심이었을 가능성이 크다.
(출처: Wikimedia Commons)

에는 「명제는 사마의에게 조서를 전하여 즉
시 낙양으로 오도록 명령하였다. 사마선왕이 급히 도착한 후, 명제
의 침실 안으로 들어오도록 하고, 명제는 그의 손을 잡으며 말했다.
"나는 병세가 심하여 뒷일을 그대에게 부탁하니, 그대는 조상(曹爽)
과 어린 자식을 보필해 주시오. 짐은 그대를 보았으니, 어떠한 유한
도 없구려." 사마선왕은 고개를 숙이고 눈물을 흘렸다.」는 기록이
있다. 조예는 정공법을 택했다. 유비도 조예처럼 자신의 진심을 말
하면 그만이지, 죽는 마당에 신하의 마음을 떠보는 것은 무의미하
다. 자신은 이제 죽기 직전인데, 요상한 말을 해서 충성맹세를 유도
한다고 무엇이 달라질 수 있겠는가? 역심이 있는 신하가 황제에게
했던 충성서약 하나 때문에 역모를 꾸미지 않나? 아니다. 사마의도

조예에게 충성맹세를 해놓고선 결국 쿠데타를 일으켜 자신의 아들과 손자가 위나라를 찬탈하도록 만들지 않았던가. 따라서 유비가 유선의 안위를 진심으로 걱정했다면, 조예처럼 자신의 속마음을 있는 그대로 말하는 게 가장 좋은 방법이다. 그리고는 유선을 따로 불러 혹시나 모를 제갈량의 역모에 항상 경계하라고 주의를 시키고, 견제할 방안도 상세하게 알려줬을 것이다. 또한, 제갈량을 견제할 신하도 따로 불러 뭔가 지시를 하지 않았을까? 바로 이엄에게 말이다. 그렇다면 이제부터 유선과 이엄이 유비가 죽고 나서 제갈량을 얼마나 견제했었는지에 대해 살펴보도록 하자.

먼저, 유선이 제갈량을 얼마나 견제했었는지부터 살펴보자. 유선의 안위가 걱정됐던 유비가 그에게 분명 제갈량을 견제할 방법을 알려줬을 것 아닌가? 그러나 「제갈량전」에 따르면, 유선은 황제의 자리에 즉위한 후, 제갈량의 당시 직위(승상, 사예교위, 녹상서사, 가절)에 익주목을 더해 주었다. 그리고 승상 직속의 부(행정조직)를 열어 정무를 돌보게 했다. 또한, 『위략』에는 「유선이 즉위하자 제갈량을 승상으로 삼고 제반 사무를 맡겼다. 제갈량에게 말했다. "정치는 갈씨(葛氏)에게서 비롯되고 제사는 과인(寡人)이 맡겠소."」라는 기록이 있다. 즉, 자신은 제사만 맡고 모든 정치와 업무는 제갈량에게 맡기겠다는 것이다. 유비가 유선에게 제갈량을 견제하라고 주의를 주었었다면, 그가 이처럼 제갈량의 권한을 더해주고 자신은 제사만 맡겠다고 선언하는 일이 과연 일어날 수 있었을까? 아마도 아닐 것이다. 따라서 유비는 유선에게 제갈량을 견제하라고 주의를 준 적이 없다고 보는 것이, 유비 사후 제갈량에 대한 유선의 태도를 설명하는 데에 더 적합하다.

다음으로 유비가 탁고시에 이엄을 불렀던 것이 제갈량을 견제하기 위한 의도에서 비롯된 것이었는지에 대해서도 살펴보도록 하자. 상식적으로 국무총리, 부통령, 대통령 비서실장, 감사원장, 그리고 광역지방자치단체장의 직위를 동시에 가진 사람 옆에, 잘 쳐 줘야 행자부 장관(당시 이엄의 직위는 상서령이었다.) 정도 되는 사람을 앉혀 놓고 "제갈량, 내가 지금 내 아들이 능력이 안 되면 너가 황제하라고 말했는데 진짜 그럴 생각이 있는 건 아니지? 그러면 빨리 내 아들한테 끝까지 충성하겠다고 맹세해. 그리고 충성한다고 해놓고 나중에 배신하면 여기 있는 이엄이 너를 처단할거야"라고 말한다는 게 선뜻 이해되지 않는다. 이엄은 제갈량이 설사 유선을 배신한다고 해도 제갈량을 견제할 수 있는 인물이 아니었다. 세력 내 공식적 관직, 실질적 권한, 타 신하들과의 관계, 그간의 공적 등 모든 면에서 이엄은 제갈량의 상대가 되지 못했다. 그때는 이미 사망했었지만, 유비가 차라리 관우나 법정 등을 불러놓고 얘기했었다면 제갈량을 견제할 의도가 있었다고 생각해 볼 수는 있다. 그리고 제갈량이 이엄을 황제에 대한 자신의 충성을 감시하고 견제하는 사람이라고 생각했다면, 유비 사후 그도 이엄을 핍박하고 견제해야 됐지 않았을까? 하지만 이엄은 유비 사후 오히려 제갈량에 의해 승승장구한다. 유선이 황제로 즉위한 후, 이엄은 관우가 죽기 직전까지 맡았던 전장군의 직위를 거쳐 대장군 바로 아래직급인 표기장군까지 승진을 거듭하게 된다. 그리고 제갈량은 북벌에 나가게 되면 이엄에게 자주 보급임무를 맡겼었다. 앞선 주제에서도 이미 언급했었지만, 보급은 믿을 수 있는 사람이 아니면 맡기기가 어려운 임무이다. 즉, 제갈량은 이엄을 자기와 같이 탁고를 받은 신하로서, 유비의 못 다한 꿈을 함께 실현시켜 나갈 믿음직한 동지로 봤던 것이다. 그래서 제갈량은 그를 항상 귀하게 대하고 신뢰했다. 유비는 이엄에게 제갈량을 견제하라고 시켰는데 둘 사이가 너무 친해져버린 것일까? 아니다. 애초에 유비는 이엄을 통해 제갈량을 견제하려는 의도가 없었다고 보는 것이, 유비 사후 이 둘의 관계를 설명하는 데에 더 적합하다. 제갈량과 이엄의 관계는 북벌과 관련된 주제에서 좀 더 자세히 살펴보도록 하겠다.

정리하면, "그대의 재능이 조비의 열 배에 달하니 필시 나라를 안정시키고 끝내 대사를 완성할 수 있을 것이오. 만약 내 아들이 보좌할 만하면 보좌하시고, 그가 재능 있는 인물이 아니면 그대가 스스로 취하도록 하시오"라는 유비의 유언은 진심이었을 가능성이 크다. 필자는 유비가 진정으로 원했던 것은 본인 자식의 안녕이 아니라, 한실부흥이라는 자신의 꿈을 실현하는 데에 있었다고 본다. 그리고 유비는 유선과 제갈량을 지켜본 결과, 자신의 꿈이 유선보다는 제갈량에 의해 실현될 가능성이 더 높다고 생각했던 것 같다. 다만, 그의 유언이 진심이었다 하더라도 유비는 제갈량의 평소성품상 유선을 폐위시키고 그 스스로 황제가 될 가능성은 크지 않다고 봤을 것이다. 그럼에도 그가 이러한 유언을 했던 이유는 대체 무엇이었을까?

유비는 제갈량에게 자신의 꿈은 자기의 후손이 황제를 지속하는 것에 있는 것이 아니라, 한실을 부흥시켜 통일된 국가를 세우는 것에 있다는 점을 강조하고 싶었던 게 아니었을까? "내 후손이 황제가 되어 자자손손 잘 먹고 잘 사는 게 중요한 게 아니오. 그대가 황제가 되더라고 한실부흥의 꿈을 이룰 수 있다면 족하오" 이렇게 말이다.

　군주는 죽음을 앞두고 자신이 가장 신임하는 신하에게 자기 후손의 안녕이 아니라, 본인이 평생 꿈꿔왔으나 끝내 이루지 못한 그 꿈을 대신 이뤄주기를 완곡하게 부탁한다. 신하는 그 완곡한 표현의 속뜻을 알아차리고, 끝까지 충성을 바치며 군주의 꿈을 이루기 위해 전장으로 나아간다. 불행하게도 그 신하도 군주의 꿈을 이루지 못하고 결국 죽음을 맞이하게 된다. 필자는 한실부흥이라는 유비와 제갈량의 목표가 그 시대의 정의이고, 숭고하다는 것이 아니다. 반드시 천하가 한나라여야 할 이유는 없다. 다만, 이렇듯 서로를 알아봐주고 함께 꿈을 쫓았던 제갈량과 유비의 이 아름다운 관계, 그것에 집중하고 싶다.

제갈량이 유선을 위해 손수 베꼈던 책을 보면, 그의 국정철학이 보인다!

앞에서 우리는 법치로 상징되는 제갈량의 국정철학을 살펴보았다. 이 주제에서는 그의 국정철학을 엿볼 수 있는 또 다른 역사기록을 소개해 보려한다. 이 주제의 내용은 짤막한 역사기록에도 의미를 부여하고 싶은 필자의 개인적인 추측에서 비롯된 것이다. 판단은 독자여러분의 몫이다. 유비가 죽기직전에 아들 유선에게 남긴 조칙이 『제갈량집』에 남아있다.

> "짐이 처음에는 병이 다만 이질 정도였는데 그 뒤 잡다한 병으로 옮겨 거의 스스로 구할 수 없는 지경이 되었다. 사람의 나이 50이면 요절이라 칭하지 않는데 내 나이 60여 세이니 무엇이 한스럽겠으며 스스로 애통해할 일도 아니지만, 다만 경(卿, 유선)과 그의 형제에게 마음이 쓰인다.
>
> (중략)
>
> 승상이 경(유선)의 지혜와 역량을 칭찬하여 심히 크게 수양해 바라던 바를

넘어섰다 하니 실로 그러하다면 내가 또 무엇을 근심하리. 힘쓰고 또 힘쓰거라. 악이 작다고 해서 행하지 말고, 선이 작다고 해서 하지 않는 일이 없도록 하라. 오직 어질고 덕이 있어야 다른 사람을 따르게 할 수 있다. 네 아비는 덕이 부족하니 나를 본받지 말라.

(중략)

듣건대 승상이 『신불해(申不害)』, 『한비자(韓非子)』, 『관자(管子)』, 『육도(六韜)』를 모아 하나로 베꼈다가 미처 보내기 전에 도중에 잃어버렸다 하니, 경이 직접 구해 읽어서 통달하도록 하라."

위 기록에서 유비는 유선에게 "승상이 『신불해』, 『한비자』, 『관자』, 『육도』를 모아 하나로 베꼈다가 미처 보내기 전에 도중에 잃어버렸다 하니, 직접 구해 읽어서 통달하도록 하라"고 언급하고 있다. 우리는 여기서 유비가 언급한 책에 집중해 볼 필요가 있다. 제갈량이 유선을 위해 직접 베꼈다는 『신불해』, 『한비자』, 『관자』, 『육도』에는 분명 새로운 황제가 될 유선에게 제갈량이 강조하고 싶었던 국정철학이 숨어있을 것이기 때문이다. 아무 의도도 없이 수많은 책 중에 이 네 권을 골랐을 제갈량이 아니지 않는가.

먼저, 『신불해(申不害)』를 보자. 이 책은 현재까지 전해지지는 않으나, 전국시대 재상이었던 신불해의 사상과 업적을 기록한 책이었다고 알려져 있다. 신불해는 법가사상가로 유명하다. 따라서 『신불해』에는 국가를 다스리는데 법치가 얼마나 중요한지에 대해 서술되어 있었을 것이다. 두 번째 책인 『한비자(韓非子)』는 우리에게 그리 낯설지 않은 이름이다. 한비자는 전국시대의 철학가로 신불해와 마찬가지로 법가사상의 아버지로 명성이 높은 자였다. 아마도 제갈량은 법치철학의 교과서라 할 수 있는 『신불해』와 『한비자』를 유선이 읽고, 법치의 이치와 중요성을 이해하길 바랬던 것 같다.

세 번째 책인 『관자(管子)』는 진정한 우정을 뜻하는 고사성어인 관포지교(管鮑之交)의 주인공이자, 춘추시대 제(齊)나라의 정치가였던 관이오(管夷吾)의 저서이다. 관이오의 다른 칭호는 관중이다. 제갈량이 젊은 시절 자신을 관중에 비교했다는 그 관중 말이다. 관중이 중요시했던 국정철학은 부국강병이었다. 특히, 국가의 경제력을 중요시했다. 『관자』에는 「곳간에서 인심, 명예, 예절이 나온다. 노동이 없고 노동과 토지의 결합이 없으면 부를 창조할 수 없다. 천하의 모든 생산물은 모두 노동력의 사용에서 나온다.」는 구절이 있다. 여기서 "곳간"이란 국가의 경제력을 비유하는 말이다. 『관자』는 경제력이 곧 국가의 힘임을 강조하며, 부의 창출은 노동과 토지의 결합에서 나온다고 언급하고 있다. 현대 경제학에서 생산함수를 논할 때 크게 노동과 자본을 중요 생산요소로 고려한다. 관자는 그 옛날에 생산함수의 개념을 알고 있었던 것일까? 여하튼 제갈량은 『관자』를 유선에게 읽혀 국가경제의 중요성과 경제발전을 위한 방책 등을 전하고 싶었던 듯하다.

마지막 책은 『육도(六韜)』이다. 이 책은 한나라 시대에 저술된 것으로서, 병법서와 군사교본서의 성격을 가진 책이다. "육도"의 뜻은 쉽게 말해 군사와 관련된 여섯 가지 비법정도로 이해하면 편하다. 이 책은 충무공 이순신 장군이 지은 시에도 언급되어 있을 만큼 고대에서 중세에 이르기까지 오래도록 군사지침서의 역할을 해왔다. 제갈량은 『육도』를 통해 유선에게 군사전략과 군대 운용의 방법 등을 전달하고 싶었던 것 같다.

제갈량이 추구했던 국정운영의 큰 줄기는 다음과 같았다. 그는 법치를 통해 공정하고 안정된 사회분위기를 조성하고, 자신만의 경제개발계획[1]을 통해 국가의 경제력을 제고하여 나라를 부유하게 만들려 했다. 이를 통해 강력한 병사를 보유한 뒤, 군사전략을 활용해 북벌을 성공시키는 것이 그의 꿈, 목표였다. 이러한 그의 꿈이 유선에게 주려고 했던 네 권의 책에 고스란히 담겨 있다. 즉, 제갈량은 유선에게 "『신불해』, 『한비자』의 법치로 공정하고 안정된 사회를 만들고, 『관자』가 말하듯 국가의 경제력을 부흥시켜 부국강병을 한 뒤, 『육도』의 군사전략을 활용해 위나라를 정벌하여 한실을 함께 부흥시켜 봅시다"라고 말하고 싶었던 것이다. 흥미로운 것은 유비가 이 논리의 흐름대로 책의 순서를 정확하게 언급하고 있다는 것이다. 유비는 이러한 제갈량의 생각을 완벽하게 이해하고 있었던 것일까? 가히 수어지교라 할 만하다.

---

1 이에 대한 구체적인 내용은 주제를 달리하여 후술하도록 하겠다.

오나라와의 관계개선을 위해
제갈량이 선택했던 외교사절 3인방은?

　이번 주제에서는 제갈량이 국가의 중임을 맡길 인재를 선택할 때 어떤 점을 중시했었는지, 그의 인재를 보는 안목에 대해 살펴보고자 한다. 유비 사후 제갈량이 가장 우선시했던 국정과제는 손권과의 관계를 다시 회복하는 것이었다. 사실 엄밀히 따지고 보면 손권은 유비와 관우를 죽음으로 내몬 촉나라의 원수였다. 그렇다 하더라도 위나라 정벌이 최우선 목표였던 제갈량의 입장에서 오나라와의 동맹은 필수불가결한 것이었다. 또한, 유비 사후 촉의 후방 쪽인 남만지역에서는 반란의 움직임이 감지되고 있었다. 따라서 제갈량은 하루빨리 오나라와 동맹을 맺어야만 했다. 오나라와의 동맹 없이는 오나라의 침공에 대비하느라, 남만이나 위나라 정벌에 군대를 집중시킬 수가 없었기 때문이다. 가뜩이나 국력이 위나라에 비해 약소했던 촉의 입장에서 오나라 쪽을 방어할 병력과 타국원정을 떠날 병력을 동시에 운용한다는 것은 불가능한 일이었다. 제갈량도 사람일진데 어찌 오나라에 이가 갈리지 않았겠는가.

사실 유비가 이릉대전에서 패배한 직후 손권 측에서 먼저 화해의 손길을 내밀긴 했었다. 『삼국지』「선주전」에는 「222년 10월, 손권은 선주가 백제(白帝)에 머문다는 것을 듣고 심히 두려워하여 사자를 보내 화친을 청했다. 선주가 이를 허락하고 태중대부 종위(宗瑋)를 보내 답례했다.」는 기록이 있다. 손권은 유비가 이릉대전에서 패배한 후, 성도로 돌아가지 않고 오나라의 인접지역인 백제성에 머무르자, 유비가 오나라를 재침할까 두려웠다. 그래서 유비에게 화친을 청했던 것이다. 정치 9단 유비는 더 이상 오나라와 척을 져봤자 득이 될 것이 없다는 점을 깨닫고 이에 응한다. 일단 화해무드가 형성된 것이다. 그러나 이때 손권이 화친을 먼저 청했던 이유는 유비가 두려웠기 때문이었다. 다시 말해, 유비가 없는 촉은 손권에게 두려움의 대상이 아니었다. 이를 제갈량도 잘 알고 있었다. 그래서 그는 유비가 죽고 나면 손권이 화친을 뜻을 거두고 촉을 공격하지는 않을까 걱정했었다.

「등지전」에는 「유비가 영안에서 세상을 떠났다. 제갈량은 손권이 유비의 죽음을 알게 된다면 아마 다른 마음을 가질 것이라고 매우 걱정하면서 어떻게 해야 할지를 몰랐다. 등지가 제갈량을 만나 말했다. "지금 주상은 유약하며 방금 즉위하였으니, 응당 중요한 사신을 보내 오나라와의 우호관계를 두텁게 해야 합니다." 제갈량이 대답했다. "나는 이 문제를 오랫동안 생각했습니다. 적당한 인물을 찾지 못했는데, 오늘에야 비로소 얻었습니다." 등지는 그 사람이 누구인지 질문했다. 제갈량이 말했다. "당신입니다." 제갈량은 곧바로 등지를 파견하여 손권과 우호관계를 맺도록 했다.」는 일화가 소개되어 있다. 이 기록에서 알 수 있듯이 당시 제갈량은 손권이 이전에 제의했던 화친의 뜻을 거두고 촉에 칼날을 겨눌까 "매우 걱정"하고 있었다. 그러나 손권에게 쉽게 사자를 보내지 못하고 있었는데, 그 이유를 추측해보면 다음 두 가지가 아닐까 한다. 첫째, 손권에게 화친의 사자를 보낼 경우, 촉 세력 내 강경 유비파의 반발을 살 수 있다. 유비가 손권의 화친을 받아들였던 것은 그가 생존해 있을 때다. 지금은 유비가 죽은 상황으로, 촉나라 내부에서는 "손권은 유비를 죽게 만든 촉의 원수다"라는 여론이 팽배했을 것이다. 이때 제갈량이 손권에게 먼저 손을 내밀면 그는 강경파들로부터 촉의 원수와 화친을 하려는 배은망덕한 신하라고 공격당할 가능성이 높았다. 둘째, 촉 내부의 반발에도 불구하고, 제갈량이 실리를 위해 손권에게 먼저 손을 내밀어야겠다고 결심을 하고 있었어도, 국가의 중대사를 믿고 맡길 수 있는 마땅한 인재를 찾지 못하고 있었을 수 있다. 그런데 등지가 나타나 제갈량에게 더 이상 고민하지 말고 빨리 실리를 취하라고 조언하니 얼마나 기뻤겠는가. 아마 당시 제갈량 밑의 대다수의 신하들은 손권과의 동맹이 촉의 실리를 위해 절실하다는 것을 잘 알고 있으면서도, 위에서 언급한 첫 번째 이유 때문에 제갈량에게 먼저 다가가 손권과 화친하라고 얘기하지 못했을 가능성이 크다. 그러나 등지는 달랐다. 주위의 비난 따위는 걱정하지 않았다. 그리고 그는 그에게 맡겨진 중임을 성공적으로 수행했다. 실제 그가 오나라에 가서 손권과 나눴던 대화가 「등지전」에 전해진다.

등지가 말한다. "신이 오늘 온 것은 오나라를 위하려는 것이지, 비단 촉나라만을 위해서가 아닙니다." 손권은 등지에게 말했다.

"나는 진실로 촉나라와 화친하기를 원하지만, 촉나라의 군주는 유약하고 국토가 작고 형세가 빈약하여 위나라가 틈을 타고 침입하면 자신을 보전하지 못할까 걱정이오."

등지가 대답하여 말했다.

"오와 촉 두 나라는 네 주의 땅을 갖고 있고, 대왕(손권)은 한 시대의 영웅이며, 제갈량 또한 한 시대의 호걸입니다. 촉에는 첩첩의 험준한 요충지가 있고, 오에는 삼강의 험준함이 있으니, 이 두 장점을 합쳐 함께 입술과 치아의 관계가 된다면, 나아가서는 천하를 겸병할 수 있을 것이고, 최소한 삼국정립이 가능할 것입니다. 대왕께서 지금 만일 위나라에 귀순하게 된다면, 위나라는 반드시 위로는 대왕의 입조를 바라고, 아래로는 태자가 궁으로 나아가 받들기를 요구할 것입니다. 만일 명령에 따르지 않는다면, 반란을 토벌한다는 이유를 들 것이며, 촉은 그때 흐름을 보고 행동할 것입니다. 이와 같이 된다면, 강남의 땅은 다시는 대왕의 소유가 안 될 것입니다."

손권은 한동안 침묵하고 있다가 말했다.

"당신 말이 옳소."

그리고는 직접 위와의 관계를 끊고 촉과 우호관계를 맺고 장온을 보내 촉에 답례했다. 촉도 다시 등지에게 오나라로 가도록 했다. 손권이 등지에게 말했다.

"만일 천하가 태평하다면, 두 군주가 나누어 다스려도 또한 좋지 않겠소!"

등지가 대답했다.

"하늘에는 두 개의 태양이 없고, 땅에는 두 명의 군주가 없습니다. 위를 병탄한 후에는 (촉과 오의) 전쟁이 비로소 시작될 뿐입니다."

손권은 크게 웃으며 말했다.

"그대의 성정함으로써 당연한 답변이오."

손권이 제갈량에게 편지를 보내 말했다.

"두 나라를 화합하게 할 수 있는 것은 오직 등지뿐입니다."

이 일화에서 등지는 촉오동맹이 왜 오나라에게 이점이 있을 수 있는지를 자세히 설명하고 있다. 적벽대전을 앞두고 제갈량이 손권에게 그랬던 것처럼, 상대방의 이익을 강조하기 위해 노력하고 있는 것이다. 또한, 비록 손권에게 화친을 부탁하러 왔지만 등지는 비굴한 모습을 보이지 않는다. 손권이 "두 개의 태양"이 있어도 좋다고 하자, 그는 위나라를 함께 멸하면 언젠가는 촉과 오가 한바탕 승부를 벌일 수밖에 없다고 말한다. 타국의 군주 앞에서도 주눅들지 않는 대단한 기개이다. 손권 역시 등지를 인정했다. 등지는 제갈량이 본인 스스로의 판단으로 타국에 보내는 첫 번째 외교관이었다. 그전에는 유비가 주도적인 판단을 하여 타국에 보낼 외교관을 선택했고, 그 역할은 주로 제갈량이 맡았었다. 사실 「등지전」에 기록되어 있는 등지에 대한 진수의 평가는 「천성이 강직하고 소박하여 마음을 꾸미지 않아 선비들과 화합하지 못했다. 등지는 그 시대 사람들에게는 존경을 적게 받았다.」였다. 이 기록으로부터 등지는 남에게 바른 소리를 잘하고 자기주장이 강해, 촉 조직 내에서 그에 대한 불평불만이 적지 않았었다는 사실을 추론해 볼 수 있다. 그러나 제갈량은 그를 기용했다. 제갈량은 국가의 중임을 맡길 자를 고를 때, 그 사람의 인성이 얼마나 좋은지, 동료들과 얼마나 잘 지내는지를 중요하게 생각하지 않았다. 오로지 그 사람이 가지고 있는 현 정세에 대한 시각, 능력, 임무 수행가능성만을 고려했다. 여기에 더해 제갈량은 타국의 군주와 협상을 해야 하는 외교관에게는 쉽게 움츠려들지 않는 강인한 기개가 필요하다고 생각했을 것이다. 등지는 남들에게 비난받을 것을 두려워하지 않고 직접 제갈량을 찾아가 실리를 택하라고 조언했던 인물이다. 진수의 평가대로 "천성이 강직"했다. 제갈량이 보기에 등지는 현재 상황을 정확하게 판단하고 있을 뿐만 아니라 외교관으로서 갖춰야 할 기개마저 가지고 있는 딱 그가 찾던 인재였던 것이다. 등지의 활약으로 손권과 동맹을 맺게 된 제갈량은 오의 침공을 더 이상 걱정할 필요가 없게 된다. 이후 그는 곧바로 남만정벌을 추진한다. 제갈량은 남만정벌을 성공시킨 후 촉으로 돌아와, 비의를 오나라에 파견한다.

「비의전」에는 「제갈량이 남쪽으로부터 막 돌아온 뒤 비의를 소신교위(昭信校尉)로 삼아 오(吳)에 사자로 보냈다. 손권은 언변이 좋고 익살스러운 성격을 가지고 있어 거침없이 비의를 조롱하고, 손권의 신하인 제갈각(諸葛恪)과 양도(羊衜) 등은 재주가 많고 과감하게 말을 잘하여 (비의를 향해) 변론과 힐난을 어지러이 쏟아냈으나, 비의의 언사는 의(義)를 따르며 돈독하고 이치에 의거해 이들에게 답변하니 끝내 그들은 (비의를) 굴복시킬 수 없었다. 손권이 그를 매우 높게 여기고는 비의에게 말했다. "그대는 천하의 아름다운 덕을 지닌 사람이라 필시 촉의 중신이 될 것이오. 그러면 (우리 오나라에 사신으로) 여러 번 오지 못할까 걱정이오."」라는 기록이 있다. 제갈량이 등지 이후, 오나라에 보낼 사자로 선택했던 비의도 그 역할을 성공적으로 수행했다. 손권이 그에게 호감을 느껴 비의가 앞으로 촉나라의 고위관료가 되면 자주 못 만날까 걱정을 했을 정도니 말이다. 손권의 말대로 비의는 나중에 제갈량과 장완에 이어 촉나라의 재상이 된다. 손권도 인재 보는 눈이 남달랐던 듯하다. 다만, 비의는 등지와는 달리 호탕한 성격을 가지고 있었으며, 조직 내 갈등의 중재자로 역할 했을 정도로 융화력과 친화력이 뛰어났었다고 한다. 비의의 호탕한 성격을 알 수 있는 재미있는 일화가 있어 소개해본다. 「비의전」에는 「허정(許靖)이 자식을 잃으니, 동윤이 비의와 더불어 장례식에 가고자 하였다. 동윤이 그의 부친인 동화(董和)에게 (장례식에 타고 갈) 수레를 청하니 동화가 (크기가) 작은 수레를 보내주었다. 동윤은 수레가 작고 낡아 이것을 타는데 난색을 표했으나 비의는 곧장 앞쪽으로 먼저 올라탔다. 장례식에 도착해보니 제갈량 등 여러 귀인들이 모두 모여 있었는데 그들의 수레가 매우 화려했으니, 동윤의 안색은 편안하지 못한 반면 비의는 태연자약하였다. 수레를 몰았던 이가 돌아온 뒤 동화에게 이 사실을 알렸다. 이에 동화가 동윤에게 말했다. "나는 늘 너와 비의의 우열이 아직 확실히 구별되지 않는다고 생각했었는데 지금 이후로 내 생각은 분명해졌다."」는 기록이 있다. 서기 200년대의 고대시대에도 어떤 수레를 타고 왔느냐가 그 사람의 사회적 지위와 자존심을 결정했었나보다. 우리가 마치 어떤 자동차를 타느냐에 따라 그 사람의 지위와 재산을 가늠하는 것처럼 말이다. 동윤은 일생을 청렴하게 살았다고 역사서에 전해지는 인물이지만, 제갈량을 비롯한 고관대작들이 모이는 곳에 너무 없어보이게 가기는 싫었나보다. 그래서 수레가 없던 동윤은 그의 아버지 동화에게 수레를 빌려 달라고 청한다. 그런데 동화는 이러한 동윤의 마음을 몰라주고 보잘것없는 수레를 보낸다. 동윤은 아버지가 보내준 보잘것없는 수레를 타고 가기를 주저하고 있는데, 그의 친구 비의는 부끄러워하는 기색이 전혀 없이 그 수레에 올라탄다. 이 사실을 안 동화가 말한다. "너(동윤)와 비의는 우열이 비슷하다 생각했는데, 이제 보니 너는 비의의 상대가 안 된다"고 말이다. 동화의 예측대로 비의는 동윤보다 항상 한발 먼저 앞서 나갔다. 동윤은 비의가 다른 자리로 승진하게 되면, 그가 이전에 맡았던 자리를 물려받았었다.

　다시 본론으로 돌아오겠다. 비의는 "제갈량의 업무능력"과 관련된 주제에서 이미 언급했듯이 그 능력이 탁월했던 관료였다. 그러나 처음부터 그가 크게 중용되었던 것은 아니었다. 「비의전」에는 「제갈량이 남만을 정벌하고 돌아올 때 뭇 신료들이 수십 리까지 나와서 그를 영접하였는데, (신료들 중) 대다수가 나이와 관위가 비의보다 위였음에도 제갈량이 특별히 명해 비의를 자신의 수레에 함께 태우니 이로 말미암아 뭇 사람들 중에 그를 가벼이 보는 이가 아무도 없게 되었다.」는 기록이 있다. 아마 제갈량은 비의를 오래전부터 주시해 왔을 것이며, 그의 능력이 남들보다 뛰어나다는 것을 눈치 채고 있었을 것이다. 낭중지추(囊中之錐)라 했던가? 능력이 뛰어난 사람은 가만히 있어도 남들 눈에 띄기 마련이다. 제갈량은 그런 비위를 자신의 수레에 태운다. 제갈량을 배웅 나온 다른 신료들보다 비의의 관직이 더 높지도 않았고, 나이가 가장 많지도 않았는데도 말이다. 제갈량이 비의를 수레에 태운 의미는 간단하다. "이 사람은 내가 인정하는 인재요. 앞으로 나와 함께 국가를 이끌어갈 재목이오"라는 것을 대소신료들 앞에서 선언하는 것이다. 여기서 제갈량의 또 다른 인재관을 유추해 볼 수 있다. "당장의 관직서열에 집착하지 않고 능력이 있으면 언제든 발탁하여 큰일에 쓴다" 다시 말해, 그는 능력만 있다면 그 사람의 관직이나 나이 등에 관계없이 파격발탁하여 중용했다. 그리고 발탁받은 이가 장차 조직 내에서 더 큰 임무와 책임을 맡을 수 있도록 "수레에 태우는" 상징적 행동을 통해 그에게 힘을 실어줬다. 비의 다음으로 제갈량이 발탁했던 외교관은 진진(陳震)이었다.

「오주전(손권전)」에 따르면 229년에 손권은 스스로 황제를 칭하게 된다. 위, 촉에 이어 오나라까지 황제국이 된 것이다. 이에 제갈량은 진진를 보내 손권을 축하했는데, 이때 촉나라와 오나라는 "위나라를 함께 멸할 것이며, 앞으로 절대 서로의 영토를 침범하지 않는다. 그리고 이 같은 약속을 어길 경우 신에게 벌을 받을 것이다"라는 맹약을 선언하게 된다. 맹약의 내용을 보면 알겠지만, 이 맹약은 촉과 오의 동맹관계를 한 단계 더 업그레이드하는 성격을 가지고 있었다. 이때 손권과 함께 재단에 올라 맹약을 천명했던 사람이 바로 진진이었다. 기록에 따르면 제갈량은 진진을 충성스럽고 상황에 대한 통찰력이 있는 인재라고 평가했었다고 한다.

제갈량이 타국에 보낼 외교관으로 선택했던 등지, 비의, 진진 등은 오로지 그들의 능력 때문에 중임을 맡았었다. 이를 통해 우리는 제갈량의 인재관이 "능력주의"에 방점을 두고 있었다는 사실을 추론해 볼 수 있다. 물론 조조도 인재를 볼 때 출신이나 이전의 관직, 경력에 얽매이지 않았었다고 전해진다. 유비도 마찬가지였다. 일반 병졸에 불과했던 위연에게 한중수비라는 중임을 맡기고, 당시 명망이 높았던 허정을 그 실제 능력은 명성에 미치지 못한다며 중용하지 않으려 했던 사람이 바로 유비였다. 이러한 면에서 제갈량과 조조, 유비 모두는 "능력주의"라는 비슷한 인재관을 가졌던 듯하다. 어느 조직의 인사가 연공서열에만 의존하게 되면 조직의 안정을 꾀할 수는 있겠지만, 조직전체의 활기와 혁신성, 도전정신을 잃어버리기 쉽다. 제갈량이 연공서열식으로만 조직을 운영했었다면 등지와 비의 같은 인재는 그 빛을 발하기 어려웠을 것이다.

맹획과의 고사, 칠종칠금(七縱七擒)은 사실이었을까?
제갈량식 이민족 정책의 특징

맹획(孟獲, ?~?)

역사서에 기록된 칠종칠금

『삼국지연의』를 읽어본 사람이라면 누구나 기억하는 이야기. 바로 칠종칠금(七縱七擒)이다. 과연 칠종칠금의 고사는 역사적 사실일까? 아니면 나관중이 꾸며낸 이야기일까? 사실일 가능성이 크다는 것이 필자의 의견이다. 진수의 『삼국지』는 제갈량의 남만정벌에 대해 「건흥 3년(225년) 봄, 제갈량이 군사들을 이끌고 남쪽을 정벌하고, 그해 가을에 모두 평정했다.」고 짤막하게만 기록하고 있다. 심지어 맹획이란 이름조차 기록에 전혀 등장하지 않는다. 그러나 『자치통감』, 『화양국지』, 『한진춘추』 등 다른 역사서에서는

맹획은 진수의 『삼국지』에 등장하지는 않으나, 실존인물이었던 것으로 추정된다.
(출처: Wikimedia Commons)

맹획이란 인물이 등장하며 칠종칠금에 대한 내용이 명확하게 서술되어 있다. 대표적으로 『자치통감』에는 「(제갈량이 맹획을) 일곱 번 놓아주었다가 일곱 번 잡았는데, 제갈량이 오히려 맹획을 가라고 하니, 맹획은 머물고 가지 않으면서 말하였다. "공은 하늘의 위엄을 가지신 분입니다. 남쪽 사람들이 다시는 반란을 일으키지 않을 것입니다"」라는 기록이 있다. 다만, 칠종칠금 자체가 현실에서 일어나기 너무나 어려운 일이므로, 역사서에 기록이 있다 하더라도 그 진위를 의심하는 학자들이 있긴 하다.

제갈량식 이민족 정책의 특징

사실 필자가 이 주제에서 주목하고 싶었던 것은 칠종칠금이 사실이었는지에 대한 여부보다는 제갈량의 독특했던 이민족 정책을 살펴보는 것이었다. 제갈량 이전에 남만지역을 평정했던 후한시대의 장군 마원(馬援, 기원전 14년~기원후 49년)은 자신이 평정한 이민족들을 강경책으로 다뤘었다. 한(漢)나라의 관리들을 파견하여 토착세력의 지배권을 빼앗고, 중국 본토로 이민족들을 강제로 이주시켜 한족들과 평등하지 않은 대우를 하기도 했다. 또한, 그들을 교화시킨다는 명목으로 한족의 문화를 강제로 전파했었다는 기록도 있다. 이러한 모습은 비단 마원의 사례뿐만 아니라 타 민족을 지배했던 국가들에서 공통적으로 나타났던 모습이다. 고대부터 근대에 이르기까지 다른 국가를 침략했던 강대국들은 자신들이 점령한 국가와 민족에 대해 항상 이런 식으로 탄압하지 않았던가? 그러나 제갈량은 달랐다. 필자는 여기에 집중해 보려 한다. 그러려면 일단 제갈량의 남만정벌에 대해 좀 더 자세히 살펴볼 필요가 있다.

유비가 죽자, 촉나라는 그 운을 다했다고 생각했는지 남만지역에서 반란의 움직임이 감지되기 시작한다. 남만지역의 이민족들은 촉나라에서 파견한 관리들을 죽이고, 본인들은 더 이상 촉나라의 지배만을 받을 수는 없으며, 오나라, 위나라와도 연합할 수 있음을 대외에 표명하기까지 한다. 그러나 「제갈량전」에 「남중(南中)의 여러 군(郡)이 아울러 반란을 일으켰는데, 제갈량은 이제 막 대상(大喪, 유비의 죽음)을 당했으므로 곧바로 군사를 일으키지 않았고, 또한 오에 사자를 보내 화친을 맺어 마침내 동맹을 맺었다.」는 기록이 있는 것처럼, 제갈량은 남만의 반란을 진압하는 것보다 손권과 동맹을 맺어 오나라 쪽 국경을 안정화시키는 것을 더 우선시 한다. 이후 손권과의 동맹을 성사시킨 제갈량은 남만지역의 반란을 진압하기 위해 225년경 군사를 일으켜 드디어 남쪽으로 원정을 떠난다. 그의 원정목적은 두 가지였던 것으로 추측된다. 먼저 촉의 후방안정이다. 당시 남만지역의 반란은 이전에 자주 있어왔던 국지적 반란이 아니었다. 옹개, 맹획, 고정 등 그 지역의 토착호족들이 여러 부족의 세를 연합해 들고 일어난 대규모 반란이었다. 제갈량의 최종목표는 위나라 정벌, 즉 북벌이었다. 그러나 후방의 안정 없이는 북벌을 진행시키기 어려웠다. 남만을 안정화시키지 않고서는 촉 본토에 대한 반란세력의 침공 가능성을 완전히 배제시킬 수 없었기 때문이다. 남만정벌이 필요했던 이유가 바로 여기에 있었다. 두 번째는 물자의 확보이다. 관우의 패배로 형주를 잃은 촉나라는 국가의 경제력을 익주지역의 자원과 경제력에만 의존하고 있었다. 만약 남만의 반란으로 인해 그쪽 지역에서 오는 진상품, 교역품, 생산품 등이 제대로 수급되지 못하면, 촉의 경제력은 또 한 번 큰 타격을 받을 수밖에 없었다. 제갈량의 남만정벌 목적이 물자확보에도 있었다는 것은 「제갈량전」의 「(남만평정 이후) 군수물자가 이곳에서 나오니 나라가 부유하고 넉넉해졌다.」는 기록에서 어렵지 않게 유추해 볼 수 있다.

그렇다면, 남만원정을 성공시키기 위한 제갈량의 기본전략은 무엇이었을까? 『양양기』에 따르면 「건흥 3년, 제갈량이 남중(南中)을 정벌하러 갈 때, 마속이 (제갈량을) 전송하였다. 마속이 말하길 "남중은 길이 멀고 험한 것을 믿고서 불복 한지 오래되어서, 오늘 격파하고 나면 내일 다시 반역할 것입니다. (중략) 무릇 용병의 도(道)에는 마음을 공격하는 것을 상책으로 삼고 성을 공격하는 것을 하책으로 삼으며, 마음으로 싸우는 것을 상책으로 치고 병사로 싸우는 것을 하책으로 여기니, 원컨대 공께서는 저들의 마음을 복종시키십시오."라 했다.」는 기록이 있다. 즉, 마속은 "우리의 군사력으로 그들을 토벌해도 결국 그들은 다시 반란한다. 성을 함락시키려 하지 말고, 마음을 공략하여 그들을 복종시켜야 한다"라고 말하고 있는 것이다. 솔직히 말이 쉽지 마음을 공략하여 복종을 얻어낸다? 이 얼마나 어려운 일인가. 옆에 있는 한 사람의 마음을 얻는 것도 쉽지 않은 일임을 우리는 잘 알고 있다. 그렇다면 제갈량은 이 어려운 일을 어떻게 해냈을까?

그는 두 가지 방법을 썼다. 첫 번째 방법으로 제갈량은 반란군을 궤멸시키고 토벌하는 것에 중점을 두지 않았다. 다시 말해 이민족을 죽이는 데에 목표를 두지 않았다. 전투를 이기는 데에 초점을 맞춰 촉군의 위상과 힘을 과시하는 한편, 사로잡으면 그들을 사면하여 촉의 너그러움과 인자함을 보여주려 애썼다. 『양양기』에는 「제갈량이 (마속의) 계책을 받아들여, 맹획을 사면하고 남방을 복종시켰다. 그래서 제갈량이 죽을 때까지, 남방은 다시는 반란을 일으키지 않았다.」는 언급이 있다. 또한, 『화양국지』에는 「남중은 반란을 일으키기 좋아하였으므로, 제갈량은 맹획을 풀어주고 돌아가게 하고는 군대를 모아 다시 싸웠다. 도합 일곱 번 사로잡고 일곱 번 풀어주었다. 맹획 등이 마음으로 복종하니, 이족과 한인 또한 돌이켜 선량해졌다. 제갈량이 다시 맹획에게 물으니, 맹획이 답하길 "명공은 천위이십니다. 변방 백성의 장이 다신 나쁜 짓을 할 수 없습니다."라고 했다.」는 기록도 있다. 『양양기』에서는 제갈량이 마속의 계책을 받아들여 맹획을 사면했었다고 기록하고 있고, 『화양국지』에서는 칠종칠금의 고사가 소개되며, 제갈량이 맹획에게 너그러움을 베풀어 반란의 주동자인 맹획이 마음으로 감복했었다고 기록하고 있는 것이다. 이것이 마속의 계책을 받아들인 제갈량이 이민족의 마음을 얻기 위해 사용했던 첫 번째 방법이었다.

남만인의 마음을 얻기 위한 두 번째 방법은 남만정벌을 끝마친 이후, 제갈량이 실행했던 행정조치와 관련이 있다. 『한진춘추』에는 「남중이 평정되자 모든 곳에 현지 군장(이민족)들을 임용했다. 어떤 이가 (이를 반대하며) 제갈량에게 간언하자 제갈량이 말했다. "만약 외인(外人, 촉의 관리)을 남겨두면 응당 군사도 남겨야 하는데, 군사를 남기면 먹을 것이 없으니 이것이 첫 번째 어려움이요. 게다가 이인(夷人)들이 이제 막 상하고 격파되어 그 부형(父兄)들이 죽었는데, 외인들이 남아 있으면서 군사가 없으면 필시 재앙과 우환이 생길 것이니 이것이 두 번째 어려움이요. 또한 이인들이 누차 폐살(廢

殺)하는 죄를 지어 스스로 자신의 죄가 중함을 꺼림칙해 하는데, 만약 외인을 남겨두면 끝내 서로 믿지 못할 것이니 이것이 세 번째 어려움이오. 지금 나는 군사를 남기지 않아 군량운반의 필요성을 없애고, 기강과 법령을 대략적으로만 정해 이인과 한인들이 대체로 편안케 하려 하오."」라는 기록이 있다. 이 기록을 토대로 추측해보면, 제갈량은 남만을 평정한 이후 이민족의 자치권을 최대한 보장해주려고 노력했다. 그리고 촉의 군사들과 관리들을 최소한으로 배치하여, 이민족과 촉인 간의 갈등을 미연에 차단하려고 애썼다. 또한, 법령을 대략적으로 하여 이민족 본래의 규율을 존중했다. 앞에서 살펴보았듯이, 제갈량은 엄정한 법치를 강조했던 사람이다. 그러나 그는 법치를 적용함에 있어 이민족들에게는 유연성을 보였다. 이것이 바로 필자가 앞선 주제에서 제갈량은 무조건 강한 법치만을 강조했던 정치가가 아니었다고 주장한 이유이다. 그의 사고는 항상 유연했다. 상황과 시의에 맞게 탄력적으로 통치방식을 정했던 것이다. 제갈량의 부하 중에 "이민족 사람들은 못 믿어요. 그들이 얼마나 자주 우리를 배신하고 반란을 일으켰습니까. 엄격하게 규율하고, 군대를 둬서 감시해야 합니다"라고 주장했던 사람들이 한둘이었겠는가. 또 이러한 주장이 당시로서는 아예 신빙성이 없는 것도 아니었다. 항상 남방의 이민족들은 반란을 일으켜 왔으니 말이다. 그러나 제갈량은 이전의 방식을 고수하지 않고 과감히 깨뜨렸다.

그는 남만 지역에 배치할 촉의 관리를 선정할 때에도 심혈을 기울였다. 이민족들에게 고압적이고 엄격하기 만한 관리보다는 그들과 융화되어 선정을 베풀 수 있는 관리를 배치하기 위해 노력했다. 이러한 기준에 의거해 선발된 자가 바로 마충(馬忠)이었다. 그리고 반란의 수장 격이었던 맹획은 나중에 촉의 관리가 되어 어사중승(御史中丞)에까지 이르게 된다. 어사중승은 감찰직으로 상당한 고위직에 속했다. 반란의 수장을 참수해도 모자를 판에 오히려 촉의 관리가 될 수 있는 기회를 부여했던 것이다. 맹획 외에도 맹획의 일가라 추정되는 맹염(孟琰)은 촉에서 그 직위가 보한장군(輔漢將軍)에까지 이르렀으며, 제갈량의 북벌에도 참가했었다고 전해진다. 이민족의 마음을 얻기 위해 제갈량이 얼마나 노력했었는지를 다시 한번 엿볼 수 있는 대목이다.

제갈량식 이민족 정책의 효과는?

이민족의 마음을 얻기 위한 제갈량의 여러 유연책들은 상당한 효과를 거두었던 것으로 보인다. 먼저, 앞에서 소개한 『양양기』의 기록 중 「남방은 다시는 반란을 일으키지 않았다.」는 언급처럼 그의 유연한 정책들로 인해 남만지역은 대체로 안정되었다. 물론 아예 반란이 없었던 것은 아니었다. 그러나 촉이 중앙군을 파견하지 않아도 될 정도의 소규모 반란일 뿐이었다. 또한, 남만지역에 관리로 파견되었던 마충에 대해서는 「마충전」에 「마충은 위엄과 은혜를 함께 갖추고 있었다. 이 때문에 남만사람들은 그를 두려워하면서도 사랑했다. 마충이 세상을 떠났을 때, 장례를 치르는 곳에 와서 눈물을 흘리며 애도하는 마음을 다하지 않는 자가 없었다. 이 때문에 묘당을 세워 제사를 지냈으며, 그것은 현재까지도 남아 있다.」는 기록이 있을 정도로 그는 남만인들의 사랑을 크게 받았었다고 전해진다. 마충이 제갈량의 뜻을 받들어 남만인의 마음을 얻으려고 얼마나 선정을 베풀었었는지를 알 수 있는 기록이다.

제갈량의 남만정벌 이후, 촉과 남만간의 관계를 유추해 볼 수 있는 기록이 또 하나 있다. 「초주전」에는 「263년 겨울에 위의 대장군 등애가 막힘없는 기세로 (촉으로) 진군했다. 등애가 이미 음평(陰平)으로 들어왔다는 소식을 듣자, 촉나라 백성들은 동요되어 불안해하며 모두 산과 들로 달아났고, 이를 막을 수 없었다. 유선은 신하들을 모아 상의했지만, 누구도 좋은 계책을 내지 못했다. 어떤 사람은 촉은 본래 오와 동맹국이었으므로 오나라로 도주할 수 있다고 주장했고, 어떤 사람은 남중의 일곱 군이 험준하고 두절되어 있어 스스로 방어하기 쉬우므로 남쪽으로 도망칠 수 있다고 주장했다.」고 서술되어 있다. 이 기록에서 보면 위나라의 침공으로 촉이 멸망을 앞두고 있을 때, 위에 항복을 할 것이냐 피난을 갈 것이냐를 두고 유선과 신하들 사이에서 회의가 열린다. 이때 어떤 사람이 남중, 즉 남만지역으로 피난을 가자고 주장한다. 만약 촉과 남만의 사이가 좋지 않았었다면, 이처럼 남만을 황제의 피난처로 추천할 수 있었을까? 이때는 제갈량이 죽은지 거의 30년이 지난 시점이었다. 제갈량 사후에도 꽤 오랫동안 촉과 남만의 관계는 우호적이었다고 추측해 볼 수 있는 것이다.

이 주제를 끝마치기 전에 강조하고 싶은 것이 있다. 필자는 이 주제에서 이민족을 제갈량이 정벌하고 다스리는 게 바람직하다고 이야기하고 있는 것이 아니다. 다른 민족을 어떻게 하면 효과적으로 승복시켜, 그들의 경제력을 착취할 수 있는지에 감탄하고 있는 것이 아니다. 제갈량의 방식은 당시에 통상적이었던 정책과는 달리 상당히 파격적이었고 그 효과는 성공적이었기에, 시대의 관습을 그

대로 따르기보다 새로운 도전을 행함에 주저함이 없었던 그의 능력
과 용기를 강조하고 싶었을 뿐이다.

제갈량이 추진한 "경제개발 5개년 계획"이 있다?
제갈량이 중시했던 4대 중점 산업은?

　이릉대전(동오원정)의 패배는 촉의 국력, 특히 경제력에 큰 타격을
가져왔다. 그러나 제갈량은 유비가 사망한 223년을 기준으로, 단 5
년 만에 위나라 정벌을 위한 군사를 일으켰을 정도로 빠르게 촉의
경제력을 회복시킨다. 이것을 가능하게 했던 제갈량만의 경제발전
계획은 무엇이었을까? 안타깝게도 너무 오래된 역사이다 보니 그의
경제정책과 관련된 기록은 매우 빈약한 것이 사실이다. 『삼국지』도
제갈량의 경제정책보다는 그의 정치적 행보, 군사행동을 위주로 서
술하고 있기 때문에 촉의 경제발전과 관련된 제갈량의 업적을 가려
내기란 여간 어려운 게 아니다. 하지만 여러 자료를 참고하여 필자
나름대로 제갈량만의 경제발전전략을 최대한 유추해 봤다.
　아무리 지식정보산업이 발달하고, 4차 산업혁명의 시대가 도래하
고 있어도, 국가경제의 펀더멘탈(기초체력)을 지탱하며 안정적인 경
제성장을 가능하게 하는 것은 결국 제조업이다. 독일에서 시작된 4
차 산업혁명의 분류 중 하나인 "인더스트리 4.0"도 결국 제조업을

기반으로 정보기술을 융합해 새로운 부가가치를 창출하자는 게 핵심 아니던가. 제갈량이 살았던 시대에 경제의 기초체력을 결정했던 산업은 제조업이 아니라 농업이었다. 그래서인지 제갈량도 농업을 국가경제 발전을 위한 핵심 산업으로 생각했다. 『삼국지』「두미전」에는 「제갈량이 두미에게 "잠시 국경을 닫고 농업을 권장하며 백성들의 재물을 길러 자라게 하고 아울러 갑병을 다스리며 조비의 군대가 피로해질 때까지 기다린 연후에 토벌한다면, 병사들로 하여금 싸우지 않게 하고 백성들로 하여금 수고롭지 않게 하고도 천하는 평정될 것입니다."라고 편지를 보냈다.」는 기록이 있다. 이 기록에서 알 수 있듯이 제갈량은 농업의 진흥을 매우 중요시했다. 그렇다면 농업을 발전시키기 위해 그가 한 일은 무엇이었을까? 바로 관개시설의 보수였다. "도강언(都江堰)"은 촉의 수도였던 성도(成都, 지금의 쓰촨성 청두) 주변에 위치해 있는 제방이다. 기원전 3세기경 진나라의 촉군 태수였던 이빙(李冰)이 건설한 것으로 "중국 역사상 가장 감동적인 건축물은 만리장성이 아니라 도강언이다"라는 말이 있을 정도로, 고대에 건설되었다고 상상하기 힘든 대규모 관개시설이었다. 이를 통해 촉 지역의 농민들은 홍수피해로부터 자유로워져 넓은 농지를 확보할 수 있었고, 원활한 농업용수 또한 공급 받을 수 있었다. 제갈량은 유비가 익주를 차지한 후, 이 도강언에 대한 대대적인 보수공사를 진행하였다. 서진 사람인 좌사(左思, 250~305년)가 쓴 『촉도부(蜀都賦)』에 따르면, 제갈량은 약 1,200명의 장정을 동원해 밤낮으로 도강언을 보수했고, 도강언 외에도 성도의 서쪽 지역에 따로 제방을 쌓아 홍수로 인해 농지와 가옥이 침수되지 않도록 미리 조치했었다고 한다. 현재 도강언의 유적지에 가면 제갈량의 동상이 세워져 있다. 제갈량이 도강언을 직접 건설한 것도 아닌데 그의 동상이 세워져 있다는 것은, 『촉도부』의 기록처럼 제갈량이 도강언에 기여했던 역할이 분명히 있었기 때문일 것이다. 이외에도 제갈량은 성도 주변지역 뿐만 아니라, 촉 전체지역에 관개시설을 확충하는 데에도 많은 노력을 기울였다고 전해진다. 그는 농업을 진흥시키려면 "치수(治水)"가 가장 중요하다는 점을 잘 알고 있었던 것이다. 이러한 제갈량의 농업진흥 정책은 성공적인 결과를 가져왔다. 『화양국지』를 보면 「(촉은) 물이 가물어도 사람들이 굶주림을 알지 못하고, 흉년이 들지 않으니 천하가 이를 하늘의 곳간이라 일컬었다.」는 언급이 있으며, 『원자』에는 「제갈량이 촉을 다스

도강언 전경

(출처: Wikimedia Commons)

릴 때에는 백성들이 항상 밭두렁을 일구어 창고에 식량이 가득했다.」는 언급이 있다. 촉이 하늘의 곳간이라 불리고 창고에 식량이 가득했다니, 촉의 농업이 어느 정도로 발달했었는지를 가늠해 볼 수 있는 기록이라 할 수 있다.

농업 다음으로, 제갈량은 소금산업, 즉 염업(鹽業)을 진흥시켰다. 촉은 바다를 끼고 있지는 않았지만, 내륙에서 소금을 생산하는 암염(巖鹽)과 염정(鹽井)이 발달했었다. 이를 제갈량은 놓치지 않고 국가의 주력산업으로 삼았다. 유비도 촉의 경제에 있어 염업이 가지는 중요성을 인지하고 있었던 듯하다. 소금은 고대시대에 화폐로 쓰일 정도로 중요한 물건이었지 않은가. 유비는 익주를 평정한 후, 염부(鹽部)라는 관청을 설치해 염업 진흥을 꾀했으며, 사염교위(司鹽校尉)라는 관직을 신설하기도 했다. 「왕련전」에는 「성도가 평정된 후, 왕련은 사염교위로 승진하고 소금과 철에서 나오는 이익을 견주어보니 이익이 들어오는 것이 굉장히 많았다.」고 기록되어 있다. 이 기록으로 미루어 보건대, 염업뿐만 아니라 철광업도 촉의 주요 특화산업이었던 것으로 추측된다. 「등애전」을 보면 등애가 촉나라를 정벌한 후, 오나라 정벌계획을 황제에게 간언하면서 "농우의 사병 2만 명과 촉나라 병사 2만 명을 촉나라에 머물게 하여 제염과 철 주조를 흥성하게 해야 합니다"라고 말했었다는 기록이 있다. 소금과 철이 촉나라의 주요 특산품이었다는 것을 다시 한 번 확인해 볼 수 있는 기록이다. 유비가 중요시했던 염업을 제갈량은 더욱 발전시켰다. 당나라 시대의 시인 소동파(蘇東坡)는 "제갈염정(諸葛鹽井)"이라는 시를 지은 적이 있다. 그리고는 이 시에 자신이 직접 주석을 달아 촉나라에 14개의 제갈염정이 존재했었다고 언급하기도

했다. 이러한 소동파의 언급으로부터 촉의 염업 발전에 제갈량이 기여했던 바가 유비 못지않게 확실히 존재했었다는 것을 유추해 볼 수 있다.

다음으로 제갈량은 비단산업의 진흥에도 앞장섰다. 그는 "금관(錦官)"이라 불리는 비단산업 진흥을 위한 관청을 설치했었다고 전해진다. 『예문류취(藝文類聚)[1]』를 보면 「제갈량이 촉나라를 다스리자, 잠업(비단업)이 크게 발전하면서 촉나라 비단이 일시에 유명해졌다. 위나라 문제 조비는 촉나라 비단의 참신함에 찬탄을 금치 못했다. 그는 뭇 신하들에게 "전후로 매번 촉나라 비단을 얻었으나, 서로 비슷하지 않다."라고 말했다.」는 언급이 있다. 이 기록을 통해 촉의 비단산업이 제갈량의 노력으로 크게 발전했고, 그 품질은 조비가 감탄할 정도로 타국에서도 매우 유명했었다는 사실을 추측해 볼 수 있다. 촉의 비단은 위나라와 오나라 같은 타국에까지도 활발하게 수출되어, 촉의 경제에 많은 이익을 가져다주었을 것이다.

마지막으로 언급하고 싶은 것은 제갈량의 SOC 사업이다. 『원자』에는 「어떤 이가 원자에게 물었다. "제갈량은 관부(官府), 차사(次舍), 교량, 도로를 짓기 좋아했으나 이는 급무(急務)가 아닙니다. 어떻습니까?" 원자가 대답했다. "제갈량이 촉을 다스릴 때에는 경작지가 개간되고 창고는 충실해지고 기계는 날카로워지고 축적된 곡식이 넉넉해졌다."」라는 기록이 있다. 이에 따르면 제갈량은 관부, 차사, 교량, 도로를 짓기 좋아했었다고 한다. 여기서 관부란 정부관청을 의미한다. 우리는 이미 앞에서 그가 특정산업의 진흥을 위해 전담

---

1 중국 당나라의 구양순이 편찬한 유서(類書, 백과사전의 성격을 지닌 책)이다. 625년에 간행되었다.

관청을 설치했던 사례를 살펴보았다. 제갈량이 관부를 설치하길 좋아했었다는 말이 나올 정도면, 그는 앞에서 언급했던 "금관(비단산업 진흥을 위한 전문관청)" 이외에도 다른 여러 행정관청을 설치하여 사회의 다양한 문제와 요구를 전담하게 했을 것이다. 차사는 일종의 휴게소 또는 연락을 주고받기 위한 역참 정도로 이해하면 되겠다. 교량과 도로는 그 뜻 그대로이다.

『원자』의 기록을 토대로 추측해보면 제갈량은 경제발전에 있어 사회간접자본이 갖는 의미와 중요성을 확실히 이해하고 있었던 것으로 보인다. 교량과 도로를 편리하게 하면 상품의 이동이 활발해지고, 시장권역이 확장될 수 있다는 점을 잘 알고 있었던 것이다. 타국과의 교역이 더 편리해 지는 이점도 생각했을 것이다. 우리나라의 많은 경제학자들이 경부고속도로의 건설이 우리 대한민국의 경제발전에 큰 기여를 했다고 평가하고 있는 것처럼, 교량과 도로와 같은 SOC는 경제발전을 이루기 위한 중요한 마중물이다. 그러나 이러한 SOC는 개인의 노력이나 투자에 의해 건설되기가 매우 힘들다. 그 이유를 보통 경제학에서는 "긍정적 외부효과"라는 개념을 들어 설명한다. 즉, SOC 건설에 따른 긍정적인 편익을 SOC 건설비용을 부담하지 않은 사람도 어렵지 않게 누릴 수 있기 때문에, 개인들에게만 맡겨놔서는 사회가 요구하는 수준만큼 SOC가 건설되기 힘들다는 것이다. 교량과 도로를 건설하기 "좋아했다"는 소리를 들을 정도로, 제갈량이 SOC 건설에 매달렸던 이유도 아마 이러한 원리를 알았기 때문이 아닐까 한다. 그래서 촉 정부가 나서 도로와 교량을 확충했던 것이다. 앞서 소개한 『원자』의 기록에서 등장하는 "어떤 이"는 제갈량이 "관부, 차사, 교량, 도로를 짓기 좋아했다"고 말하며 제갈량을 비판하려 하지만, 원자는 "제갈량이 촉을 다스릴 때에는 경작지가 개간되고 창고는 충실해지고 기계는 날카로워지고 축적된 곡식이 넉넉해졌다"라며 오히려 그 때문에 촉의 경제가 발전했었다고 말하고 있다. 즉, 원자는 제갈량이 SOC 건설을 즐겨했던 이유는 국가의 경제발전을 위한 것이었다고 말하고 있는 것이다.

정리해보면, 제갈량의 경제개발계획은 크게 3가지로 요약될 수 있다. 먼저, 농업을 진작시켜 경제의 기초체력을 굳건히 했다. 다시 강조하지만 이때의 농업은 현대사회의 제조업이었다. 2008년 전 세계를 강타한 글로벌 금융위기 당시, 한국경제가 실업률의 큰 증가 없이 금융위기의 충격을 이겨낼 수 있었던 것은 세계적인 경쟁력을 가진 제조업을 보유하고 있었기 때문이었다. 경제의 기초체력이 튼튼해야 위기가 오더라도 쉽게 이겨낼 수 있다. 둘째, 소금, 비단, 철광 등 촉나라의 특화산업을 집중적으로 육성했다. 제갈량은 농업으로 다져진 기초체력 위에 부가가치가 높은 특수산업을 육성하려 했다. 이를 위해 그는 전담관청을 설치해 상품의 질을 높이고, 교역도 활성화했다. 마지막으로, 사회간접자본이 경제발전을 위한 중요한 마중물임을 인지하고, 도로와 교량을 활발히 건설했다.

『삼국지연의』에서 묘사되는 제갈량은 귀신같이 병사를 잘 부리고, 뛰어난 전략으로 전쟁을 승리로 이끄는 군사지휘관으로서의 이미지가 강하지만, 필자가 이 책에서 여러 번 강조했듯이 실제 그는 뛰어난 행정가였다. 그리고 역사서에서 "제갈량이 다스리던 시대에는 창고마다 곡식이 가득 찼다"고 기록하고 있듯이, 그의 경제개발 정책은 매우 성공적이었다고 평가할 수 있다.

제갈량은 부하들에게 자신의 능력이
부족하다고 인정한 적이 있다?

제갈량은 소설 속의 이미지처럼 완벽한 인간이 아니었다. 그는 젊은 시절 자신을 관중과 악의에 비유하며 잘난 척을 하던 때도 있었지만, 승상이라는 최고의 자리에 올라간 후에는 본인의 한계와 부족함을 절실히 깨닫고 있었다. 『삼국지』「동화전」에는 다음과 같은 기록이 있다.

제갈량이 말했다. "무릇 관직에 참여한 사람은 여러 사람의 의견을 모아 나라의 이익을 넓히도록 힘써야 한다. 만약 조금이라도 미움을 받지나 않을까, 서로 의견이 엇갈리게 될까 걱정하여 자신의 의견을 말하기를 어려워한다면 (국가는) 큰 손실을 입는 것이다. 의견이 엇갈리는 가운데 얻는 것이 있으니, 병폐를 버리고 주옥을 얻는 것과 같다. 그러나 사람의 마음이 그렇게 하기 어려운데, 오직 서서만은 자신의 의견을 말하는데 주저하지 않았다. 또, 동화도 7년 동안 나와 일하면서 자신의 생각이 나와 다른 경우에는 나에게 열 번이라도 마다하지 않고 찾아와 서로의 의견을 교환

하였다. 진실로 서서와 동화를 본받아 나라에 충성을 다한다면 나의 잘못을 줄일 수 있을 것이다."

제갈량의 이 말에서 "집사광익(集思廣益)", 즉 여러 사람의 생각을 모아 이익을 넓힌다는 고사가 생겨났다. 사실 필자는 위에서 소개한 제갈량의 말을 거의 그대로 외울 정도로, 그의 글 중에서 출사표에 버금가게 좋아하는 글이다. 하나하나의 구절에서 제갈량이 국정을 어떠한 자세로 임했었는지, 그가 중요시 했던 국정철학은 무엇이었는지를 엿볼 수 있기 때문이다. 먼저, 제갈량의 표현 중 "무릇 관직에 참여한 사람은 여러 사람의 의견을 모아 나라의 이익을 넓히도록 힘써야 할 것이다"라는 구절에 집중해보자. 그는 공직자란 자신의 의견만이 옳다는 아집에 빠져서는 안 되며, 항상 다른 사람의 의견을 경청해야 진정으로 나라의 이익을 도모할 수 있다고 강조하고 있다. 현대행정에서 정책결정과정에 시민사회의 참여를 활성화시키고, 하급 조직원들의 의견개진을 독려하는 BOTTOM−UP식 행정개혁을 중요시하는 이유가 무엇인가. 정책결정권한이 소수에게만 집중되어 있으면, 사회의 다양한 요구와 의견을 정책에 반영하기가 어려워지기 때문이다. 때로는 소수에 의한 독단적 결정으로 국가에 큰 손해를 가져오는 정책이 입안될 수도 있다. 과거의 정책결정은 DAD식, 즉 소수의 권력자들이 정책을 결정(Decide)하고, 그 결정을 발표한 뒤(Announce), 후속적으로 발생하는 반대여론을 방어(Defence)하는 식이 많았다. 그러나 우리 대한민국의 행정시스템은 정책결정과정에 있어서 보다 다양한 의견을 받아들이는 방식으로 바뀌고 있다. 제갈량도 이러한 행정시스템이 바람직하다고 생각했던 것이다.

그리고 그는 말한다. "조금이라도 미움을 받게 되지 않을까, 서로 의견이 엇갈리게 될까 걱정하여 자신의 의견을 말하기를 어려워한다면 큰 손실을 입는 것이다." 즉, "나(제갈량)에게 미움을 받게 될까 걱정하여 직언을 꺼리는 우를 범하지 말라"는 것이다. 제갈량은 촉나라에서 무시무시한 권력을 가지고 있던 사람이었다. 당연히 부하들에 대한 인사권도 가지고 있었다. 필자도 제갈량 밑에서 공직 생활을 했었다면, 감히 그의 말에 반대의견을 표명하거나 직언하지 못했을 것이다. 우리내 사회가 대통령, 장관, 회장, 사장 정도 되는 사람에게 당당하게 찾아가 반대의견을 표명하는 분위기인가? 필자와 같이 직언을 했다가 미움을 받고 내처지진 않을까 전전긍긍하는 것이 보통이다. 그러나 제갈량처럼 직언을 해도 미워하지 않을 테니 걱정하지 말라고 상사가 직접 이야기해준다면 조금은 용기가 생길 거 같다.

제갈량은 마지막으로 서서와 동화의 예를 들면서, 그들을 본받아 자신의 잘못을 줄여달라고 부탁한다. 그가 부하들에게 본인의 잘못을 지적해달라고 말하고 있다는 것은, 자신은 때때로 잘못된 결정을 하는, 능력이 부족한 상사임을 스스로 인정하고 있는 것이다. 젊은 시절 자신을 관중과 악의에 비교하던 그 제갈량하고는 느낌이 많이 다르다. 이후 그는 앞선 자신의 글이 부하들의 직언을 이끌어내기엔 뭔가 부족하다고 생각했는지 다시 한 번 부하들에게 글을 남긴다. 역시 「동화전」에 기록이 있다.

제갈량이 말했다. "나는 옛날 최주평과 사귀면서 여러 번 (나의) 장점과 단점에 대해 가르침을 받았으며, 후에 서서와 사귀면서 그의 가르침으로 인도를 받아 (나를) 힘써 돌이켜 볼 수 있었다. 전날 동화는 정사에 참여할 적에 (나에게) 자신의 의견을 말하기를 힘껏 다하였고, 훗날 위도와 (내가) 사무를 보았을 때는 그는 나에게 자주 간하여 (나의 결정을) 말렸었다. 비록 내가 바탕과 성품이 어리석고 어두워 그들의 의견을 모두 받아들일 수 없었을지라도, 이 네 사람(최주평, 서서, 동화, 위도)과는 처음부터 끝까지 서로 잘 지냈으므로, 내 결정의 옳고 그름에 대하여 기탄없이 바로 말한다 하더라도, 내가 이를 가지고 상대방을 핍박하거나 미워하지 않았음을 밝히기에 충분할 것이다"

앞선 글에서도 "나에게 직언을 한다고 미워하지 않겠다"라고 말했던 그이지만, 혹여나 부하들이 이에 대해 의구심을 가질까, 다시 한 번 여러 사람의 실명까지 거론하며 직언을 부탁하고 있는 제갈량이다. 생각건대, 그의 "집사광익" 정신은 자신을 관대한 사람으로 포장하기 위한 "쇼"가 아니었다. "쇼"를 위한 것이었다면 "직언을 한다고 절대 너희를 미워하거나 핍박하지 않을 거야"라고 두 번이나 구구절절하게 얘기할 필요는 없다. 제갈량은 진정으로 부하들의 충고를 통해 자신의 잘못을 고치고 싶었던 것이다. 사람이라면 누구나 남에게 지적받는 것을 좋아하지 않는다. 높은 자리에 있는 사람이라면 다른 사람의 지적에 더 민감하기 마련이다. 높은 자리에까지 올라간 만큼 본인의 능력이 남들보다 뛰어나다는 확신을 가지게 되기가 쉽기 때문이다. 그러기에 누군가 자신의 생각이 잘못됐다고 지적하면 쉽게 자존심에 상처를 입는다. 권력의 최정점에 있었던 제갈량이라고 왜 안 그랬겠는가. 그러나 그에게는 그의 자존심을 지키는 것보다 국가의 이익을 지키는 것이 더 우선이었다.

위의 제갈량의 말에서 재미있는 구절이 있다. "비록 바탕과 성품이 어리석고 어두워 모두 받아들일 수 없었을지라도"라는 표현이다. 즉, 그는 "너희들이 나의 잘못을 지적한다고 해서 무조건 받아들이겠다는 것은 아니야"라고 말하고 있다. 혹시나 부하들이 자신들의 직언을 승상이 다 받아줄 것이라고 기대할까봐 단서를 단 것이다. 이러한 부분까지 미리 걱정하여 부하들에게 알리는 것을 보면, 제갈량은 정말 세심한 성격을 가졌던 듯하다.

조직에서 최고 권력자가 될수록 부하들과 멀어지기 쉽다. 혼자만의 넓은 사무실을 가지게 되고, 직원들과 얼굴을 마주하고 소통할 수 있는 기회도 줄어든다. 그 자리에까지 올라간 자신의 능력을 맹신하게 되고, 본인의 경험에 비추어 모든 사안을 판단하기 쉽다. 제갈량은 이것을 가장 경계했다. 서기 200년대의 시대를 살았던 그가 현대인들에게도 가르침을 줄 수 있는 이유가 바로 여기에 있다.

군사를 부리는 것은 제갈량에게 맞는 옷이 아니었다? 그의 꿈 북벌의 시작

이번 주제부터는 본격적으로 제갈량의 북벌에 대해 이야기해 보려한다. 제갈량은 총 다섯 번의 북벌을 시도했고, 북벌을 처음 시작한 이후 6년 만에 세상을 떠나게 된다. 거의 매년 군사를 출진시켰던 것이다. 진수는 이러한 제갈량에 대해 「여러 해 동안 군사를 움직였으나 공을 이루지 못했으니, 응변(應變)과 장략(將略)은 그의 장점이 아니었던 것 같다.」라고 평했다. 여기서 장략이란 장수의 전략 정도로 이해하면 편하다. 진수는 제갈량의 북벌이 결과적으로 실패했으므로, 전쟁은 제갈량이 그 장점을 발휘할 수 있는 영역이 아니었다고 평가하고 있는 것이다. 이러한 진수의 의견을 비판할 생각은 없다. 결과만 보면 진수의 평가는 맞는 말이다. 아무리 위나라와 촉나라의 국력차이가 컸어도, 말도 안도는 국력차이를 뒤집고 전쟁을 승리로 이끌었던 역사의 사례가 아예 없지는 않기 때문이다. 혹자는 진수의 평을 근거로 "제갈량의 전쟁능력, 즉 군사를 부리는 능력은 그의 라이벌이었던 사마의에 비해 뒤처졌었다"고 주장하기도 한다. 과연 그럴까? 일단 제갈량의 북벌에 대해 좀 더 자세히 살펴봐야겠다.

북벌의 시작과 전개

앞선 주제에서 살펴본 대로, 유비는 제갈량에게 주로 후방에서 군대의 보급을 담당하는 임무를 맡겼다. 제갈량의 보급능력이 탁월했을 뿐만 아니라 가장 신뢰할 수 있는 신하이기도 했기 때문이다. 하지만 제갈량은 익주지역을 병탄하고, 남만정벌을 성공시키는 등 군대를 직접 지휘하는 총사령관으로서의 경험이 아예 없지는 않았었다. 다만 북벌은 익주원정이나 남만원정과는 차원이 다른 원정이었다. 무엇보다 상대가 당시 최고의 강대국이었던 위나라였다. 더욱이 숱하게 많은 전쟁을 거치며 제갈량을 대신해 군을 총지휘했었던 정신적 지주 유비도 이미 죽고 곁에 없었다. 형주에서 위나라를 흔들어줄 관우를 비롯해 장비, 마초, 황충 등 촉이 자랑하는 명장들도 모두 죽고 오직 조운만이 남아 있었다. 같이 북벌을 위한 전략을 논의해줄 법정, 방통, 마량도 이미 사망한지 오래였다. 북벌은 이전과 달리 오로지 자신의 능력에만 의지해야 하는 원정이었던 것이다. 이런 상황에서 제갈량이라고 왜 "내가 과연 북벌을 성공시킬 수 있을까?"하고 불안하지 않았겠는가. 그러나 본인이 중심을 잡지 않으면 모든 것이 무너질 수 있다고 생각했을 것이다. 그는 북벌을 성공시키기 위해 자신이 생각할 수 있는 모든 전략을 고려해 봤을 것이며, 최종적으로 어떠한 전략을 선택할 것인지를 두고 수도 없이 고민에 고민을 거듭했을 것이다. 1차 북벌의 전략을 보면 이러한 제갈량의 치열한 고민의 흔적이 짙게 묻어 있다.

1차 북벌은 228년 1월부터 시작되었다. 1차 북벌에서 제갈량이 채택했던 전략은 크게 3가지로 요약될 수 있다. 구호탄랑지계(驅虎吞狼之計), 기습, 그리고 양동작전이 바로 그것이다. 1차 북벌은 이후 그가 진행했던 다른 북벌과 비교했을 때, 가장 다채로운 전략이 실행되었던 원정이었다. 그러나 안타깝게도 구호탄랑지계, 즉 적국의 태수(맹달)를 배반시키려 했던 제갈량의 계략은 사마의가 맹달의 배반을 예상보다 빠르게 진압함으로써 물거품이 되어버린다. 이제 그에게는 기습과 양동작전의 카드만이 손에 남아있을 뿐이었다. 『위략』에 「당초 위나라는 촉나라에는 오직 유비만이 있다고 생각했다. 유비가 이미 죽고 여러 해 동안 조용하고 아무 소리가 없었으므로 거의 아무런 방비가 없었다.」고 기록되어 있는 것에서 알 수 있듯이, 당시 위나라는 소국인 촉나라가 자신들을 선제공격할 것이라고는 전혀 생각하지 못하고 있었다. 5년 전만 해도 촉나라는 이릉대전의 참패를 겪었으며, 촉의 기둥이던 유비마저 죽고 없었다. 위나라는 촉이 이전의 국력을 회복하고 안정화시키는데 많은 시간이 소요될 것이라고 예상했던 듯하다. 이릉대전의 패배를 겪은 후 단 5년 만에, 제갈량이 군대를 이끌고 자신들을 선제공격할지는 아무도 예상하지 못했던 것이다. 그러므로 위나라 입장에서 제갈량의 침공은 그 자체로 기습이었다. 두 번째는 양동작전이다. 제갈량은 조운과 등지에게 일군을 맡겨 기곡(箕谷) 방면으로 진출하게 한다. 그리고 자신은 본대를 이끌고 기산(祁山)으로 출병한다. 위나라 방어군에게 혼란을 주고, 그들이 방어병력을 한곳에 집중시키지 못하도록 만들기 위함이었다. 형주 방면에서 위를 흔들어줄 군세의

출진이 불가능한 상황에서, 별동대를 구성해 그 역할을 대신하게
한 것이다. 제갈량이 구상했던 1차 북벌의 전략을 좀 더 구체적으
로 설명하면 다음과 같다. 조운과 등지는 기곡으로 출병해 위나라
방어군을 분산시킨다. 그리고 제갈량 본대는 기산으로 출병하여 천
수군 등 장안의 서쪽 지역을 병탄한다. 이때 마속을 대장으로 하는
선봉대는 가정지역으로 진군하여, 제갈량에게 공격받고 있는 장안
의 서쪽지역을 구원하기 위해 진군해올 위나라 지원군을 틀어막는
다. 그 사이 조운의 부대가 전진하여, 진창 부근에서 제갈량 본대,
그리고 마속의 선봉대와 합세한다. 이후 제갈량이 점령한 장안의
서쪽지역에서 군량을 보급 받으면서 장안을 침공하는 것이 1차 북
벌의 구체적인 전략이었다. 첨언하면, 제갈량이 천수지역(장안의 서
쪽지역)을 먼저 장악하려 했던 것은 천수지역을 군량조달의 거점으
로 삼기 위한 목적도 있었으나, 천수지역을 병탄하지 않고 장안을
바로 공격하면 촉군은 후방을 적에게 내어주고 싸워야 하는 입장에

1차 북벌 지도

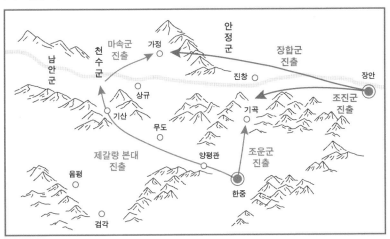

놓일 수 있기 때문이었다. 천수지역의 위나라 군세가 언제 제갈량군의 후방을 노릴지 모를 일이지 않는가. 이렇게 되면 촉군은 장안을 공격하는 동시에 후방을 방어해야 했다. 이에 제갈량은 후방을 안정화하여 촉군에게 불리하게 작용할 수 있는 모든 가능성을 사전에 차단시키려 했던 것이다.

그의 전략은 초반에는 매우 성공적이었다. 「제갈량전」에는 「남안(南安), 천수(天水), 안정(安定) 세 군(郡)이 위(魏)를 배반하고 제갈량에 호응하니 관중(關中)이 진동했다.」는 기록이 있다. 「조예전」에도 「제갈량이 국경을 침입하자 천수(天水), 남안(南安), 안정(安定) 삼군(三郡)의 관리와 민중이 위나라에 모반하고 제갈량에게 호응했다.」는 언급이 있다. 제갈량이 군사를 이끌고 위나라를 침공하자, 남안, 천수, 안정 삼군이 촉군에 맞서지도 않고 그에게 호응했다는 것이다. 여기까지는 제갈량의 예상대로 흘러갔다. 확실히 이때 위나라는 위기였다. 그러나 조비에 이어 황제가 된 조예도 대단한 사람이었다. 『위서(魏書)[1]』에는 「(제갈량이 침입하자) 위나라 조정의 신하들은 무슨 계책을 세워야 할지 몰랐는데, 명제(조예)가 말하기를 "제갈량은 산을 거점으로 굳게 지키다가 지금은 스스로 나왔으니, 이는 병서(兵書)에서 말하듯이 사람을 끌어들이는 기술과 합치되오. 하물며 제갈량은 삼군(三郡, 천수·남안·안정)을 탐하여 전진할 줄만 알고 물러날 줄을 모르니, 이제 이때를 이용한다면 그를 쳐부수는 것은 필연적이오."라고 했다. 그래서 병마를 정비하고, 보병과 기병 5만 명을 동원하여 제갈량을 막아냈다.」는 기록이 있다. 위나라 신

---

1 중국 북제의 위수(魏收)가 편찬했던 북위의 정사이며, 중국 24사 중 하나이다. 559년에 완성되었다.

하들이 제갈량의 침공에 당황하여 어쩔 줄 몰라 하고 있을 때, 오히려 황제가 그들을 진정시키며 방어 전략을 마련하는 모습이다. 조예는 대장군 조진을 불러 기곡으로 진군하고 있는 조운의 부대를 막아서게 하고, 장안 서쪽, 즉 천수부근을 구원하기 위해 백전의 용사 장합을 가정 쪽으로 파견한다. 이후 마속이 가정에서 장합에게 패하게 되면서 "가정에서 천수지역을 구원하러 오는 위나라 지원군(장합군)을 틀어막는다"는 제갈량의 전략이 어그러져 버린다. 제갈량이 그렇게 오랜 기간 치열하게 준비했던 북벌의 꿈이 허무하게 좌절되는 순간이었다. 가정의 패배 후 제갈량은 한중으로 퇴각하게 된다. 이때가 228년 3월이었으니, 개전 이후 불과 2개월 만(길게 잡으면 3개월가량)에 그의 꿈이 허무하게 꺾여버렸던 것이다. 이때 그의 심정은 따로 설명이 필요 없을 정도로 처참했을 것이다. 어떻게 보면 1차 북벌은 성공가능성이 가장 컸던 원정이었다. 무엇보다도 처음으로 위를 침공한 것이었기 때문에 그들의 허를 치르는 기습이 가능했다. 그러나 1차 북벌 이후 위나라는 촉의 침입에 철저하게 대비하기 시작한다. 당연히 이후의 북벌부터는 제갈량이 선택할 수

1차 북벌 개요 및 결과

구분	내용
시작	228년 1월
퇴각	228년 3월
병력규모	최소 10만
전략 및 진출방향	양동작전, 기산과 기곡으로 진출
촉군 선봉	본대: 마속, 별동대: 조운
위군 방어대장 및 병력	조진, 장합, 곽회 등 약 5만 이상
결과	- 패배 - 마속 참수, 제갈량·조운 강등 / 강유 등용

있는 전략카드에서 기습은 제외될 수밖에 없었다.

2차 북벌은 1차 북벌과 시간적 차이가 크지 않다. 1차 북벌 이후인 228년 9월 경, 위나라는 조휴(曹休)를 파견해 오나라를 공격하는데, 결국 육손(陸遜)에게 대패하게 된다. 이 기회를 제갈량은 놓치고 싶지 않았던 듯하다. 위나라의 병력이 오나라 쪽에 집중되어 있는 틈을 타, 그는 1차 북벌당시 진출로로 선택했던 기산과 기곡이 아닌 진창(陳倉) 방향으로 출진한다. 제갈량은 이전과 똑같은 경로로 진출할 경우 적에게 혼란을 주기가 어렵다고 생각했을 것이다. 그래서 촉군의 진출방향을 이전과 다르게 하여 기습의 효과를 노려보려 한 것이다. 이때 진창성을 지키고 있던 장수는 학소(郝昭)였다. 그는 천하에 이름이 알려지지 않은 숨겨진 명장이었다. 방어병력은 수천에 불과했지만, 수만에 이르는 촉군의 공격을 필사적으로 막아냈다. 이때 제갈량은 학소의 고향친구를 활용해 회유책도 써보고, 충차와 운제, 불화살, 땅굴 등 동원할 수 있는 모든 작전을 실행했었다. 그러나 학소는 진창성을 끝까지 지켜낸다. 조예는 학소가 시간을 벌어주는 동안 장합, 비요, 왕쌍 등으로 구성된 3만여 원군을 진창으로 급파한다. 20여 일 간 모든 수단을 동원해 공격해도 진창의 성문이 열리지 않자, 결국 제갈량은 다시 한중으로 퇴각하게 된다. 이때가 228년 12월이었다. 다만 그는 퇴각하는 촉군을 추격하던 위의 장수 왕쌍(王雙)을 참살하는 전공을 올린다. 1년 동안 2번의 실패를 겪은 그였다. 그가 생각한 다음 전략은 무엇이었을까?

구분	내용
시작	228년 11월
퇴각	228년 12월 혹은 229년 1월
병력규모	불명확, "수만"이었다는 기록 있음
전략 및 진출방향	진창
촉군 선봉	불명확
위군 방어대장	학소, 왕쌍, 비요, 장합 등
결과	- 패배 - 왕쌍 참수

　3차 북벌도 2차 북벌 이후 거의 바로 이루어진다. 참고로 이때 한평생을 유비를 따라다니며, 늘 올곧은 자세로 유비와 제갈량을 보좌하던 백전노장 조운이 별세하게 된다. 군의 사기가 좋았을 리 없다. 제갈량은 다시 고민한다. 이전의 두 번의 북벌에서 아무런 성과가 없었기에 군사들의 사기를 진작시킬 무엇가가 필요하다고 생각했을 것이다. 또한 최대한 위군을 혼란시키려면 이전의 진출로였던 기곡, 기산, 진창이 아닌 새로운 길을 찾아야 했다. 이 같은 고민을 한 끝에 제갈량은 229년 3월경 진식(陳式)으로 하여금 무도(武都)와 음평(陰平) 방면으로 진출하게 한다. 무도와 음평은 한중의 왼쪽방면에 위치한 지역으로, 제갈량이 1차 북벌 때 진출로로 선택했던 기산을 기준으로는 남쪽에 위치해 있었다.

　진식의 침공을 위나라의 옹주자사 곽회(郭淮)가 막아서지만, 제갈량이 직접 출병해 무도와 음평의 근방지역인 건위(建威)로 진출하자 곽회는 결국 퇴각을 하게 된다. 이후 무도와 음평지역이 촉에 귀속되게 된다. 북벌을 시작한 이후 처음으로 얻게 된 위의 영토였다. 그렇다면 무도와 음평지역은 촉군에게 어떤 이점을 줄 수 있었을까? 첫째, 제갈량은 이제 한중 방면뿐만 아니라 무도와 음평을 거쳐서도 기산으로 출병할 수 있었다. 특히 무도를 거점으로 보급을 한 번 더 할 수 있는 이점도 가지게 될 수 있었다. 둘째, 무도와 음평이 위나라 땅이었다면, 기산 진출시 배후습격을 당할 위험이 항상 도사리고 있었다. 그러나 이제는 이러한 위험을 차단 할 수 있었다. 셋째, 무도와 음평지역은 한족(漢族)보다는 강족(羌族), 저족(氐族)이라 불리는 이민족이 주로 살고 있던 곳이다. 이제 제갈량은 이들과 연합작전을 펼쳐 위를 공략할 수 있는 기회도 확보할 수 있었다. 그러나 무도와 음평을 확보한 이후 제갈량은 더 이상 진군하지 않고 군을 물리게 되는데, 그 이유는 바로 위나라가 촉 침공을 준비하고 있다는 첩보가 입수되었기 때문이었다.

3차 북벌 개요 및 결과

구분	내용
시작	229년 3월
퇴각	불명확
병력규모	불명확
전략 및 진출방향	무도·음평 공략
촉군 선봉	진식
위군 방어대장	곽회 등
결과	무도·음평을 병합하는데 성공했으나, 퇴각

위나라의 촉 침공은 대장군 조진에 의해 기획되었으며, 사마의, 장합 등 위가 자랑하는 어벤저스급 지휘관이 총동원되었던 원정이었다. 아마 제갈량이 계속해서 위를 침공하자, 위나라 조정에서는 "차라리 우리가 촉을 공격해 점령해버리자"라는 의견이 모아졌을 것이다. 이때가 230년 8월이었다. 그러나 제갈량의 준비는 완벽했

다. 먼저, 위군이 진군해 올 수 있는 길목에 미리 성을 쌓아 방어태
세를 갖췄다. 그리고 촉의 남쪽지역인 강주(江州)에 주둔 중이던 이
엄을 한중으로 소환하여 방어병력을 보태게 했다. 이러한 제갈량의
빈틈없는 방어로 인해, 결국 위군은 촉 내부로 진군하지 못하게 된
다. 더욱이 도중에 큰 비를 만나 진군 자체가 더 이상 불가능한 상
황에까지 다다르게 된다. 이에 조진은 230년 9월(또는 10월경) 퇴각
을 명령하게 된다. 제갈량은 큰 비가 도와주긴 했지만, 위의 최전력
부대를 거의 아무런 피해도 입지 않고 막아냈던 것이다. 그리고 그
는 이듬해에 바로 4차 북벌을 개시한다. 이때가 231년 2월이었다.

　1차에서 기곡과 기산, 2차에서 진창, 3차에서 무도와 음평 쪽으
로 진출했던 제갈량은 4차 북벌에서 다시 기산을 선택한다. 그가
기산을 다시 선택했던 이유는 무도와 음평지역의 확보로, 기산방면
으로 진출 시 군량의 수송과 보급이 보다 원활해질 수 있었기 때문
이었을 것이다. 다만, 그는 기산으로 본대를 진출시키기 전에 두 가

4차 북벌 지도

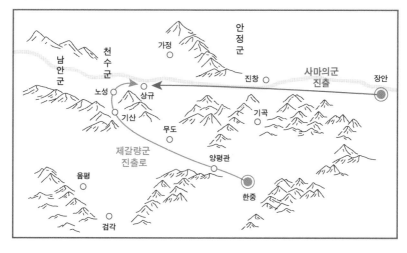

지 선제전략을 펼치는데, 첫째는 위연과 오의를 남안군의 강중(羌中) 지역으로 파견한 것이었다. 이들은 그 근방에 주둔 중이던 곽회, 비요의 군대를 대파하고 돌아온다. 제갈량은 기산으로 진출시 남안, 천수 쪽의 위군이 기산을 점거한 본인의 후방을 공격할 수도 있다는 계산을 했을 것이다. 그래서 위연과 오의를 선제적으로 파견해 그 근방에 주둔하고 있던 위군의 예기를 꺾어 놓으려 했던 게 아닌가 싶다. 그리고 두 번째 선제전략은 장안 북쪽을 점거하고 있던 가비능을 회유하는 것이었다. 「견초(牽招)전」에는 「제갈량이 사자를 보내 가비능과 연결하였다. 가비능이 옛 북지(北地)의 석성(石城)에 도착해 서로 호응했다.」는 기록이 있다. 이민족을 회유하여 위나라를 공격하게 함으로써 위나라 방어병력의 분산을 꾀한 것이다. 제갈량은 1차 북벌 때 조운에게 맡겼던 역할을 가비능을 이용해 달성하려 했던 것 같다. 2차와 3차 북벌은 어떻게 보면 싱겁게 끝이 났지만, 4차 북벌은 이렇게 세심한 선제전략이 구사되었던 것에서 알 수 있듯이 그간의 실패를 반복하지 않겠다는 그의 강한 의지가 담겨 있는 원정이었다. 본격적으로 4차 북벌이 시작되자, 조예는 촉군의 공격을 방어할 총지휘관으로, 병에 걸려 누워있는 조진 대신에 사마의를 임명한다. 4차 북벌부터 제갈량과 사마의의 정면 대결이 펼쳐지게 된 것이다. 이때 기산의 북쪽에 위치해 있던 상규(上邽)에는 큰 규모의 보리밭이 있었다. 『위서』에 따르면, 위나라의 신하 중 일부는 이 보리를 미리 베어내 촉군이 군량으로 삼지 못하게 해야 한다고 조예에게 간언했었다고 한다. 그러나 조예는 사마의에게 보리를 베지 말고 지키라고 명한다. 이에 사마의는 보리를 지키기 위해 곽회와 비요를 상규로 파견한다. 그리고 제갈량은 기산

본진을 왕평(王平)에게 맡기고 직접 군을 이끌고 상규로 진격한다. 『한진춘추』에 당시의 상황이 기록되어 있는데, 『한진춘추』는 「곽회, 비요 등이 요격하자 제갈량이 이를 격파했다. 이에 그곳의 보리를 대거 수확하다 선왕(사마의)과 상규 동쪽에

제갈량에게 패해 달아나는 사마의를 묘사한 그림

(출처: Wikimedia Commons)

서 조우했다. 군사를 단속해 험준한 곳에 의지하며 교전하지 않자 제갈량이 군을 이끌고 돌아갔다.」고 언급하고 있다. 이 기록에서 알 수 있듯이, 제갈량군은 사마의군을 대파하고 상규의 보리밭을 차지하는데 성공하게 된다. 이후 사마의의 본대가 도착하여 촉군을 견제하자, 제갈량은 수확한 보리를 가지고 본진으로 돌아간다. 본진으로 돌아가는 제갈량을 추격한 사마의는 노성이라는 곳에 도착하는데, 그는 여기서 추격하던 기세를 진정시키고 소극적인 자세로 제갈량과 교전을 하려들지 않는다. 『한진춘추』의 기록을 더 살펴보자.

선왕(사마의)이 제갈량을 쫓아 노성(鹵城)에 도착했다. 장합이 말했다.
"저들이 멀리 와서 우리에 맞서서 교전을 청하는데 (우리가) 허락하지 않으니, 우리가 전진할 뿐 감히 적을 핍박하지 못하는 것은 의당 해서는 안 될 일로, 백성들의 기대를 저버리는 것입니다. 지금 제갈량은 외떨어진 군사로 군량이 적으니 또한 곧 달아날 것입니다."
선왕이 이에 따르지 않고 산에 올라 영채를 세우고 싸우려 하지 않았다.

> 가허(賈栩), 위평(魏平)이 여러 차례 청하며 말했다.
>
> "공께서 촉을 범처럼 두려워하니 천하의 웃음거리가 되면 어찌하시렵니까?"
>
> 제장들이 모두 싸울 것을 청하니, 이에 5월 신사일, 장합에 명해 남쪽을 포위한 촉군장수 왕평을 공격하게 하고, 자신은 중도(中道)를 따라 제갈량에게로 향했다. 제갈량은 위연(魏延), 고상(高翔), 오반(吳班)을 보내 이를 막게 해 위군을 대파하고, 수급 3천 급, 철갑옷 5천 벌 등을 노획했다. 선왕은 돌아가 영채를 지켰다.

사마의가 제갈량을 앞에 두고도 싸우려 하지 않자, 장합 등 여러 장수가 "촉을 범처럼 두려워하니 천하의 웃음거리가 되면 어찌하시렵니까?"라고 말하며 촉군과 싸울 것을 주장한다. 사마의는 부하들의 요구에 못 이겨 출전을 하게 되는데, 결국 제갈량에게 대패를 당하게 된다. 이 전투를 보통 노성전투라 일컫는다. 참고로 위에서 소개한 『한진춘추』의 기록에서는 제갈량이 노성전투에서 승리했었다고 기록하고 있지만, 『진서』에서는 노성전투의 승리자는 사마의였다고 기록하고 있다. 생각건대, 『한진춘추』가 기록하고 있는 노성전투에 대한 내용은 『삼국지』의 관련기록과도 일치하는 바가 많고 『진서』는 사마의를 "선제"로 지칭하며 사마씨의 진나라를 정통성으로 보고 있는, 다시 말해 사마의에게 호의적일 수밖에 없는 역사서라는 점을 고려하면, 『한진춘추』의 기록을 신뢰하는 게 더 나아 보인다.

노성전투 이후 양군은 대치상태에 들어가게 된다. 그러던 와중 촉군은 갑자기 군량보급에 문제가 생겨 퇴각을 하게 되는데, 그 문제의 원인을 제공한 사람은 다름 아닌 제갈량과 같이 유비에게 탁고를 받았던 이엄이었다. 이때가 231년 6월 또는 7월로 추정된다. 제갈량은 조직내부의 문제로 인해 어쩔 수 없이 퇴각을 하게 된 것이다. 4차 북벌에서 그는 위나라가 자랑하는 최고의 군사지휘관 사마의를 상대하여 연달아 승리하고 있었다. 군의 사기도 높았다. 불리할 게 없었다. 사마의도 이러한 제갈량의 기세에 눌려 부하들의 불만이 터져 나올 정도로 수세적으로만 싸움에 임했었다. 1차 북벌 이후 가장 좋은 기회를 어렵게 잡았던 제갈량이었다. 그럼에도 믿고 있던 이엄 때문에 퇴각을 해야만 하는 그의 심정이 어떠했겠는가. 그나마 위안거리라면 퇴각하는 촉군을 추격하던 위나라의 명장 장합을 죽인 것뿐이었다.

4차 북벌 개요 및 결과

구분	내용
시작	231년 2월
퇴각	231년 6월 또는 7월
병력규모	불명확
전략 및 진출방향	기산
촉군 선봉	위연, 왕평 등
위군 방어대장	사마의, 장합, 곽회, 비요 등
결과	- 군량보급 문제로 퇴각 - 장합 참살

성도로 돌아와 퇴각의 원흉이 된 이엄을 탄핵시킨 제갈량은 이후 약 2년 동안 원정을 나가지 않고, 국가 내부의 단속과 안정을 꾀하는데 집중한다. 아마 이엄과 같은 실책이 다시는 반복되지 않도록 미연에 방지하려 했을 것이다. 그리고 그는 234년 봄, 다시는 돌아오지 못할 마지막 출정을 한다. 마지막 북벌의 진출로는 오장원(五

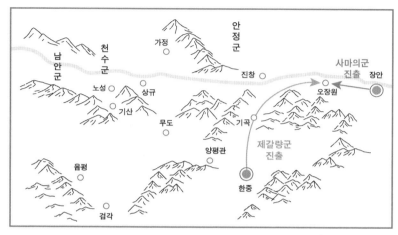

丈原)이었다. 오장원을 선택하기까지 그는 또 치열한 고민을 했을
것이다. 오장원은 평원지대로 벼농사가 가능했다. 4차 북벌을 비롯
해 항상 군량보급에 문제를 겪었던 제갈량은 이곳에 진을 치고 둔
전2을 실시한다. 그는 이미 사마의가 4차 북벌 때와 마찬가지로 자
신과의 정면대결을 피할 것임을 예상했던 듯하다. 그래서 장기전에
대비하려 했던 것이다.

「제갈량전」에는 「건흥 12년(234년) 봄, 제갈량이 대군을 모두 이
끌고 야곡(斜谷)을 거쳐 출병했다. 유마(流馬)로 운송하며 오장원을
점거하고, 사마의와 위남(渭南)에서 대치했다. 제갈량은 늘 군량이
이어지지 않아 자신의 뜻을 펼치지 못함을 근심하였으므로 이에 군
사를 나눠 둔전하고 오래도록 주둔할 기초를 만들었다. 경작하는

---

2 병사들로 하여금 땅을 경작하고 수확하여 군량을 마련하는 방법. 일종의 자급
  자족을 꾀하는 것으로 병사들은 직접 경작지를 개간하기도 했지만, 지역주민들
  의 경작지를 대신 활용하기도 했다. 이 경우에는 수확물의 일부를 지역주민들
  과 공유하였다.

군사들이 위수 강변의 백성들과 섞여 지냈으나 백성들은 편안히 지내고 군에는 사사로움이 없었다.」는 기록이 있다. 이후 제갈량은 북원지역 점거를 통해 위나라의 병력을 양분하려 하는 등 군사행동을 선보인다. 그러나 사마의가 이를 잘 막아내어 양군은 다시 대치상태에 들어가게 된다. 사마의는 제갈량이 예상했던 대로 4차 북벌 때보다도 더욱 수세적인 입장으로 촉군과 교전하려들지 않는다. 이에 제갈량은 부녀자가 쓰는 두건과 머리장식을 사마의에게 보내 그를 도발하는 수까지 쓴다. 평소의 제갈량에게 어울리지 않는 유치한 도발이었다. 이를 통해 이 당시 그가 사마의의 수세적인 전략에 얼마나 애가 탔었는지를 추측해 볼 수 있다.『진서』에 따르면 사마의는 제갈량의 도발에 분노하여, 신비(辛毗)에게 제갈량과 싸울 수 있도록 황제에게 출진허락을 받아오라고 명한다. 그러나 이는 사마의가 자신의 수세적인 전술에 불만을 갖던 부하장수들을 달래기 위해 생각해낸 일종의 "쇼"였다. 조예도 사마의의 이러한 속마음을 간파하고 출진하지 말 것을 명령한다. 제갈량은 이 같은 사마의의 수를 꿰뚫어 보고 있었다.『진서』는 제갈량이 "사마의는 본래 싸우려는 마음이 없는데, 천자(조예)에게 결전을 굳이 청한 이유는 그의 군사들에게 무(武)를 과시하자는 것이오. 장수가 군중에 있으면 임금의 명도 받들지 않을 때가 있는데, 만약 저들이 우리를 능히 제압할 수 있다면 어찌 천리 길을 가서 굳이 결전을 청하겠소!"라고 말했었다고 기록하고 있다.

이러한 대치상태가 계속되던 234년 8월, 제갈량은 오장원에서 숨을 거두게 되는데, 이때 그의 나이 54세였다. 오장원에 출정한지 반년도 안 되서 죽음을 맞이했던 것이다. 유비에게 출사한지는 27년

만이었다. 제갈량이 출사할 때의 나이가 27세였다. 그는 그가 처음 출사했던 나이만큼의 세월을 국가를 위해 헌신하다 숨을 거두었던 것이다.

5차 북벌 개요 및 결과

구분	내용
시작	234년 봄
퇴각	234년 8월
병력규모	약 10만
전략 및 진출방향	오장원
촉군 선봉	위연
위군 방어대장	사마의, 곽회 등
결과	제갈량 사망

제갈량의 전쟁 수행능력에 대한 재평가

다시 본래 주제로 돌아가 보겠다. "정말 제갈량의 군사를 부리는 능력, 전쟁을 수행하는 능력은 사마의에 비해 뒤떨어졌을까?"에 대한 대답이다. 이를 본격적으로 살펴보기 전에 "전쟁 수행능력"을 평가하는 기준을 명확히 해볼 필요가 있다. 『삼국지』를 쓴 진수나 우리 현대인들은 제갈량이 북벌에 실패했었다는 사실을 이미 알고 있기 때문에 그의 전쟁능력을 부정적으로 평가할 수밖에 없다. 그러나 평가의 기준을 당시 제갈량을 적으로 만났던 사람들에게 맞춰 본다면, 즉 당시 제갈량을 상대했던 적들이 그의 전쟁능력을 어떻게 생각했었는지를 살펴보면 "북벌의 실패"라는 최종결과가 주는 선입견을 어느 정도 배제한 후, 그의 전쟁능력을 좀 더 객관적으로 평가해 볼 수 있을 것이다.

먼저 「제갈량전」에는 앞서 소개한대로 「남안(南安), 천수(天水), 안정(安定) 세 군(郡)이 위(魏)를 배반하고 제갈량에 호응하니 관중(關中)이 진동했다.」는 기록이 있고, 『위략』에는 「제갈량이 출병했다는 소식을 듣자 조야(朝野)에서 몹시 두려워하고 농우, 기산 지역에서 특히 심했으니 이 때문에 세 군(郡)이 동시에 제갈량에게 호응했다.」는 기록이 있다. 1차 북벌 당시 제갈량이 출병했다는 소식에 위나라의 남안, 천수, 안정 세 군이 위를 배반하고, "관중이 진동"했었다는 것이다. 이 같은 기록에서 당시 사람들이 가지고 있던 제갈량에 대한 평가를 유추해 볼 수 있다. 그 평가는 "제갈량은 법 좀 만들 줄 알고, 세금이나 잘 걷는 행정가야. 군사를 부릴 줄은 잘 몰라. 맨날 후방에만 있었거든"이 아니었다. 제갈량의 침공에 무서움을 느낄 정도로 그의 군사능력에 대한 당시 사람들의 평가는 결코 낮지 않았다.

또한, 4차 북벌에서 처음으로 제갈량과 맞대결을 벌였던 사마의는 마지막 북벌에 이르기까지 항상 수세적인 전술로만 일관했었다. 사마의가 이러한 수세적인 전술을 채택했던 이유를 유추해 볼 수 있는 기록이 남아있다. 『한진춘추』를 보면 「선왕(사마의)은 비요, 대릉에게 정병 4천을 남겨 상규를 지키게 하고, 나머지 군사들을 모두 이끌고 서쪽으로 가서 기산(祁山)을 구원했다. 장합이 군사를 나눠 옹(雍), 미(郿)에 주둔시키려 하자 선왕이 말했다. "전군(前軍)이 홀로 적을 감당할 수 있다면 장군의 말이 옳소. 그러나 만약 능히 감당하지 못하면서 전군과 후군으로 나누는 것은, 바로 초(楚)의 3군이 경포(黥布)에게 사로잡힌 까닭이었소."」라는 기록이 있다. 앞서 필자가 설명했듯이, 4차 북벌 당시 상규의 보리밭을 지키라는 조예의 명령을 수행하기 위해 사마의는 상규로 군사배치를 서둘렀었다. 이때 장합이 군사를 분할해 배치할 것을 건의한다. 그러나 사마의는 현재의 모든 병력을 제갈량군을 방어하는데 집중시켜야 하며, 군을 나누면 제갈량에게 패배할 가능성이 높다고 장합에게 말하고 있다. 사마의는 제갈량군의 위세와 전투능력을 굉장히 높게 보고 있었던 것이다. 그리고 이 이후에도 그는 소극적인 전술로만 일관하여 부하 제장들로부터 "(촉군과 대결을 피해) 천하의 웃음거리가 될 것입니까?"라는 탄식 섞인 조롱을 들어야만 했다. 그는 마지막 5차 북벌에서도 수세적인 전략을 고수하며 제갈량과의 정면대결을 피하기만 했었다. 이에 제갈량으로부터 여자의 두건을 받는 치욕을 겪기도 했다. 사마의라고 왜 나가서 싸워 이기고 싶지 않았겠는가? 본인의 능력을 의심하는 부하들 앞에서 멋지게 싸워 이겨, 왜 자신의 능력을 입증하고 싶지 않았겠는가? 그러나 사마의는 제갈량 본대와 맞서서는 승산이 없다고 생각했던 것이다. 아마 4차 북벌에서 경험한 두 번의 대패가 이 같은 그의 생각을 더욱 확실하게 만들어 줬을 것이다. 사마의는 승산이 있으면 반드시 싸우는 스타일이다. 맹달과 공손연을 토벌할 때 그는 속전속결을 원칙으로 하고 제갈량에 맞설 때처럼 싸움을 피하지 않았었다. 그러나 그런 사마의조차 제갈량과의 정면대결을 계속해서 피하기만 했다. 과장을 조금보태면 제갈량과 맞서기를 두려워했었다고 볼 수도 있다. 『자치통감』에 주석을 단 호삼성(胡三省, 1230~1302년)은 4차 북벌에서 부하들의 원성에 못 이겨 제갈량을 공격했다가, 대패를 당한 사마의를 두고 "사마의는 진실로 제갈량을 두려워했다"고 평한 바 있다.

혹자는 사마의가 제갈량과의 정면대결을 피했던 이유는 그가 제갈량의 전투능력을 두려워했었기 때문이 아니라, 전쟁을 승리로 이끌기 위한 최선의 전략을 취한 것뿐이었다고 주장하기도 한다. 제갈량은 항상 군량보급에 문제를 겪었으니 군량이 떨어질 때까지 기다리기만 하면 그를 손쉽게 패퇴시킬 수 있었기 때문에, 사마의의 수세적인 전략은 불필요한 병력소모 없이 승리를 가져갈 수 있는 최선의 전략이었다는 것이다. 하지만 이러한 주장은 4차 북벌에 한해서만 설득력이 있을 수 있다. 4차 북벌에서 제갈량은 이엄이 군량보급에 문제를 일으켜 퇴각을 했었으니 말이다. 그러나 5차 북벌에서 그는 둔전을 하며 "군량문제로 인한 퇴각은 절대 없다"고 이를 갈고 출진했다. 이러한 상황을 몰랐을 리 없는 사마의가 계속해서 수세적인 전략을 취했던 것은 결코 승리를 위한 최선의 전략이었다고 생각하기 어렵다. 이러한 추측은 필자만의 생각이 아니다. 당시 사마의의 수세적인 전술을 지켜보고 있던 위나라의 대신들도 다음과 같이 우려를 표명했다.『삼국지』「명제기(조예전)」를 보면「(위나라) 대신들은 사마의가 제갈량군과 대치만 하고 있어 승리가 분명하지 않다고 생각하고, 명제에게 직접 대군을 이끌고 서쪽으로 향하여 장안으로 가서 사마의를 후원해 줄 것을 건의했다.」는 기록이 있다. 이 기록을 토대로 추측해보면, 제갈량의 마지막 북벌당시 위나라의 대신들은 사마의가 대치만 하고 싸움을 피하고 있어, 승리가 불확실하다고 생각했다. 그들은 사마의의 수세적인 전술이 승리를 위한 최선의 전략이 아니라고 생각했던 것이다.

　이상에서 살펴본 기록들로 미루어볼 때, 필자는 호삼성의 평가대로 사마의는 진정으로 제갈량의 전투능력을 두려워했을 가능성이 크다고 생각한다.『진서』「선제기(사마의)」에 보면「(제갈량이 사망하고 촉군이 퇴각한) 다음 날 사마의가 제갈량의 진영으로 가서 그의 남은 흔적들을 살펴보고 그의 도서(圖書)와 양곡(糧穀)을 매우 많이 노획했다. 선제는 그가 필시 죽었음을 알아채고는 이르길 "천하의 기재(奇才)로구나!"라고 말했다.」는 기록이 있다. "천하의 기재로구나!" 제갈량의 진영을 살펴보고 일갈한 사마의의 이 말은 마음에서 우러나오는 진심이었던 것이다.

삼국지를 좋아하는 사람들은 각자의 근거를 들어 제갈량과 사마의의 능력을 비교하길 즐긴다. 이러한 경향은 제갈량이 살았던 서기 200년대의 시대에도 존재했었다. 오나라에 장엄(張儼, ?~266년)이라는 사람이 있었다. 그는 자신이 지은 『묵기(黙記)』라는 책에서 "중달은 10배나 되는 땅과 거기 있는 수많은 군졸을 기반으로 견고한 성지와 강대한 군사력을 보유하고 있었지만 자기 자신의 보전에만 급급할 뿐 적을 깨뜨리지 못하고 제갈량이 제멋대로 날뛰도록 내버려 두었다. 만약 이 사람(제갈량)이 죽지 않았다면 끝내 그 뜻을 펼치며, 해를 이어 궁리하고 바삐 다그치며 모략을 일으켰을 것이니, 즉 옹주, 양주는 갑옷을 벗지 못하고 중국은 안장을 풀 수 없어 승부의 형세는 또한 이미 결정되었다 할 것이다. 사마의에 비하면 또한 뛰어나지 않은가!"라고 언급한 바 있다. 장엄은 사마의는 제갈량보다 객관적인 전력에서 앞서 있었는데도 수세적인 전략으로 지키기에만 급급했다며, 제갈량이 죽지만 않았다면 그가 사마의를 이겼을 것이라고 말하고 있다. 즉, 제갈량의 전쟁 수행능력을 사마의보다 더 높게 평가하고 있는 것이다.

당시 제갈량의 침입을 받았던 위나라의 주민들, 천수, 남안, 안정 등을 지켰던 위의 태수들, 그리고 제갈량을 막아야만 했던 위나라 최고의 지휘관 사마의는 제갈량의 전투능력을 절대 낮게 보지 않았다. 오히려 "두려움"을 느꼈다. 이것이 당시 사람들이 우리에게 알려주는 제갈량의 전쟁 수행능력에 대한 평가이다. 또한, 진수의 부정적인 평가와 달리 『원자』의 저자 원준은 그의 책에서 「제갈량은 법령에 밝고 상벌에 신의가 있어 사졸들이 명을 받으면 험지에 뛰어들면서 몸을 돌보지 않으니 이는 그가 싸움에 능했다는 것이오.」라고 말하며, 제갈량은 "싸움에 능했던 사람"이라고 평가하기도 했다. 한 가지 확실한 건 전쟁능력은 제갈량이 처음부터 가지고 있던 재능이 아니었다는 것이다. 그러나 그는 후방을 맡으면서 군대보급의 중요성과 실무를 경험했고, 익주정벌과 남만정벌을 통해 실제 군대를 지휘하는 방편을 터득했다. 그는 분명 이 와중에도 전쟁과 관련된 공부를 게을리 하지 않았을 것이다. 마지막으로 제갈량은 자신의 운명을 건 북벌에 임하며 그가 실행할 수 있는 모든 전략을 치열하게 고민하고, 신중하게 수행해나갔다. 물론 그의 북벌은 결과적으로 실패했다. 하지만 필자는 결과보다 그가 자신이 보유하지 못했던 능력을 발휘하기 위해 얼마나 스스로를 단련하고, 노력하고, 고민했었는지, 그 과정에 좀 더 집중하고 싶다.

세기를 뛰어넘는 명문 출사표,
제갈량이 출사표를 쓰며 눈물을 흘린 이유

출사표는 제갈량이 1차 북벌을 앞두고 유선에게 군대의 출진을 보고한 글이다. 독자분들은 "출사표를 읽고 눈물을 흘리지 않는 자는 충신이 아니다"라는 말을 들어봤을 것이다. 그만큼 출사표는 제갈량의 충심과 희생정신, 나라에 대한 걱정 등이 깊이 묻어나 있는 글이다. 더 감동적인 것은 제갈량은 출사표를 글로만 쓰고 끝낸 것이 아니었다는 점이다. 그는 출사표를 통해 밝힌 자신의 꿈과 국가에 대한 충성, 희생정신 등을 그의 실제 삶 속에서도 그대로 실천했다. 그가 쓴 출사표의 한 자 한 자는 황제에게 잘 보이기 위해 거짓으로 꾸며낸 것들이 아니었다. 그가 실천하고자 했던 그의 진심이 담긴 글자들이었다. 그래서인지는 몰라도 출사표는 여타의 문학 작품과 달리 미사여구를 찾아보기가 힘들다. 제갈량이 살았던 당시에도 그의 글이 "아름답지 않고 문장의 반복됨과 꼼꼼함이 지나치다"는 평가가 있었다. 그러나 제갈량은 문학가가 아니었다. 그에게는 출사표를 통해 국가를 향한 자신의 걱정과 충심, 북벌의 필요성

송나라의 명장 악비(岳飛, 1103~1142년)가 필사(筆寫)한 출사표

1138년경 악비가 제갈량의 출사표를 읽고 감동하여, 친필로 출사표를
다시 써내려간 것이 현재까지 전해지고 있다.

(출처: Wikimedia Commons)

을 황제에게 전달하는 것이 가장 중요한 목표였다. 진수도 제갈량
의 글에 대한 당시의 비판적인 평가에 대해 "제갈량이 남긴 말은
모두 공정하고 성실한 마음이 그의 문장에 드러나 족히 그 뜻과 이
치를 알 만하며, 지금에도 유익한 점이 있습니다"라고 항변한 바
있다. 즉, 제갈량은 글을 멋지고 화려하게 쓰는 것에 중점을 두었던
것이 아니라, 자신의 진심을 꼼꼼하고 세세하게 전달하는 데에 집
중했던 것이며, 오히려 이러한 점 때문에 현재에도 유익한 바가 많
다는 것이다.

이 주제에서는 제갈량이 어떠한 심정으로 출사표를 써내려갔었
는지에 대해 필자의 생각을 더해 추측해보고자 한다. 먼저, 출사표
의 첫 문단을 살펴보자.

선제(先帝, 유비)께옵서는 창업하신 뜻의 반도 이루지 못하신 채 중도에 붕어하시고, 이제 천하는 셋으로 정립되어 익주가 매우 피폐하오니, 참으로 나라의 존망이 위급한 때이옵니다. 하오나 폐하를 모시는 대소 신료들이 안에서 나태하지 아니하고 충성스런 무사들이 밖에서 목숨을 아끼지 않음은 선제께옵서 특별히 대우해주시던 황은을 잊지 않고 오로지 폐하께 보답코자 하는 마음 때문이옵니다. 폐하께서는 마땅히 그들의 충언에 귀를 크게 여시어 선제의 유덕을 빛내시오며, 충의지사(충직하고 의리가 있는 자)들의 의기를 드넓게 일으켜 주시옵소서. 스스로 덕이 박하고 재주가 부족하다 여기셔서 그릇된 비유를 들어 대의를 잃으셔서는 아니 되오며, 충성스레 간하는 길을 막지 마시옵소서.

227년 겨울, 제갈량은 그의 오랜 숙원이었던 북벌을 떠나기에 앞서 자신의 출병을 알리는 표를 쓰기 시작한다. 먼저 제갈량은 유선에게 당신의 아버지 유비는 이미 죽고 없지만 그가 베풀어준 은덕을 신하들은 잊지 않고 있으며, 그의 은덕에 보답하기 위해 몸을 돌보지 않고 열심히 일하고 있다고 강조한다. 뒤이어 그는 유선 당신도 유비의 의지(꿈)를 받들기 위해 충성스럽고 정의로운 신하들의 충언에 귀 기울여 달라고 말하고 있다. 제갈량은 여기까지 글을 쓰고 나니 유선이 평소 본인을 아버지와 자주 비교하며, 자신은 아버지에게 한참 못 미친다고 얘기하던 모습이 떠올랐던 듯하다. 그래서 얘기한다. "스스로 덕이 박하고 재주가 부족하다 여기셔서 그릇된 비유를 들어 대의, 즉 한실부흥의 꿈을 잃지 마시옵소서" 다시 말해, 유선에게 "폐하의 능력을 스스로 부족하다고 여기셔서, 한실부흥이라는 대의를 이루지 못할 거라 자포자기하시면 안 됩니다"라고 말하고 있는 것이다. 다음으로 두 번째와 세 번째, 네 번째 문단을 살펴보자.

또한, 궁중과 부중이 일치단결하여 잘한 일에 상을 주고 잘못된 일에 벌을 줌에 다름이 있어서는 아니 될 것이옵니다. 만일 간악한 짓을 범하여 죄 지은 자와 충량한 자가 있거든 마땅히 각 부서에 맡겨 상벌을 의논하시어 폐하의 공평함과 명명백백한 다스림을 더욱 빛나게 하시고, 사사로움에 치우치셔서 안팎으로 법을 달리하는 일이 없게 하시옵소서.

시중 곽유지와 비의, 시랑 동윤 등은 모두 선량하고 진실하오며 뜻과 생각 이 고르고 순박하여 선제께서 발탁하시어 폐하께 남기셨사오니, 아둔한 신이 생각하건대 궁중의 크고 작은 일은 모두 그들에게 물어보신 이후에 시행하시면 필히 허술한 곳을 보완하는 데 크게 이로울 것입니다. 장군 상총은 성품과 행실이 맑고 치우침이 없으며 군사에 밝은지라 지난 날 선 제께서 상총을 시험 삼아 쓰신 뒤 유능하다 말씀하시었고, 그리하여 여러 사람의 뜻을 모아 그를 도독으로 천거했사오니, 아둔한 신의 생각으로는 군중의 대소사는 상총에게 물어 결정하시면 반드시 군사들 사이에서 화목 할 것이오며, 유능한 자와 무능한 자 모두 적재적소에서 맡은 바 임무를 성실히 다할 것이옵니다.

전한 황조가 흥한 것은 현명한 신하를 가까이하고 탐관오리와 소인배를 멀리했기 때문이오며, 후한 황조가 무너진 것은 탐관오리와 소인배를 가까 이하고 현명한 신하를 멀리한 때문입니다. 선제께옵서는 생전에 신들과 이런 이야기를 나누시면서 일찍이 환제, 영제 때의 일에 대해 통탄을 금치 못하셨사옵니다. 시중과 상서, 장사와 참군 등은 모두 곧고 밝은 자들로 죽기로써 국가에 대한 절개를 지킬 신하들이니, 원컨대 폐하께서는 이들을 가까이 두시고 믿으시옵소서. 그리하시면 머지않아 한실은 다시 융성할 것 이옵니다.

이 세 개의 문단에는 제갈량이 가지고 있던 국정운영에 대한 철학이 그대로 드러나 있다. 우리는 앞선 주제에서 제갈량식 법치의 특징을 살펴본 적이 있다. 그 정수는 바로 법 집행의 공정성이었다. 그는 이를 출사표에서도 강조한다. 그리고 유선을 보좌해줄 신하들을 문관과 무관으로 나누어 추천한다. 당시 국정운영은 제갈량이 전권을 행사하고 있었다. 유선이 그 스스로 "정치는 갈씨(葛氏)에게서 비롯되고 제사는 과인(寡人)이 맡겠소"라고 말했듯이 황제의 권한은 "제사"에만 한정되어 있었다. 그러나 출사표에서 제갈량은 자신의 국정운영에 대한 철학을 유선에게 자세히 설명하는 한편, 믿고 일을 맡길 수 있는 신하들까지 이름을 열거하며 추천하고 있다. 왜 그랬을까? 어차피 유선의 역할은 한정되어 있었고 자신이 국정운영을 모두 총괄하고 있었는데도 말이다. 두 가지 가능성을 생각해 볼 수 있다.

첫 번째 가능성은 제갈량이 자신의 죽음을 각오하고 북벌에 출병했을 가능성이다. 북벌은 전쟁이었다. 항상 죽음의 위험이 도사리고 있는 게 전쟁이다. 여기에 더해 그는 북벌을 성공시킬 때까지 죽음을 불사하겠다는 결연한 의지를 다졌던 듯하다. 그는 처음부터 5차까지 북벌을 할 것이라고 미리 계획한 게 아니었다. 지금 처음 나가는 이 북벌에 자신의 모든 것을 걸었던 것이다. 실제 그는 내부단속이 필요했던 마지막 5차 북벌을 제외하고는 1차 북벌 이후 2차, 3차, 4차 북벌에 이르기까지 성도로 돌아온 적이 없다. 그만큼 내가 죽는 한이 있어도 북벌을 이루기 전에는 성도로 돌아오지 않겠다는 단호한 의지로 북벌에 임했던 것이다. 그래서 자기가 혹시 전장에서 죽고 나면 유선이 국정운영을 대신해야 하니 이것에 미리 대비하고 싶었던 게 아닐까 한다. 자신이 죽더라도 국정운영을 사사로이 하지 말고 법의 공정함을 보여야 한다고 말이다. 그리고 능력과 충심을 가진 신하들을 중용해야 한다고 말이다. 두 번째 가능성은 자신이 북벌 때문에 오랜 시간 성도, 즉 중앙정치를 비우게 되니 유선에게 자신을 대신해 국정을 맡아 달라는 취지에서 국정운영 방향에 대한 당부를 전한 것일 수도 있다.

필자는 첫 번째 가능성이 더 크다고 본다. 네 번째 문단의 "시중과 상서, 장사와 참군 등은 모두 곧고 밝은 자들로 죽기로써 국가에 대한 절개를 지킬 신하들이니, 원컨대 폐하께서는 이들을 가까이 두시고 믿으시옵소서. 그리하시면 머지않아 한실은 다시 융성할 것이옵니다"라는 구절에 집중해보자. 이 구절은 "제가 죽더라도 시중과 상서 등을 가까이 하면 머지않아 한실은 다시 융성할 것이옵니다"라고 해석하는 게 더 자연스럽다. 한실이 다시 융성해지는 때까지 제갈량 자신이 어떠한 역할을 할 것인지에 대한 언급이 전혀 없기 때문이다.

다시 말해, 만약 제갈량이 자신의 죽음을 각오하지 않고 이 구절을 썼다면 "시중과 상서, 장사와 참군 등은 모두 곧고 밝은 자들로 죽기로써 국가에 대한 절개를 지킬 신하들이니, 원컨대 폐하께서는 이들을 가까이 두시고 믿으시옵소서. 그리고 제가 충성을 다해 폐하를 보필하면 머지않아 한실은 다시 융성할 것이옵니다"라고 쓰는 것이 더 자연스럽다. 즉, "제가 충성을 다해 폐하를 보필하면"과 같은 자신의 역할에 대한 언급이 들어가야 한다는 것이다. 그러나 실제 원 구절에서는 제갈량 자신이 한실이 융성해지는 때까지 어떠한 역할을 할 것인지에 대한 언급이 전혀 없다. 즉, 그는 자신의 영원한 부재를 전제하고 해당 구절을 썼던 것이다. 또한, 「장완전」을 보면 「제갈량은 은밀히 표를 올려 유선에게 말했다. "신에게 만일 불행이 있게 된다면, 훗일은 응당 장완에게 맡기십시오."」라는 기록이 있다. 이처럼 제갈량은 유선에게 자신이 죽으면, 훗일은 장완에게 맡기라고 미리 일러두었던 것이다. 따라서 그는 북벌에 임하며 자신의 죽음을 각오했던 것이 확실하다. 다음으로 여섯 번째와 일곱 번째 문단을 살펴보자.

신은 본래 하찮은 포의로 남양 땅에서 논밭이나 갈면서 난세에 목숨을 붙이고자 하였을 뿐, 제후를 찾아 일신의 영달을 구할 생각은 없었사옵니다. 하오나 선제께옵서는 황공하옵게도 신을 미천하게 여기지 아니하시고 무려 세 번씩이나 몸을 낮추시어 몸소 초려를 찾아오셔서 신에게 당세의 일을 자문하시니, 신은 이에 감격하여 마침내 선제를 위해 몸을 아끼지 않으리라 결심하고 그 뜻을 받들었사옵니다. 그 후 한실의 국운이 기울어 싸움에 패하는 어려움 가운데 소임을 맡아 동분서주하며 위난한 상황에서 명을 받들어 일을 행해온 지 어언 스물하고도 한 해가 지났사옵니다.

선제께옵서는 신이 삼가고 신중한 것을 아시고 붕어하실 때 신에게 탁고의 대사를 맡기셨사옵니다. 신은 선제의 유지를 받은 이래 조석으로 근심하며 혹시나 그 부탁하신 바를 이루지 못하여 선제의 밝으신 뜻에 누를 끼치지 않을까 두려워하던 끝에, 지난 건흥 3년(225년) 5월에 노수를 건너 불모의 땅으로 깊이 들어갔사옵니다. 이제 남방은 평정되었고 인마와 병기와 갑옷 역시 넉넉하니, 마땅히 삼군이 북으로 나아가 중원을 평정시켜야 할 것이옵니다. 늙고 아둔하나마 있는 힘을 다해 간사하고 흉악한 무리를 제거하고 한나라 황실을 다시 일으켜 옛 도읍으로 돌아가는 것만이 바로 선제께 보답하고 폐하께 충성드리는 신의 직분이옵니다. 손익을 헤아려 폐하께 충언 드릴 일은 이제 곽유지, 비의, 동윤 등의 몫이옵니다.

제갈량은 이제 본인의 이야기를 해야 했다. 자신이 왜 죽음을 맞이할 수도 있는 그 험난한 북벌을 가야 하는지를 설명하기 위해 말이다. 유선 입장에서는 제갈량이 촉의 거의 모든 군사를 외지로 이끌고 나가 역모를 꾸미려는 건 아닌지 의심이 들 수도 있다. 우리는 "당신이 취하시오"라고 했던 유비의 유언을 기억하지 않는가. 유선도 이 유언을 모르고 있을 리 없었다. 그리고 그는 북벌을 하지 않고 현재의 영토를 지키면서 평화롭게 안주하기를 원했을지도 모른다. 현재도 살만한데 왜 굳이 그 고생을 자처 하냐고 생각하면서 말이다. 그래서 제갈량은 이러한 유선의 의심을 사전에 차단하고, 현재의 상황에 안주하지 않고 북벌을 해야만 하는 이유를 언급해야 했다. 이에 그는 여섯 번째와 일곱 번째 문단에서 북벌의 필요성, 즉 자신이 북벌에 매달리는 이유를 명확하게 밝히고 있다.

우선 그는 세 번이나 자신을 찾아와준 유비와의 첫 만남을 언급한다. 그리고 유비에게 임관하자마자 조조의 남침으로 피난을 갔던 일, 손권과의 동맹을 위해 혈혈단신으로 오나라로 건너가 동분서주했던 일 등을 언급한다. 제갈량은 아마 이 구절을 쓰면서 과거의 회상에 잠시 빠졌을 것이다. "유비와 만난 지 벌써 21년의 세월이 지나, 이제 그 유비는 죽고 자신이 그의 꿈을 대신하고 있다"는 생각을 하면서 말이다. 여섯 번째 문단에서 제갈량이 전달하고자 했던 메시지는 본인은 유비의 은덕을 입었으며, 그와 뜻을 같이하여 지난 21년간 온갖 어려움을 헤치며 충성을 다해왔다는 것이다. 이를 통해 그는 자신의 변치 않은 충성심을 유선에게 보여주고 싶었을 것이다. 직접 언급은 안 했지만 유선에게 "저를 의심 안 해도 됩니다"라고 말하고 있는 것이다.

일곱 번째 문단을 보자. 제갈량은 앞 문단의 내용에 이어, 유비가 죽은 뒤에도 자신은 그의 대의를 실현하기 위해 밤낮을 가리지 않고 고민해 왔으며, 이제 모든 준비가 끝났으니 중원을 평정하여 유선을 옛 수도로 돌아가게 하는 것이 본인의 마지막 남은 임무라고 말하고 있다. 즉, 북벌을 해야 하는 이유는 유비의 못다한 대의를 실현하기 위한 것이며, 그것이 황제(유선)에게 본인이 충성할 수 있는 마지막 길이라고 강조하고 있는 것이다. 다음 여덟 번째 문단을 살펴보자.

원컨대 폐하께옵서는 신에게 흉악무도한 역적을 토벌하고 한실을 부흥시킬 일을 명하시고, 만일 이루지 못하거든 신의 죄를 엄히 다스리시어 선제의 영전에 고하시옵소서. 또한 만약 덕을 흥하게 하는 말이 없으면 곽유지, 비의, 동윤의 허물을 책망하시어 그 태만함을 온 천하에 드러내시옵소서. 폐하께옵서도 마땅히 스스로 헤아리시어 옳고 바른 방도를 취하시고, 신하들의 바른 말을 잘 살펴 들으시어 선제께옵서 남기신 뜻을 쫓으시옵소서.

이제 제갈량은 유선에게 북벌을 허락해 줄 것을 요청한다. 그리고 만일 북벌을 이루지 못하면 자신의 죄를 엄히 다스려달라고 말하고 있다. 반드시 북벌을 성공시키겠다는 그의 결연한 의지를 엿볼 수 있는 대목이다. 그리고 주목해야 할 것은 자신의 죄를 "선제에게 고해"달라는 표현이다. 이를 통해 제갈량은 북벌을 나가는 것은 유비가 자신에게 했던 부탁, 즉 한실부흥을 이뤄내기 위한 것이며, 다른 뜻(역모)은 없다는 점을 재차 강조하고 있다. 그리고 유선에게 유비의 대의를 잊지 말고 그 뜻을 쫓아달라고 다시 한 번 요청한다. 여덟 번째 문단을 보면 왜 당시 사람들이 제갈량의 문장이 "반복됨과 세세함이 지나치다"라고 평가했었는지가 이해가 간다. 왜 그는 이토록 반복적으로 유선에게 "대의를 잊지 말고 쫓아달라"고 강조했던 것일까? 대의실현(한실부흥)에 대한 자신의 결연한 의지와 절박한 마음을 유선에게 어떻게든 전달하고 싶었기 때문이 아니었을까? 다음으로 마지막 아홉 번째 문단을 보자.

신이 받은 은혜에 감격을 이기지 못하옵니다. 이제 멀리 떠나는 자리에서 표문을 올림에 눈물이 앞을 가려 무슨 말씀을 아뢰어야 할지 모르겠사옵니다.

마지막 문단 전까지 제갈량이 유선에게 했던 말을 요약하면 다음과 같다. "폐하. 선제(유비)는 돌아가셨지만, 그의 꿈은 아직 살아있고 신하들은 단결하여 그 꿈을 이루기 위해 힘쓰고 있습니다. 폐하도 스스로 자신감을 잃지 마시고 선제의 대의실현을 위해 힘써 주십시오. 제가 북벌을 하다 죽더라도 폐하께서는 법의 공정함을 중히 여기셔서 사사로이 국정을 운영하지 마시옵소서. 그리고 능력 있고 충심 있는 신하를 가까이 하시면, 머지않아 한실은 다시 융성해질 것입니다. 신은 미천한 신분이었으나, 선제의 뜻에 감격하여 궂은일을 마다하지 않고 지난 21년 동안 충성을 다해왔습니다. 이제 저에게 남은 직무는 중원을 회복하여 선제의 뜻을 실현하고 폐하를 옛 수도로 보내드리는 것입니다. 다른 뜻은 없습니다. 폐하께서는 역적을 토벌하고 중원을 회복하는 임무를 저에게 내리시고, 그 임무를 제가 이루지 못하거든 선제께 저의 죄를 고하여 주십시오. 다시 한 번 말씀드리지만, 폐하께서도 절대 선제의 대의를 잊지 말아주시옵소서" 여기까지 이야기한 제갈량은 출사표의 끝을 맺으며 눈물을 흘린다.

그는 마지막 문장을 쓰기 전, 유비를 처음 만났던 그때의 기억이 다시 한 번 떠올랐을 것이다. 자신을 세 번이나 찾아주며 아껴줬던 유비. 시작은 초라했지만 그와 함께 온갖 고난을 겪으며, 한실부흥이라는 꿈을 쫓아왔다. 그 세월이 벌써 21년이 지났다. 이제 그 유비는 이미 죽고 곁에 없다. 자신과 뜻을 같이 하며, 든든한 힘이 되어주던 방통, 마량, 법정과 같은 동료들도 이미 세상을 떠난지 오래였다. 홀로 된 제갈량은 지난 몇 년간 유비와의 약속을 지키기 위해 자신의 모든 것을 받치며 외로운 싸움을 해왔다. 그리고 이제 그 오래된 꿈을 실현할 수 있는 바로 직전의 순간에 와있다. 조조가 두려워 도망가기만 했던 우리가 이제는 대군을 이끌고 그렇게 커 보이던 위나라를 정벌하러 간다. 불가능할 것만 같았던 순간이 눈앞에 와 있는 것이다. 제갈량은 이 순간 뭔가 벅차오름을 느꼈을 것이다. 그리고 그는 북벌에 임하며 자신의 죽음을 각오했다. 결연한 의지를 마음속으로 다졌다. "내가 죽는 한이 있어도 북벌을 이룰 것이다. 내가 북벌을 이루지 못하면, 죽어서도 유비 당신의 묘 앞에서 나의 죄를 고하겠소"라고 말이다. 죽음을 각오하고 나니 가족들이 생각났을 것이다. 이제 가족들과 영영 보지 못할 수도 있다. 특히나 눈에 넣어도 아프지 않을 그의 어린 아들 제갈첨이 생각났을 것이다. 그리고 수많은 장군과 참모들, 10만이 넘는 병사의 목숨이 모두 자기 손에 달려있다는 막중한 책임감도 느꼈을 것이다. 이러한 복잡한 감정의 소용돌이 속에서 "모든 준비는 끝났다. 이제 먼 길을 떠나 적진으로 나아가야 한다. 다시는 돌아오지 못할 길이 될 수도 있다"라는 생각이 들자 제갈량은 눈물이 났을 것이다. "이제 멀리 떠나는 자리에서 표문을 올림에 눈물이 앞을 가려 무슨 말씀을 아뢰어야 할지 모르겠사옵니다" 짧은 구절이지만, 당시 그의 복잡한 심정이 그대로 묻어나있는 구절이라 하지 않을 수 없다.

이제까지 필자의 시각으로 출사표를 해석해보고, 제갈량이 출사표를 써내려가면서 느꼈을 심정을 추측해 보았다. 거의 2천년 전에 쓰여진 글이 지금까지 남아있어, 그 글을 온전히 볼 수 있다는 것에 감사하다. 이제 독자 여러분이 출사표 전문을 천천히 음미해 보시길 바란다.

신 량이 삼가 아뢰옵니다.

선제(先帝, 유비)께옵서는 창업하신 뜻의 반도 이루지 못하신 채 중도에 붕어하시고, 이제 천하는 셋으로 정립되어 익주가 매우 피폐하오니, 참으로 나라의 존망이 위급한 때이옵니다. 하오나 폐하를 모시는 대소 신료들이 안에서 나태하지 아니하고 충성스런 무사들이 밖에서 목숨을 아끼지 않음은 선제께옵서 특별히 대우해주시던 황은을 잊지 않고 오로지 폐하께 보답코자 하는 마음 때문이옵니다. 폐하께서는 마땅히 그들의 충언에 귀를 크게 여시어 선제의 유덕을 빛내시오며, 충의지사(충직하고 의리가 있는 자)들의 의기를 드넓게 일으켜 주시옵소서. 스스로 덕이 박하고 재주가 부족하다 여기셔서 그릇된 비유를 들어 대의를 잃으셔서는 아니 되오며, 충성스레 간하는 길을 막지 마시옵소서.

또한, 궁중과 부중이 일치단결하여 잘한 일에 상을 주고 잘못된 일에 벌을 줌에 다름이 있어서는 아니 될 것이옵니다. 만일 간악한 짓을 범하여 죄지은 자와 충량한 자가 있거든 마땅히 각 부서에 맡겨 상벌을 의논하시어 폐하의 공평함과 명명백백한 다스림을 더욱 빛나게 하시고, 사사로움에 치우치셔서 안팎으로 법을 달리하는 일이 없게 하시옵소서.

시중 곽유지와 비의, 시랑 동윤 등은 모두 선량하고 진실하오며 뜻과 생각이 고르고 순박하여 선제께서 발탁하시어 폐하께 남기셨사오니, 아둔한 신이 생각하건대 궁중의 크고 작은 일은 모두 그들에게 물어보신 이후에 시행하시면 필히 허술한 곳을 보완하는 데 크게 이로울 것입니다. 장군 상총은 성품과 행실이 맑고 치우침이 없으며 군사에 밝은지라 지난 날 선제께서 상총을 시험 삼아 쓰신 뒤 유능하다 말씀하시었고, 그리하여 여러 사람의 뜻을 모아 그를 도독으로 천거했사오니, 아둔한 신의 생각으로는 군중의 대소사는 상총에게 물어 결정하시면 반드시 군사들 사이에서 화목할 것이오며, 유능한 자와 무능한 자 모두 적재적소에서 맡은 바 임무를 성실히 다할 것이옵니다.

전한 황조가 흥한 것은 현명한 신하를 가까이하고 탐관오리와 소인배를 멀리했기 때문이오며, 후한 황조가 무너진 것은 탐관오리와 소인배를 가까이하고 현명한 신하를 멀리한 때문입니다. 선제께옵서는 생전에 신들과 이런 이야기를 나누시면서 일찍이 환제, 영제 때의 일에 대해 통탄을 금치 못하셨사옵니다. 시중과 상서, 장사와 참군 등은 모두 곧고 밝은 자들로 죽기로써 국가에 대한 절개를 지킬 신하들이니, 원컨대 폐하께서는 이들을 가까이 두시고 믿으시옵소서. 그리하시면 머지않아 한실은 다시 융성할 것이옵니다.

신은 본래 하찮은 포의로 남양 땅에서 논밭이나 갈면서 난세에 목숨을 붙이고자 하였을 뿐, 제후를 찾아 일신의 영달을 구할 생각은 없었사옵니다. 하오나 선제께옵서는 황공하옵게도 신을 미천하게 여기지 아니하시고 무려 세 번씩이나 몸을 낮추시어 몸소 초려를 찾아오셔서 신에게 당세의 일을 자문하시니, 신은 이에 감격하여 마침내 선제를 위해 몸을 아끼지 않으리라 결심하고 그 뜻을 받들었사옵니다. 그 후 한실의 국운이 기울어 싸움에 패하는 어려움 가운데 소임을 맡아 동분서주하며 위난한 상황에서 명을 받들어 일을 행해온 지 어언 스물하고도 한 해가 지났사옵니다.

선제께옵서는 신이 삼가고 신중한 것을 아시고 붕어하실 때 신에게 탁고의 대사를 맡기셨사옵니다. 신은 선제의 유지를 받은 이래 조석으로 근심하며 혹시나 그 부탁하신 바를 이루지 못하여 선제의 밝으신 뜻에 누를 끼치지 않을까 두려워하던 끝에, 지난 건흥 3년(225년) 5월에 노수를 건너 불모의 땅으로 깊이 들어갔사옵니다. 이제 남방은 평정되었고 인마와 병기와 갑옷 역시 넉넉하니, 마땅히 삼군이 북으로 나아가 중원을 평정시켜야 할 것이옵니다. 늙고 아둔하나마 있는 힘을 다해 간사하고 흉악한 무리를 제거하고 한나라 황실을 다시 일으켜 옛 도읍으로 돌아가는 것만이 바로 선제께 보답하고 폐하께 충성드리는 신의 직분이옵니다. 손익을 헤아려 폐하께 충언 드릴 일은 이제 곽유지, 비의, 동윤 등의 몫이옵니다.

원컨대 폐하께옵서는 신에게 흉악무도한 역적을 토벌하고 한실을 부흥시킬 일을 명하시고, 만일 이루지 못하거든 신의 죄를 엄히 다스리시어 선제의 영전에 고하시옵소서. 또한 만약 덕을 흥하게 하는 말이 없으면 곽유지, 비의, 동윤의 허물을 책망하시어 그 태만함을 온 천하에 드러내시옵소서. 폐하께옵서도 마땅히 스스로 헤아리시어 옳고 바른 방도를 취하시고, 신하들의 바른 말을 잘 살펴 들으시어 선제께옵서 남기신 뜻을 좇으시옵소서.

신이 받은 은혜에 감격을 이기지 못하옵니다. 이제 멀리 떠나는 자리에서 표문을 올림에 눈물이 앞을 가려 무슨 말씀을 아뢰어야 할지 모르겠사옵니다.

왜 제갈량은 위연의 자오곡 계책을 채택하지 않았나?

제갈량의 1차 북벌을 논할 때 항상 빠지지 않는 주제가 있다. 바로 위연이 제기했다는 자오곡 계책에 대한 것이다. 혹자들은 제갈량이 위연의 자오곡 계책만 따랐더라면 손쉽게 장안을 점거할 수 있었을 것이라고 주장하기도 한다. 이러한 주장이 지속적으로 제기되는 것은 아마도 가장 성공가능성이 높았던 1차 북벌이 실패로 돌아간 것에서 오는 세인들의 안타까움 때문일 것이다. 이 주제에서는 위연의 자오곡 계책은 무엇이었고, 왜 제갈량은 이를 채택하지 않았었는지에 대해 추측해 보고자 한다. 먼저, 자오곡 계책이 대체 무엇이었는지부터 살펴보도록 하자. 역사서의 기록을 기준으로, 위연이 북벌과 관련해 그의 생각을 제갈량에게 제안한 것은 두 번이었던 것으로 추측된다.

먼저 『위략』에는 「하후무(夏侯楙)가 안서장군(安西將軍)이 되어 장안을 지키니 제갈량은 여러 수하장수들과 함께 계책을 의논했다. 위연이 말했다. "듣기로 하후무는 어려서 조조의 사위가 되어 겁이 많고 꾀가 없다고 합니다. 지금 저 위연에게 정병(精兵) 5천과 군량을 짊어질 군사 5천을 주신다면, 곧장 포중(褒中)을 나가 진령(秦嶺)을 돌아 동쪽으로 진군하고 자오(子午)에 당도한 뒤 북쪽으로 향할 것이니, 10일을 지나지 않아 장안에 도착할 수 있습니다. 하후무는 저 위연이 갑자기 들이닥쳤다는 것을 들으면 필시 배를 타고 도주할 것입니다. 장안에는 횡문(橫門)의 곡식과 흩어진 백성들의 곡식이 충분할 것입니다. 위나라에서 군사들을 취합하는 데는 20일은 걸릴 것이니, 공(公, 제갈량)이 야곡(斜谷)을 나와 (장안에) 도달하기에는 충분합니다. 이와 같이 한다면 일거에 함양(咸陽) 서쪽을 평정할 수 있습니다." 제갈량은 이 계책이 위태로워 쓰지 않았다.」는 기록이 있다. 이것이 보통 자오곡 계책이라 불리는 위연의 제안이다. 제갈량은 위연의 계책을 위태롭게 생각하여 쓰지 않았었다고 한다. "위태롭다"는 것은 리스크가 너무 크다는 말일 것이다.

『삼국지』「위연전」에는 「위연은 매번 제갈량을 따라 출진할 때마다 번번이 군사 만명을 청해 제갈량과 서로 길을 달리 하여 동관

위연의 자오곡 계책 진출로

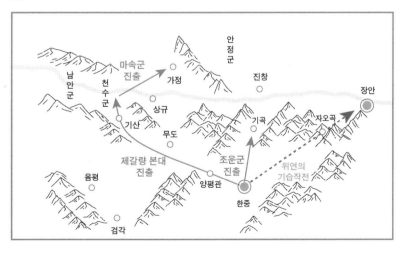

에서 만나 한신(韓信)의 고사(故事)처럼 하고자 했으나 제갈량이 이를 제지하며 허락하지 않았다. 위연은 늘 제갈량이 겁이 많다고 하며 자신의 재주가 모두 쓰이지 못한다고 한탄했다.」라는 기록도 있다. 이 기록에서 위연이 언급했다는 한신의 고사란, 유방과 한신이 각기 군을 이끌고 서로 다른 방향으로 진격하여 관중지역을 정벌했던 예를 뜻한다. 이처럼 『삼국지』에 기술되어 있는 위연의 제안은 앞서 소개한 『위략』에 서술되어 있는 위연의 제안과는 약간 그 결이 다르다.

생각건대, 『위략』의 기록은 제갈량의 1차 북벌 당시 위연이 제안했던 내용을 기록한 것으로 보인다. 그리고 『삼국지』의 기록은 1차 북벌 이후, 2차에서 5차 북벌 사이에 위연이 제갈량에게 제안했던 내용을 서술한 듯하다. 그 이유는 1차 북벌에서 이미 제갈량은 조운을 통해 양동작전을 펼쳤었다. 『삼국지』에 기록된 위연의 제안처럼, 조운에게 일군을 맡겨 제갈량의 본대와 서로 길을 달리하여 움직였던 것이다. 따라서 1차 북벌 때 위연이 조운과 마찬가지로 자신에게도 군을 나누어 달라고 요청했을 가능성은 높지 않아 보인다. 군을 제갈량, 조운, 위연 3개로 나누자는 제안은 누가 들어도 말이 안 되는 주장이다. 안 그래도 전력이 위나라에 비해 크지 않았던 촉나라가 어떻게 군을 3개로 나눈단 말인가. 따라서 1차 북벌 때 위연이 제안했던 전략은 『위략』에 서술되어 있는 "자오곡계책"이었을 가능성이 크다. 그리고 위연은 2

위연(魏延, ?~234년)

제갈량에게 위연의 자오곡 계책은
리스크가 매우 큰 작전이었다.
(출처: Wikimedia Commons)

차에서 5차까지의 북벌을 하는 동안 제갈량이 1차 북벌 때처럼 별동대를 운영하지 않자, 『삼국지』의 기록대로 자신에게 군을 맡겨 각기 다른 방향에서 양동작전을 펼치자고 제안했던 것이다.

그럼 위연의 두 가지 제안 중 『위략』에 나타나 있는 자오곡 계책에 집중해보자. 제갈량은 왜 위연의 자오곡 계책을 거절했던 것일까? 이미 앞에서 언급했듯이 제갈량은 자오곡 계책의 리스크가 너무 크다고 생각했다. 그는 위험을 선호하는 사람이 아니었다. 위험 기피적 선호를 가진 사람이었다. 그래서 모험하기를 꺼려했다. 제갈량이 북벌을 위해 출병을 하면서 항상 경계했던 것이 무엇이었던가? 바로 후방을 안정화시키는 것이었다. 촉군의 후방에 적이 있으면 장안을 공격할 때 후방역습에 대한 리스크가 너무 컸다. 그래서 그는 항상 장안 쪽을 먼저 공략하지 않고, 장안의 서쪽지역을 먼저 병탄하고 이를 거점으로 장안을 공략하는 전략을 자주 써왔던 것이다. 이렇게 모험을 좋아하지 않고 리스크 관리를 중요시 했던 제갈량의 성격은 당시 사람들에게도 꽤 유명했던 것 같다. 『진서』「선제기」에는 「선제(사마의)가 말했다. "제갈량은 생각이 많고 결단력이 부족하니 필시 영채를 안돈하여 스스로 방비를 굳게 한 뒤에야 보리를 수확할 것이오. 우리가 이틀 동안 급히 행군하면 충분하오."」라는 기록이 있다. 사마의는 "제갈량은 생각이 많고 결단력이 부족"하다고 말하고 있다. 그만큼 제갈량은 모험을 좋아하지 않는, 매우 신중한 성격의 소유자라는 것을 사마의는 이미 알고 있었던 것이다. 이러한 제갈량의 성격은 적으로 하여금 그의 전략을 쉽게 간파하게 만드는 요소가 되기도 했다. 그렇다면, 제갈량은 왜 위연의 계책이 리스크가 크다고 생각했던 것일까? 크게 두 가지 이유로 요약해볼 수 있다.

첫째, 자오곡 계책의 성공을 위한 전제조건이 너무 많았다. 위연은 다음 세 가지 예상을 했다. 먼저 자신이 장안을 공격하면 겁이 많은 하후무가 도망갈 것이라고 생각했다. 그러나 이는 예상일 뿐이었다. 아무리 하후무가 겁이 많았었다 하더라도, 장안이 위나라에게 얼마나 중요한 요충지인지를 모르고 있을 리 없었다. 그러한 장안을 버리고 도망갈 경우, 자신이 받게 될 벌이 얼마나 클지도 충분히 예상하고 있었을 것이다. 따라서 하후무가 위연의 말대로 놀라서 달아날 가능성은 생각보다 크지 않을 수 있었다. 우리는 2차 북벌에서 제갈량 본대의 파상공세를 혼자서 막아냈던 학소를 기억한다. 제갈량은 당시 학소의 능력을 얕본 면이 없지 않았다. 그러나 그의 실제 능력은 대단했다. 수만의 적군을 고작 수천의 병력으로 막아냈던 것이다. 하후무 또한 이러지 않을 것이라는 보장이 없지 않는가. 특히 장안성은 견고한 성이었다. 방어에 적합했으므로 위연이 들이닥친다고 해서, 성을 쉽게 버리고 도망칠 가능성은 크지 않았다. 위연의 두 번째 예상은 장안성은 성안에 군량이 충분하니 이를 토대로 농성할 수 있다는 것이었다. 하후무가 위연의 예상대로 도망갔다고 치자. 그런데 군량을 그대로 놔두고 도망간다는 보장이 있는가? 보통 성을 버리고 도망갈 때는 적에게 보탬이 될 수 있는 자원을 훼손하고 가는 것이 일반적이다. 다시 말해, 하후무가 성안의 군량을 불태우거나 훼손하지 않고 도망간다는 보장이 없는 것이다. 이렇듯 위연의 두 번째 예상도 반드시 현실에서 일어날 가능성은 높지 않았다. 위연의 세 번째 예상은 위나라 지원군이 장안까지 당도하는데 최소 20일이 걸릴 것이라는 거였다. 제갈량은 1차 북벌을 시작하기 전, 원래 촉의 신하였으나 위나라로 배반한 맹달을 다시 촉나라로 귀순시키려는 계략을 썼었다. 이때 맹달은 촉으로 다시 귀의할 것을 결심하긴 했었지만, 위나라를 배반하기 위한 봉기를 언제로 할지 그 시기를 정하지 못하고 있었다. 상당히 그는 느긋했다. 사마의가 자신의 배반을 알아채고 본인의 근거지인 상용까지 공격을 오려면 시간이 많이 걸릴 것이라고 예상하고 있었기 때문이다. 『진서』「선제기」에는 「맹달이 제갈량에게 서신을 보내 말했다. "(사마의가 있는) 완(宛)은 낙양과 800리 떨어져 있고 내가 있는 곳과는 1,200리 떨어져 있으니, 내가 거사했다는 말을 들으면 응당 천자에게 표를 올리며 서로 왕복해야 하니 한 달은 걸릴 것인즉, 내 성은 이미 견고해지고 군사는 충분히 대비되어 있을 것입니다. 또한 내가 있는 곳은 깊고 험한 곳이라 사마공이 필시 직접 오지는 않을 것인데, 제장(諸將)들이 온다면 내가 걱정할 일은 없습니다."」라는 기록이 있다. 맹달은 자신이 점거하고 있는 상용과 사마의가 주둔하고 있는 완성은 그 거리가 1,200리나 되니, 자신을 공격하러 오려면 최소 한 달은 걸릴 거라고 예상했던 것이다. 그러나 사마의는 강행군을 통해 단 8일 만에 맹달이 있는 상용성에 도착한다. 놀란 맹달은 다시 제갈량에게 서신을 보내 "내가 거사한 지 8일 만에 군대가 성 아래에 도착하니 어찌 그토록 신속할 수 있습니까!"라고 탄식했었다고 한다. 그러나 이미 때는 늦은 후였다. 맹달은 사마의에게 사로잡혀 죽임을 당하게 된다. 이 사례에서 보듯, 위나라 지원군이 장안에 도착하는데 최소 20일이 걸릴 것이라는 위연의 예상은 아무런 근거가 없는 주장이었다. 맹달의 죽음을 이미 겪어본 제갈량은 그의 이 같은 예상은 터무니없는 것이라고 생각했을 것이다. 정리하면, 위연의 자오곡 계책은 그의 세 가지 예상이 모두 현실에서 일어나야 성공할 수 있는 전략이었다. 하지만 앞서 살펴본 대로 세 가지 모두 현실에서 일어날 가능성은 결코 크지 않았다.

제갈량이 위연의 계책이 리스크가 크다고 생각했던 두 번째 이유는 자오곡 계책이 실패했을 때의 결과를 미리 가늠해 봤기 때문일 수 있다. 혹자는 "위연이 요청했던 병력의 규모가 1만 명 정도였으면 당시 1차 북벌군의 규모가 10만 명 이상이었으니, 한번 베팅을 해 볼 만도 했지 않느냐?"고 주장할 수도 있다. 하지만 위연이 요청했던 병사의 수는 많지 않았었다 하더라도, 자오곡 계책이 혹여 실패로 돌아갔을 때 촉군에 미칠 수 있는 영향은 작지 않을 수 있었다. 먼저, 군의 사기가 떨어질 수 있다. "촉나라 대표 명장인 위연도 실패했다"는 두려움에 본격적으로 싸우기도 전에 병사들의 사기는 크게 저하됐을 것이다. 이러한 사기저하는 제갈량이 군대를 운용하는 데에 큰 어려움을 주었을 것이다. 전쟁에서 병사들의 사기는 따로 언급할 필요가 없을 정도로 매우 중요한 요소이기 때문이다. 둘째, 1차 북벌의 중요 전략 중 하나는 앞서 설명했듯이 기습이었다. 그러나 자오곡 계책도 일종의 기습전략이었다. 따라서 자오곡 작전이 실패로 돌아가게 되면, 제갈량 본대가 누릴 수 있는 기습효과가 사라져 버린다. 즉, 위나라는 자오곡을 통한 촉의 침입을 막아낸 이후, 향후 촉의 침공이 있을 것이라 예상하고 철저히 대비했을 가능성이 크다. 이렇게 되면, 제갈량의 진격에 천수, 남안, 안정 등의 지역이 지레 겁을 먹고 항복하는 일은 일어나지 않았을 것이다.

지금까지 살펴봤듯이, 제갈량에게 자오곡 계책은 리스크가 매우 큰 작전이었다. 그의 조심스런 성격으로 미루어 보건대, 위연의 계책은 당연히 거절할 수밖에 없는 작전이었던 것이다. 하지만 여기서 오해하지 말아야 할 것은 제갈량은 위연의 계책을 거부했던 것뿐이지 위연 자체를 미워했던 것은 아니라는 점이다. 아무리 그가 "제갈량이 겁이 많아 자신의 능력을 제대로 쓰지 못하고 있다"고 제갈량을 비난하고 다녔어도 말이다. 우리는 제갈량의 "집사광익" 정신을 기억한다. 그는 비록 자신이 부하의 직언과 건의 등을 모두 받아들이지는 못하겠지만, 받아들이지 않았다는 것이 직언을 한 사람을 미워한다는 뜻은 아니라는 점을 여러 번 강조한 바 있다. 제갈량은 북벌을 함에 있어 언제나 위연을 중용했다. 그러나 위연의 말년은 그리 좋지 못했는데, 이에 대해서는 주제를 달리하여 후술해보도록 하겠다.

마속은 가정에서의 패배 후, 벌을 받을 게 두려워 도망쳤었다? 제갈량이 마속을 아꼈던 이유와 죽일 수밖에 없었던 이유

제갈량이 마속을 아꼈던 이유

"읍참마속(泣斬馬謖)" 삼국지에서 가장 유명한 고사 중 하나이다. 마속은 제갈량이 가장 사랑하고 아끼던 부하였다. 그러나 그는 제갈량이 20년 넘게 준비해온 북벌을 한순간에 무너뜨려 버렸다. 유비는 백제성에서 숨을 거두기 전에 제갈량에게 마속에 대해 이야기한 적이 있다. 『삼국지』「마속전」에는 「(마속은) 재주와 기량이 남들보다 뛰어나고, 군사 계책을 논하기를 좋아하니, 승상 제갈량이 더욱 그의 기량을 빼어나게 여겼다. 선주가 임종 때에 제갈량에게 이르길 "마속은 말이 그 실제를 과장하니, 크게 기용할 수 없소. 그대가 이를 살펴보시오."라 했다. 제갈량은 오히려 그렇지 않다고 생각하여, 마속을 참군(參軍)으로 삼고, 매양 불러서 얘기하기를 밤낮으로 했다.」는 기록이 있다. 유비는 왜 이런 말을 했던 것일까? 인재를 보는 눈이 남달랐던 그다. 아무 의미 없이 제갈량에게, 그것도 죽어가는 와중에 이런 얘기를 했을 리는 없다. 필자의 추측으로 아마 유비는 생전에 제갈량이 마속을 가까이 하는 모습을 자주 봐왔을 것이다. 유비 눈에 마속은 언제나 제갈량 곁에 있었으며 제갈량도 그를 아끼고 좋아하는 분위기였다. 그러나 인재를 보는 날카로운 안목을 가진 유비가 봤을 때 마속은 말만 유창하고 실제는 그 말에 못 미치는 사람으로 보였던 듯하다. 그런데 제갈량은 그런 마속을 자신의 후계자로 생각하는 듯하니, 촉나라

마속(馬謖, 190~228년)

의 미래를 위해 제갈량에게 조언을 했던 것이다. 제갈량이 마속을 후계자로 생각하는 눈치가 아니었다면, 유비는 이런 조언을 할 필요도 없었다. 마속이 아무리 허풍이 심하고 말이 앞서는 자라도 나라의 큰일을 맡지만 않으면, 국가에 해를 끼칠 가능성은 거의 없기 때문이다.

그렇다면 왜 제갈량은 유비의 조언에도 불구하고 마속을 그렇게 아꼈던 것일까? 이를 파악하기 위해서는 마속의 형 마량(馬良, 187~222년)과 제갈량의 관계를 먼저 살펴볼 필요가 있다. 마량은 "백미(白眉)"라는 고사로 유명한 인물이다. 우리가 보통 이 식당은 "곱창전골이 백미야"라고 할 때 그 백미 말이다. 형주지역에는 마씨 다섯 형제가 있었는데, 그 지역 사람들은 "마씨 오형제 중에서 백미(白眉)가 제일 낫다"고 말하

제갈량은 마속을 중용하지 말라는 유비의 말을 거스르면서까지 마속을 아끼고 사랑했다.
(출처: Wikimedia Commons)

곤 했다고 한다. 마량의 눈썹이 희었으므로, 사람들은 그를 지칭해 백미라고 불렀던 것이다. 마량은 유비가 형주를 손에 넣었을 때 유비에게 임관하게 된다. 이때 형제 중 막내였던 마속도 유비에게 같이 등용된다. 「마량전」에는 「선주가 촉에 들어가고, 제갈량 또한 따라서 후에 가자, 마량은 형주에 남았었는데 제갈량에게 편지를 쓰기를 "듣자 하니 낙성(雒城)은 이미 함락되었다니, 이것은 하늘이 내린 복입니다. 존형께서 시기에 호응하고 세상을 밝혔고, 공업은 나라를 빛내고 있으니 성공의 징조가 보입니다."[1]라고 했다.」는 기록이 있다. 여기서 마량은 제갈량에게 "존형"이란 표현을 쓰고 있다. 제갈량이 181년생이고, 마량이 187년생이니 제갈량이 여섯 살 형이긴 했다. 그러나 엄연히 이 둘은 직장동료였고, 제갈량은 마량의 상사였다. 그런데도 마량이 제갈량에게 존형이란 표현을 쓰고 있는 것에서, 우리는 이 둘의 관계가 굉장히 친밀했었다는 것을 유추해 볼 수 있다. 지금 시대에도 직장이라는 공적관계 안에서 서로를 "형동생"으로 부르기란 쉽지 않다. 그것도 상대방이 나와 비슷한 직급이 아니라 상사라면 더욱 어렵다. 『삼국지』에 주석을 단 배송지도 마량의 "존형"표현을 두고 "마량은 아마 제갈량과 결의형제를 하였거나, 혹은 서로 친분이 있었던 듯하다"라고 언급한 바 있다. 즉, 배송지는 마량과 제갈량이 의형제가 아니었을까 하고 추측하고 있는 것이다. 둘 사이가 의형제였던 아니던 최소한 각별한 사이였던 것만은 확실하다. 나중에 마량은 유비의 동오원정에 참여하였다가 목숨을 잃게 된다. 제갈량은 형제와 같았던 마량을 먼저 떠

---

1 낙성은 유장이 다스리고 있던 지역으로, 마량은 제갈량에게 익주정벌이 성공적으로 진행되고 있는 것을 축하하고 있다.

나보내게 된 것이다. 그래서 많은 역사학자들은 제갈량이 이 때문에 마량의 동생 마속을 더 아끼고 사랑했던 것이라고 주장하기도 한다. 분명 마속은 재능이 있는 참모였다. 제갈량의 남만원정 의도를 간파하고 "마음을 공격하라"고 조언했던 그가 아닌가. 그러나 제갈량은 마속이 마량의 동생이라는 점 때문에 그의 실제 능력에 비해 더 그를 아끼고 애정을 쏟았던 것으로 보인다.

제갈량이 마속에게 가정을 맡겼던 이유

이제 제갈량이 왜 가정전투에 마속을 투입했었는지 어느 정도 추측이 가능하다. 우선 가정을 사수하는 것이 1차 북벌에서 얼마나 중요한 임무였었는지부터 알아볼 필요가 있다. 북벌과 관련된 주제에서 이미 설명했었지만, 제갈량의 전략은 촉군을 조운과 자신의 본대로 나눠 위나라의 방어군을 흩트려 놓는 것이었다. 그리고 장안 서쪽을 구원하러 오는 위나라군을 가정에서 틀어막는 동안 자신의 본대가 장안 서쪽을 병탄하여, 이를 거점으로 장안을 공격하는 것이 그의 핵심 전략이었다. 가정지역은 쉽게 생각해 좁은 길목이었다. 가정이 뚫리면 평원지대가 펼쳐지므로, 쏟아져 오는 위나라 지원군을 막으려면 제갈량은 방어전선을 넓게 가져가야 했다. 이렇게 되면 당연히 촉군의 방어선은 옅어질 수밖에 없고 뚫리기도 쉬워진다. 따라서 가정을 사수하는 것은 북벌성공을 위한 핵심 중의 핵심 임무였다. 그렇다면 제갈량은 왜 마속을 이 중요한 임무에 투입했던 것일까?

가능한 이유는 다음 세 가지다. 첫째, 마속을 아끼고 사랑하는 마음 때문이었을 수 있다. 제갈량은 마속을 자신의 후계자로 생각하고 있었지만, 마속은 그때까지만 해도 실전 전투경력이 전무했다. 남만정벌 때도 그는 제갈량과 동행하지 않았다. 마속을 후계자로 삼으려면, 단순히 제갈량이 그를 아낀다고만 되는 것이 아니었다. 내세울 만한 공적이 있어야 했다. 그래서 제갈량은 마속에게 눈에 띌 만한 공적을 쌓을 기회를 주기 위해 그를 선택했던 것이 아닐까 싶다. 두 번째 가능성은 마속이 1차 북벌의 전략을 누구보다도 잘 이해하고 있었기 때문일 수 있다. 「마속전」에는 「제갈량이 마속을 참군(參軍)으로 삼고, 매양 불러서 얘기하기를 밤낮으로 했다.」는 기록이 있다. 따라서 북벌을 위한 군사전략을 수립할 당시, 마속이 제갈량 곁에서 상당한 관여를 했을 가능성이 크다. 만약 이 추측이 옳다면, 제갈량은 마속이 가정의 전략적 중요성을 그 어떤 장수보다도 잘 이해하고 있는 부하라고 생각했을 것이다. 그래서 이 때문에 마속을 선택했던 것일 수도 있다. 마지막 세 번째 가능성은 제갈량은 가정을 지키는 일이 중요한 임무이긴 했지만, 그리 어렵지 않은 임무라고 생각했고, 마속이 이 정도쯤은 쉽게 해낼 수 있을 거라고 여겼을 수 있다. 『삼국지』「제갈량전」에는 「제갈량은 마속에게 선두에서 제군(諸軍)을 이끌게 해 가정에서 장합과 싸우게 했다. 마속은 제갈량의 명령을 어기고 거동이 부적절하여 장합에게 대파 당했다.」는 기록이 있다. 또한, 『속한서(續漢書)[2]』에는 「(마속은) 제갈량의 작전명령을 어기고, 행동이 매우 번거롭고 어지러웠으며, 물을 버리고 산으로 올라가니, 내려가서 성을 점거하여 (지

---

2 서진의 인물 사마표(司馬彪, ?~306년)가 지은 역사서로, 한나라 광무제부터 헌제까지 2백 년의 역사를 기술하고 있다.

형의) 이점을 취하지 아니하였다. 비장(神將) 왕평(王平)이 힘써 간하였으나 마속이 쓰지 않으니, 마침내 대패하여 사졸이 모조리 궤멸하였다.」고 언급하고 있다. 『자치통감』에는 「마속은 제갈량의 명령을 지키지 아니하면서 행동거지가 번거롭고 어지러웠으며, 물을 버리고 산에 올라, 아래에 있는 성을 점거하지 않았다. 장합이 그 급도를 끊고 공격해 대파하니 마속의 병사들이 흩어지게 되었다.」는 기록도 있다. 『삼국지』, 『속한서』, 『자치통감』의 기록이 공통적으로 기술하고 있는 것은 마속이 제갈량의 명령을 "어겼다"는 것이다. 그리고 그가 산으로 올라가 장합에게 패배했었다고 기록하고 있다. 이를 토대로 추측해보면, 제갈량은 가정을 방어할 확실한 계책을 가지고 있었다. 그리고 그 계책을 마속에게 상세히 알려주었던 것으로 보인다. 아마 그 계책은 "가정의 산 아래에 있는 성을 점거하고 버텨라"가 아니었을까? 제갈량은 가정을 방어할 자신의 계책에 확신이 있었을 것이다. 그래서 마속이 자신의 계책을 잘 따르기만 한다면 어렵지 않게 가정을 사수할 수 있을 거라고 생각하고 있었기 때문에, 마속을 선택했던 것일 수도 있다는 것이다.

필자는 위에서 제시한 세 가지 가능성 중에서도 특히 첫 번째 가능성, 즉 제갈량의 마속에 대한 애정이 적지 않은 영향을 미쳤을 것이라고 생각한다. 그 근거는 다음과 같다. 첫째, 당시 촉의 여러 신하들은 가정방어를 위연이나 오의 같은 이미 능력이 검증된 장수에게 맡겨야 한다고 주장했었다. 그럼에도 제갈량은 아무런 실전 경험도 없는 마속을 고집했다. 「제갈량전」에는 「제갈량이 군대를 출정시켜 기산(祁山)으로 향했는데, 당시 숙장(宿將)인 위연, 오의 등이 있어 논자들은 마땅히 그들을 선봉으로 삼아야 한다고 했으나,

제갈량은 뭇 의견을 거스르고 마속을 발탁하여 대군을 통솔하여 선두에 서게 하였다.」는 기록이 있다. 마속이 아무리 제갈량의 북벌전략을 누구보다 잘 이해하고 있었고, 가정을 사수하는 임무가 성만 점거해서 지키면 쉽게 그 임무를 달성할 가능성이 높았다 하더라도, 위연과 오의를 제치고 마속을 군이 투입했던 이유를 제갈량의 "마속에 대한 편애"가 아니면 딱히 설명할 길이 없다. 앞선 주제에서도 이미 언급한 바 있지만, 유비도 제갈량이 마속을 선택했던 것처럼 주위의 예상을 뒤엎은 파격인사를 한 적이 있다. 유비가 한중을 손에 넣은 후 한중수비를 맡길 사령관을 정할 때의 일이다. 「위연전」에는 「선주(유비)가 한중왕이 되어 성도로 옮겨서 다스리게 되니 신중한 장수에게 한중을 방어하게 해야 했다. 중론은 필시 장비가 될 것이라 하였고 장비 또한 내심 자신했으나, 선주는 위연을 뽑아 독한중(督漢中) 진원장군(鎭遠將軍)으로 삼고 한중태수를 겸하게 하니 모두 놀랐다.」는 기록이 있다. 당시 사람들 모두가 장비가 한중수비를 맡게 될 것으로 예상하고 있었지만, 유비는 모두의 예상을 깨고 위연을 선택했었다는 것이다. 그러나 이 경우는 제갈량이 마속을 발탁했던 경우와 약간 결이 다르다. 위연은 이미 그 능력을 검증받은 장군이었다. 그는 한중수비 사령관이 되기 전부터 「(위연은) 유비를 따라 촉으로 들어갔고 여러 차례 전공을 세워 아문장군(牙門將軍)으로 승진했다.」는 기록이 있을 정도로 전투경험과 공적이 많았던 인물이다. 그러나 마속은 가정전투의 선봉이 되기 전까지 전쟁에서 전공을 세운 적이 단 한 번도 없었던 완전한 신출내기였다.

마속을 가정에 보냈던 것에는 그에 대한 제갈량의 애정이 적지 않은 영향을 미쳤었다고 생각하는 두 번째 이유는 제갈량이 왕평(王平)을 마속의 부장으로 선택했었다는 것이다. 왕평은 제갈량이 죽고 없던 시절, 위나라가 촉을 침공하자 이를 거의 혼자서 막아냈을 정도로 능력이 출중한 장수였다. 무엇보다도 그는 신중한 성격을 가졌었다고 전해진다. 가정전투에서 마속은 대패를 당했지만, 왕평의 군사들은 거의 피해를 입지 않아 나중에 제갈량이 따로 그에게 상을 내렸을 정도였다. 제갈량은 왜 이런 왕평을 마속의 부장으로 선택했던 것일까? 그는 마속이 자만심이나 공적을 세우고자 하는 공명심에 실수를 할 가능성이 있다고 미리 계산하고 있었던 게 아니었을까? 『삼국지』에서는 제갈량이 "마속은 말만 앞세우는 인물"이라는 유비의 말에 동의하지 않았었다고 기록하고 있지만, 제갈량은 시간이 흐를수록 마속의 성격에 유비가 말했던 성향이 숨어있음을 서서히 느끼고 있었는지도 모른다. 그래서 마속의 자만심을 제어할 인물로 신중한 장수 왕평을 부장으로 붙여주었던 게 아닌가 싶다. 따라서 이러한 두 가지 이유에 근거할 때, 제갈량이 마속을 선택한 것에는 그에 대한 각별했던 애정이 큰 영향을 미쳤었다고 추측해 볼 수 있다. 이러한 점에서 가정에 마속을 보낸 제갈량의 인재기용은 비판받아 마땅하다.

제갈량이 마속을 죽일 수밖에 없었던 이유

장합은 역시 백전노장이었다. 산에 진을 친 마속의 물길을 끊어 촉군을 대파해버린다. 마속의 패배 후 제갈량은 출정한지 단 3개월 만에 한중으로 퇴각하게 된다. 그리고 제갈량은 패배의 원흉이 된 마속을 처형한다. 그는 왜 그토록 사랑하던 마속을 죽였던 것일까? 가장 설명력이 있는 주장은 제갈량은 마속을 죽여 법(상벌)의 공정함을 세우려고 했다는 것이다. 앞선 주제에서 필자는 얼마나 제갈량이 법의 공정한 집행을 중요시 했었는지에 대해 언급한 바 있다. 그는 법을 집행함에 있어 사사로운 정에 휩쓸리지 않았다. 자신이 사랑했던 마속도 예외는 아니었다. 마속은 상관의 지시를 거스르고 촉에 더할 나위 없는 큰 손해를 가져왔다. 벌을 받아야 마땅했다. 『삼국지강의』의 저자 이중텐 교수도 같은 입장이다. 제갈량은 법의 공정함을 지키기 위해 마속을 죽였다는 것이다.

그러나 필자가 의문을 가지는 것은 왜 꼭 죽였어야 했느냐는 것이다. 유배를 보내는 방법도 있지 않았나? 앞서 필자가 설명했듯이 제갈량식 법치의 또 다른 특징은 "교화"였다. 죄를 지었더라도 자신의 잘못을 진심으로 뉘우치면 제갈량은 반드시 재기의 기회를 줬다. 당시 마속을 죽이지 말자는 여론이 없었던 것도 아니었다. 『양양기』에는 「장완이 한중으로 가서 제갈량에게 이르길 "옛날 초나라가 (초나라 재상인) 성득신(成得臣)을 죽이자, 그런 연후에 진문공이 기뻐했음을 알 수 있었습니다. 천하가 아직 평정되지 않았는데, 지모 있는 선비를 죽이는 것이 어찌 후회되지 않겠습니까?"라 했다. 제갈량이 눈물을 흘리며 "손무가 능히 천하에서 제압하여 승리했던 까닭은, 법을 운용하는데 밝았기 때문이오. 사해가 분열되고 군대의 교전이 이제 막 시작되었는데, 만약 다시 법을 폐한다면, 무얼 써서 적을 토벌하겠소?"라고 말했다.」는 일화가 소개되어 있다. 이 일화에서 장완은 마속 같은 인재를 죽이면 오히려 위나라가 좋아할 일이라며 반대하고 있다. 그러나 제갈량은 역시 법의 공정함을 내세우며 장완의 의견을 물리친다. 그렇다하더라도 제갈량은 왜 마속에게만 교화의 기회를 주지 않았던 것일까? 자기가 그렇게 사랑하고 아꼈던 그 마속에게 말이다.

「마속전」에는 「마속은 하옥되어 죽었다.」라고 기록하고 있다. 우리가 흔히 알고 있는 "읍참마속"의 고사와는 달리, "하옥되어 죽었다"고 기록하고 있는 것이 의아스럽다. 또 「제갈량전」에는 「(제갈량이) 마속을 죽여 군사들에게 사죄했다.」는 언급이 있다. 즉, 「마속전」에는 "죽었다"라는 결과만 기록되어 있는데 반해, 「제갈량전」에는 마속이 스스로 죽은 게 아니라,[3] 누군가가 마속을 "죽였다"라는 능동의 의미가 더해진 기록이 있는 것이다. 뉘앙스가 약간 다르다. 다음으로 「상랑전」을 보면 다소 충격적인 사실이 기록되어 있다. 「상랑전」에는 「건흥5년(227년)에 (상랑은) 제갈량을 수행하여 한중에 도착했다. 상랑은 평소 마속과 사이가 좋았다. 마속이 도망칠 때 상랑은 그 상황을 알았지만, 검거하지 않았다. 제갈량은 이를 한스러워 했으므로, 상랑의 관직을 박탈하여 성도로 돌아가도록 했다.」는 기록이 있다. 이 기록에 따르면, 마속은 가정에서 패배한 후 도망을 쳤다. 그러나 상랑은 평소 마속과 사이가 좋았기 때문에 도망친 마속을 모른 척 했다. 마속이 도망을 쳤다니, 이 기록은 사실일까? 일단 역사서에 명확하게 기록되어 있고, 제갈량이 마속의 도주를 눈감아줬던 상랑의 관직을 박탈했었다는 후속조치까지 서술되어 있는 것으로 봐서는 사실일 가능성이 높아 보인다.

이상의 「마속전」, 「제갈량전」, 「상랑전」의 기록이 모두 사실이라는 전제로, 필자 나름대로 당시의 상황을 추측해보면 다음과 같다.

---

3 예를 들어, 마속이 옥에 갇혀 있다가 자연사했을 가능성.

마속은 가정에서 패배한 후, 본인이 너무나 큰 실책을 저지른 것을 깨달았다. 그리고 자신에게 큰 벌이 내려질 것이 두려웠다. 그래서 도망을 쳤다. 그런 마속을 상랑은 검거하지 않았지만, 다른 사람이 마속을 검거하였다. 검거 후, 그는 하옥되었다. 그리고 하옥된 와중에 사형이 내려져 사약을 받든 참수를 당하든 죽은 것이다. 생각건대, 참했다는 기록이 「마속전」, 「제갈량전」, 「상랑전」 아무 곳에도 없으니 사약 등 다른 방법에 의해 죽었을 가능성이 더 크다.

마속은 가정에서 패배한 후 받을 죄가 두려워 도망을 가는 중죄를 저질렀다. 즉, 제갈량의 수비지침을 어기고 가정을 사수하지 못함으로써 제갈량을 한 번 배신했던 그가, 패배 후 도망을 감으로써 제갈량을 또 한 번 배신했던 것이다. 이 같은 선택을 함으로써 마속은 "교화"의 기회를 스스로 저버렸던 것 같다. 만약 그가 가정패배의 죄를 인정하고 스스로를 결박하여 제갈량 앞에 나타났었다면, 제갈량이 재기의 기회를 주기 위해 이엄이나 요립처럼 유배를 보냈을 가능성도 있다. 청나라 시대의 학자 홍량길(洪亮吉, 1746~1809년)은 그가 쓴 『사사발복(四史發伏)』에서 「마속은 군사가 패하자 도망하였고 후에 다시 잡아들이니 하옥되어 죽은 것이다. 마속은 말이 그 실제보다 지나쳐 본래 취할 바가 없었다. 또한, 제갈량의 군사명령을 어겨 군사를 잃는데 이르렀으나 죄를 받게 되는 것을 달갑게 여기지 아니하고 오히려 멀리 도망갔으니, 죄가 있으면 형벌을 피하지 아니하는 가르침을 어겼으매 제갈량이 그를 주륙(誅戮)한 것은 심히 마땅하다.」라고 언급한 바 있다. 즉, 홍량길도 마속은 형벌을 받게 될 것이 두려워 도망을 가는 바람에, 그에 대한 가중처벌로서 사형선고를 받았던 것이라고 보고 있는 것이다.

제갈량은 그 스스로 마속을 처형했지만, 눈물을 흘렸던 것은 확실하다. 역사서에도 제갈량이 마속을 처형하며 눈물을 흘렸다는 기록이 많다. 이후 그는 마속의 죄를 그 자식들에게 연좌하지 않고 잘 대우했었다고 전해진다. 자신이 그렇게 총애하던 마속이었으나, 마속은 제갈량을 두 번이나 배신했다. 마속이 가정에서 패배한 후, 받을 죄가 두려워 도망을 갔다는 사실을 알게 되었을 때 그의 심정은 어떠했을까? 자신이 그토록 믿고 아꼈던 마속이 도망을 갔다니 말이다. 아마 예전에 유비가 했던 말이 떠올랐을 것이다. "마속은 말만 앞세우는 자요. 그러니 중용하지 마시오" 그러나 결국 모든 책임은 마속을 선택한 제갈량에게 있었다. 모두 제갈량 본인이 감내해야 할 아픔이었다.

여담: 제갈각의 삼촌에 대한 평가

「제갈각전」에는 「손권이 제갈각에게 물었다. "그대의 부친(제갈근)과 숙부(제갈량) 중에서 누가 더 현명한가?" 제갈각이 "신의 부친이 뛰어납니다"라고 대답했다. 손권이 그 까닭을 묻자, 제갈각은 다음과 같이 대답했다. "신의 부친은 일을 맡을 만한 자를 알지만 숙부는 모르기 때문에 뛰어난 것입니다."」라는 일화가 소개되어 있다.

제갈각(諸葛恪, 203~253년)은 제갈근의 장남이다. 그는 제갈근과 제갈량 중 누가 더 뛰어나냐는 손권의 질문에 자신의 아버지인 제갈근이 더 뛰어나다고 하며 "제갈량은 일을 맡을 만한 자를 모르기 때문이다"라고 덧붙인다. 여기서 제갈각이 일을 맡을 만한 자를 모른다고 한 것은 제갈량이 마속을 기용했던 사례를 두고 말한 것이다. 제갈량이 조카의 이 말을 들었다면 어떤 생각을 했을까? 아마 조카의 말에 반박을 하지는 못했을 것이다.

39

제갈량 같은 리더가 필요한 이유

한때 행정학에서는 리더십에 대한 연구가 매우 활발했었다. 조직의 리더가 어떠한 리더십을 발휘하느냐가 조직의 성패를 좌우하는 가장 중요한 요인 중 하나라고 생각했기 때문이다. 이 때문에 권위적 리더십, 카리스마적 리더십, 변혁적 리더십, 자기희생적 리더십 등 다양한 리더십 이론이 생겨났다. 그러나 세상에 항상 바람직하고 올바른 리더십은 없다. 상황에 따라, 조직에 닥친 문제의 종류에 따라 그에 적합한 리더십이 요구될 뿐이다. 따라서 이상적인 리더는 어느 한 가지 리더십만을 가져서는 안 된다. 여러 리더십을 보유하고 있으면서 상황에 맞는 리더십을 발휘할 줄 알아야 한다.

리더의 역량, 즉 리더십을 확인해 볼 수 있는 가장 좋은 방법은 조직이 실패를 겪었을 때 이에 대해 리더가 어떻게 대처하는지를 살펴보는 것이다. 어떤 리더는 조직의 실패를 자신의 책임으로 여기지만, 어떤 리더는 남에게 실패의 책임을 미루는 데에만 급급해한다. 보통 이럴 때 쓰는 방법이 "꼬리 자르기"이다.

제갈량은 조직이 실패를 겪었을 때 어떻게 대처했을까? 아마 그가 "꼬리 자르기"를 하는 리더였다면, 역사에 이름을 남기지 못했을 것이다. 앞에서 한번 소개했었지만, 제갈량이 1차 북벌에서 패배한 후, 유선에게 올렸던 상소를 다시 한 번 살펴보자.

"신이 미약한 재주로 외람되게 과분한 자리를 차지해, 직접 모월(旄鉞, 군권을 의미함)을 잡고 삼군을 독려했으나, 능히 규율을 가르치고 법을 밝히지 못해 일에 임해 두려워하여, 가정에서는 명을 어기는 허물을 범하고, 기곡에서는 경계하지 못한 실책을 범했으니, 그 허물은 모두 신이 임무를 줌에 있어 방법이 잘못된데 있습니다. 신이 명철하게 사람을 알아보지 못하고 일을 고려함에 크게 어두웠으니, 『춘추』에서 '통수권자를 질책한다'라함이 바로 신의 직분에 해당하는 것입니다. 청컨대, 스스로 3등(等)을 깎아 그 허물을 꾸짖게 해주십시오."

제갈량은 마속이 가정에서 패배하고 조운이 기곡에서 더 이상 전진하지 못했던 것은 "신이 임무를 줌에 있어 방법이 잘못된데 있다"라고 말하고 있다. 즉, 부하의 실책이 모두 자신의 책임이라고 밝히고 있는 것이다. 그리고는 황제에게 자신의 관직을 3등급 낮춰달라고 요청한다. 우리는 출사표의 구절을 기억한다. "원컨대 폐하께옵서는 신에게 흉악무도한 역적을 토벌하고 한실을 부흥시킬 일을 명하시고, 만일 이루지 못하거든 신의 죄를 엄히 다스리시어 선제의 영전에 고하시옵소서" 제갈량은 본인이 썼던 출사표의 내용그대로 자신에게도 벌을 줄 것을 스스로 요청했던 것이다. 이러한그의 모습을 지켜보고 있던 부하들은 어떤 생각을 하고 있었을까?제갈량을 견제하던 일부 세력은 속으로 쾌재를 불렀을 것이다. "이제 제갈량의 시대는 끝났다"하고 말이다. 그러나 대다수의 부하들은 "우리에게 모든 책임을 묻지 않는구나. 마속은 승상의 명을 어기고 제멋대로 행동하다 패한 것인데도 말이야. 이런 상사라면 믿을 만하다"라며 오히려 제갈량에 대한 믿음과 충성심을 더 굳건히 하지 않았을까? 만약 그가 "마속과 조운이 잘만 했어도 성공했을 텐데"하고 모든 책임을 부하들에게 미뤘었다면? 아마 부하들은 앞으로 일이 실패하면 자신들에게 모든 책임이 지워지겠구나하는 생각에, 명령을 내려도 움직이지 않는 "복지부동"을 했을 가능성이 크다. 아무 일이 없는 게 가장 좋은 거라는 식의 "무사안일주의"에도 빠졌을 것이다. 그러나 제갈량은 비록 본인은 강등을 당했지만, 자신이 모든 책임을 짊어짐으로써 부하들의 신뢰를 얻을 수 있었을 것이다. 그가 더 대단한 리더인 이유는 북벌의 실패가 자신의 책임임을 인정하는 것에서 그치지 않았기 때문이다.

『한진춘추』에는「어떤 이가 (제갈량에게) 다시 출병할 것을 권하자 제갈량이 말했다. "대군이 기산(祁山), 기곡(箕谷)에 있을 때 모두 적보다 그 수가 많았소. 그러나 능히 적을 격파하지 못하고 오히려 적에게 격파되었으니 즉 이 과실은 나에게 있었던 것이오. 이제 과오를 반성하여, 장래에 능히 변통할 수 있는 방안을 헤아리려 하오. 만약 그러지 못한다면 비록 군사가 많다 한들 무슨 도움이 되겠소! 지금 이후로 국가에 대해 충정을 갖춘 모든 이들은 단지 나의 허물을 부지런히 질책하면 대사가 이루어질 것이니, 적들이 소멸하고 공이 이루어지는 것을 가히 발꿈치 들고 기다릴 만하오." 이에 (제갈량은) 패배의 허물을 자신의 책임으로 돌려 실수한 바를 천하에 포고하고, 무기를 준비하고 군사를 훈련하여 뒷날을 도모하니, 병사들은 단련되고 백성들은 그 패배를 잊을 수 있었다.」는 기록이 있다. 제갈량은 북벌의 실패가 어디에서 비롯되었는지를 정밀히 분석하고 개선하지 않는 한, 또다시 실패할 것이라고 말하고 있다. 그리고 "국가에 대해 충정을 갖춘 모든 이들은 단지 나의 허물을 부지런히 질책하면 대사가 이루어질 것"이라며 그가 부하들에게 항상 말하던 "집사광익"의 정신을 다시 한 번 강조한다. 비록 뼈아픈 실패를 경험했지만, 다시 일어서기 위해 자신의 과오를 반성하고, 부하들과 함께 실패를 극복할 방안을 찾으려고 노력하고 있는 것이다. 보통사람이었다면 모든 책임이 자신에게 있다고 인정하지도 않았겠지만, 설사 자신의 책임을 인정했다 하더라도 자존심상 부하들에게 본인의 잘못이 무엇이었는지를 지적해달라고 하지는 않았을 것이다. "북벌을 꼭 성공시키겠다더니 꼴좋다. 이제 보니 능력도 별로 없는 거 아니야?"라는 주위의 비아냥거림이 왜 없었겠는가. 마지막 자존심은 지키고 싶은 것이 사람의 본성이다. 실패의 책임이 리더인 자신에게 모두 있었다고 인정하는 것도 현실에서 일어나기 힘든 일인데, 여기서 더 나아가 부하들을 모아놓고 "저번에 우리가 실패한 게 내가 뭘 잘못해서 그랬던 거지? 얘기 좀 해줄래?"라고 말한다는 게 현실에서 자주 일어날 수 있는 일인가. 제갈량은 국가 대사의 성공을 위해 자신의 모든 자존심을 내던져 버렸던 것이다.

어느 조직이든 성공만 있을 수는 없다. 실패를 반드시 경험하게 되기 마련이다. 조

제갈량 석상

제갈량은 실패의 책임을 부하들에게만 묻지 않았다.
(출처: Wikimedia Commons)

직의 생존과 미래는 이 실패에 어떻게 대처하느냐에 달려있다. 성공하는 조직은 실패를 "성공의 어머니"로 생각한다. 실패를 감추지 않고 받아들인다. 실패를 교훈삼아 잘못된 점을 찾고 개선하려 노력한다. 그리고 비록 실패했지만 그 일을 성공시키기 위해 치열하게 고민했던 조직원들의 노고도 잊지 않는다. 그러나 실패하는 조직은 실패의 책임을 누구에게 지울지를 가장 먼저 고민한다. 누군가에게 책임을 지워, 조직의 역사에서 실패를 가능한 한 빠르게 지우려고 노력한다. 과정은 상관없이 결과로만 조직원들을 평가한다. 이러한 조직의 구성원들은 애사심이 낮을 수밖에 없으며 조직을 위해 헌신하려 들지도 않는다. 당연히 조직의 전체역량은 낮아질 수밖에 없다. 제갈량 같은 상사가 필요한 이유가 바로 여기에 있다.

40

제갈량이 성루에 홀로 앉아 거문고를 탔었다?
제갈량의 예술적 면모

『삼국지연의』를 보면 사마의가 군을 이끌고 촉의 영토인 양평관 (陽平關)을 공격해 오자, 제갈량이 성루에 홀로 앉아 거문고를 타는 모습이 묘사된다. 이 장면은 『곽충 5사(郭沖五事)』 중 3사의 내용을 나관중이 소설로 옮기며, "제갈량이 거문고를 타는 모습"을 더한 것이다. 곽충 3사의 내용은 아래와 같다.

제갈량은 단지 만 명만을 데리고 양평관을 지키고 있었다. 이때 사마의가 20만 군사를 이끌고 제갈량을 공격하여 제갈량으로부터 60리 앞에 이르렀다. 척후병이 사마의에게 보고하길, 제갈량이 성 안에 있으며 군사가 적고 역량이 미약하다고 했다. 제갈량 또한 사마의가 거의 당도하여 서로 가까운 것을 이미 알고 있고 (다른 지역에 주둔 중이던) 위연 군에게 알려 지원을 오도록 하게 했으나, 서로 멀리 떨어져 있어 종적을 뒤쫓아도 미치지 못하니 장졸들이 놀라 어쩔 줄 몰라 했다. 그러나 제갈량은 태연자약하며, 군중에 명해 모두 깃발을 눕히고 북치는 것을 멈추게 하고, 함부로 군 막을 나가지 못하게 했다. 또한, 영을 내려 성문을 활짝 열고 땅을 쓸며

물을 뿌리게 했다. 사마의는 늘 제갈량이 신중하다고 생각했는데, (제갈량이) 약세를 보여주자 복병이 있을 것으로 의심하여 군을 이끌고 돌아갔다.

위의 기록에 따르면, 제갈량이 군사 만 명만을 데리고 한중 근방의 관문인 양평관을 지키고 있었는데, 사마의가 20만 대군을 이끌고 갑자기 들이닥친다. 병력이 부족했던 제갈량은 기지를 발휘해, 성문을 열고 병사들에게 빗자루 질을 시키는 등 일종의 공성계(空城計)를 펼친다. 제갈량이 평소 신중한 사람임을 알았던 사마의는 이것이 단순한 쇼가 아니라 복병과 같은 계략의 움직임이라고 판단하고 군을 물려 퇴각한다. 이 이야기는 그럴듯하지만 사실로 보기는 힘들다. 그 이유는 다음과 같다.

첫째, 사마의가 양평관으로 20만 대군을 이끌고 왔다면 이는 촉 정벌을 위한 원정군으로 봐야 한다. 즉, 단순한 군사행동이 아니라 촉나라를 침공한 것이다. 당연히 20만이란 대군을 조직해 촉을 침공하기 위해서는 황제의 허락이 선결되어야 한다. 침공전략도 미리 논의되었어야 한다. 그러나 당시 황제인 조예를 비롯해 사마의에 대한 역사서의 기록을 아무리 뒤져봐도 위나라가 20만 대군을 파견해 양평관을 공격했었다는 기록은 전무하다. 둘째, 황제의 허락을 받았었다 하더라도 사마의가 병사의 빗자루질에 놀라 20만 대군을 모두 퇴각시켰다는 게 납득이 되지 않는다. 퇴각 이후 제갈량과의 후속전투 또는 군사행동에 대한 언급이 전혀 없는 것도 의아하다. 셋째, 이 일화는 1차 북벌 당시에 일어났던 일이다. 이때 사마의는 완성에 주둔하고 있었다. 우리가 알다시피 1차 북벌 때 위나라 방어군의 총대장은 조진이었다. 사마의가 총대장을 맡기 시작한 것은

4차 북벌부터였다. 제갈량의 3차 북벌 이후, 위나라가 촉을 침공했을 때도 위나라의 총대장은 사마의가 아닌 조진이었다. 즉, 1차 북벌당시 20만 대군을 이끌고 온 위나라의 총대장이 대장군 조진이 아니라 사마의인 것이 이해하기 어렵다. 이상의 세 가지 이유에서 곽충 3사는 거짓임이 명백하다. 배송지도 "곽충의 말대로라면 사마의가 20만의 군을 이끌었고 이미 제갈량의 군사가 적고 미약함을 알았으니, 만약 복병이 있으리라 의심했다면 바로 방어진을 설치하며 신중을 기해야지, 어찌 곧바로 달아난단 말인가?"라고 말하며, 곽충 3사는 꾸며낸 이야기라고 주장한 바 있다.

나관중이 곽충 3사는 꾸며낸 이야기라는 배송지의 의견을 몰랐을 리 없다. 그러나 나관중은 그의 소설에서 곽충 3사의 이야기를 풀어놓으며, 곽충 3사에서는 언급조차 없는 "제갈량이 성루에 올라 거문고를 타는 모습"까지 덧붙였다. 왜 하필 거문고를 타는 제갈량의 모습을 소설에 집어넣었던 것일까?

후대의 기록을 보면 제갈량은 금(琴)을 잘 다루었던 것으로 보인다. 송나라 시대의 학자 왕응린(王應麟, 1223~1296년)이 쓴 『중흥서목(中興書目)』에는 제갈량이 거문고의 연혁과 가락에 관한 책을 썼었다는 기록이 있다. 또한, 『금론(琴論)』이라는 책은 제갈량이 "양보음(梁父吟)"이라는 노래를 지었었다고 기록하고 있다. 「제갈량전」에도 「제갈량은 양보음을 부르기 좋아했다.」는 언급이 있는데, 그가 직접 양보음을 만들었다는 기록은 없다. 여하튼 제갈량이 금을 잘 타고 노래 부르기를 좋아했다는 것에서, 그가 음악을 즐길 줄 아는 사람이었다는 점을 어렵지 않게 추측해 볼 수 있다. 그래서 나관중은 『중흥서목』 등의 기록을 참고해, 거문고를 타는 제갈량의 모습을 곽충 3사의 내용에 추가했던 것이 아니었을까? 추측일 뿐이지만, 꽤 가능성이 높은 이야기다.

제갈량의 예술적 기지를 좀 더 살펴보자. 북송(960~1127년) 시기에 편찬된 『선화서보(宣和書譜)』는 중국역사에서 대표적이었던 서예가들의 명단을 기록한 책인데, 삼국시대 촉한의 서예가로는 제갈량이 홀로 기록되어 있다. 또한, 당나라(618~907년) 시기에 편찬된 장언원의 『역대명화기(歷代名畫記)』에는 중국역사상 그림에 조예가 깊었던 미술가들의 명단이 기록되어 있는데, 여기에는 제갈량과 그의 아들 제갈첨의 이름도 올라가 있다.

음악, 서예, 그림 등에 능통했던 것으로 보이는 제갈량. 그 아무리 제갈량이라 하더라도 항상 일만 하며 살 수는 없었을 것이다. 그는 음악을 즐기며, 그림을 그리며, 그 나름대로 업무 스트레스를 관리해 왔던 것 같다.

41

제갈량은 이엄을 자신의 걸림돌로 생각했나?
그가 이엄을 탄핵했던 이유

    4차 북벌에서 제갈량이 사마의에게 승기를 잡았음에도, 퇴각할 수밖에 없었던 이유는 순전히 이엄 때문이었다. 이후 이엄은 제갈량에 의해 탄핵을 당하게 된다. 이를 두고 혹자는 제갈량이 이엄을 탄핵했던 이유는 자신과 함께 탁고를 받았던 이엄이 장차 자신의 권력유지에 걸림돌이 될까 두려워, 그의 잘못을 기회삼아 재기불능하게 만들어 버린 것이라고 주장하기도 한다. 필자는 이 주장에 동조하기 힘들다. 일단, 이엄의 잘못은 무엇이었는지, 당시에 대체 무슨 일이 일어났던 것인지부터 살펴봐야겠다. 『삼국지』「이평전[1]」에는 다음과 같은 기록이 있다.

> 231년 봄에 제갈량의 군대는 기산에 주둔하였고, 이평이 군량수송 업무를 재촉하며 감독했다. 여름부터 가을에 걸쳐 계속 장맛비가 쏟아져 식량 운

---

[1] 이엄은 230년에 자신의 이름을 이평으로 개명함.

반이 지속되지 못했으므로, 이평은 참군 호충과 독군 성번을 파견하여 그의 뜻을 설명하고 제갈량에게 후퇴하여 돌아오도록 요청했다. 이후 이평은 군대가 후퇴했다는 소식을 듣고, 거짓으로 말했다.

"군량미는 아직 충분하거늘, 어찌하여 돌아오십니까?"

이평은 이렇게 하여 자기가 일을 제대로 처리하지 못한 책임에서 벗어나고, 제갈량이 진군하지 않은 잘못을 분명하게 나타내려고 했다. 또 유선에게 표를 올려 말했다.

"우리 군대가 거짓으로 퇴각한 것은 적을 유인하여 함께 싸우려고 하는 것입니다."

제갈량이 이평이 보냈던 편지를 처음부터 끝까지 모두 공개했으므로, 이평의 잘못은 분명해지게 되었다.

4차 북벌 당시 제갈량은 이엄에게 후방에 남아 군량을 조달하는 임무를 맡겼었다. 그런데 제갈량의 출병 이후 계속 장맛비가 내려 군량조달에 문제가 생기자, 이엄은 제갈량에게 군량조달이 어려우니 퇴각을 하는 게 좋겠다는 의견을 전달한다. 제갈량은 군량보급에 문제가 생긴 것이 이엄의 잘못이라기보다는 자연재해에 의한 것이었으므로 어쩔 수 없이 퇴각의견을 받아들인다. 그런데 실제로 퇴각을 하니, 이엄이 깜짝 놀랄 말을 한다. 군량이 충분한데 왜 퇴각을 했냐는 것이다. 그러고는 황제 유선에게 제갈량이 퇴각한 것은 군량문제 때문이 아니라 적을 유인하기 위한 것이라고 보고한다. 이엄은 제갈량과 황제 모두에게 거짓말을 하여 국가의 중대사를 어그러뜨렸던 것이다. 이후 제갈량은 이엄에게 받은 편지를 모두 공개해 그가 거짓말을 하였음을 증명한다. 당시 이엄은 표기장군으로서 제갈량 다음으로 그 지위가 높았으며, 제갈량이 군량보급을 맡길 정도로 그에게 신임을 받던 인물이었다. 그런데 왜 이런 말도 안 되는, 금방 들통이 날 거짓말을 했던 것일까?

필자가 추측해 보건대, 가장 가능성이 있는 추론은 이엄은 자신의 지위와 권력을 높이기 위해 "모험"을 해본 것이라는 것이다. 먼저, 이엄이 관직에 있으면서 어떠한 생각으로 공직에 임했었는지를 추론해볼 필요가 있다.「이평전」에는 제갈량이 유선에게 올렸던 이엄 탄핵을 위한 상소가 기록되어 있다.

선제께서 붕어하신 뒤로 (표기장군) 이평은 자기 집안만 생각하며 작은 은혜를 베풀기를 즐겨했고, 자신의 명예와 안일만을 추구하였으며, 나라의 일은 근심하지 않았습니다. 신이 북벌할 때 그의 군사가 한중을 지켜주기를 요청했었는데, 그는 온갖 어려움을 들어 한중으로 오지 않고 외려 다섯 개 군을 차지하는 파주자사를 시켜 달라고 요구했습니다. 작년에 신이 서정할 때 이평에게 한중의 사무를 맡게 했으나, 이평은 사마의 등은 관부를 설치하여 관리를 임명하고 있다고 했습니다. 이평은 천성이 비열하여 신이 출정할 때마다 신을 다그쳐 이득을 보려 했습니다. 그리하여 신은 이평의 아들 풍이 강주를 주관하도록 천거했고, 그를 후하게 대우하여 군무를 완수토록 했습니다. 이평이 한중에 온 날에 신이 모든 사무를 그에게 위임하자, 상하 군신들이 모두 이평을 너무 우대한다고 질책했습니다. 바야흐로 큰일의 성공과 실패가 결정되지 않았고, 한실이 쇠미해진 형편에서 이평을 질책하기보다는 그를 칭찬하는 것이 차라리 나은 줄로만 알았습니다. 이같이 신은 이평의 속셈이 다만 명예와 이득을 추구할 따름인 줄로 여겼사온데, 이평이 이처럼 본말을 전도할 줄은 진정 생각 밖이었습니다. 이것은 모두가 신이 부족한 탓이오니 더 말씀을 올린다면 신의 잘못만 더 많아질 뿐입니다.

제갈량의 이엄탄핵 상소를 보면, 이엄은 제갈량이 자신에게 임무를 맡길 때마다 관직을 더해 줄 것을 요구했다. 북벌 당시 제갈량은 이엄에게 한중수비를 지시했었는데, 이때 이엄은 "파주자사[2]"직을 요구했고, 제갈량이 3차 북벌 때 무도와 음평을 정벌하기 위해 서진(西進)을 했을 때는 "사마의 등은 관부를 설치하여 관리를 임명하고 있다"고 제갈량에게 말한다. 즉, 자신도 사마의처럼 자신만의 관부(행정관청)를 설치할 수 있게 해달라는 것이었다. 이엄이 나라의 임무를 받을 때마다 제갈량에게 말하고 싶었던 것은 "나한테 일 시키려면 이 정도는 해줘야지? 나도 너랑 같이 탁고를 받은 사람인데 이렇게 대접할 거야? 뭐라도 내놔봐" 이거였다.

또한, 『제갈량집』에는 「이엄이 제갈량에게 구석을 받고, 나아가 왕을 청하라고 권한 일이 있었다. 이에 제갈량이 "나와 그대(이엄)는 서로 안 지 오래 되었는데, 어찌 이리 서로를 이해하지 못한단 말이오. (중략) 나는 이미 신하로서 높은 지위에 있고 많은 녹을 받고 있음에도, 지금 적을 토벌하는데 그 전공이 없어 선제께서 나를 알아주심에 보답하지 못하고 있는데, 어찌 구석을 받는단 말이오. 만약 위나라를 토벌하여 조예를 처단해 황제께서 옛 도읍으로 돌아가시면 여러분 모두와 지위가 높아지고, 십명(十命)이라도 받을 텐데 하물며 구석정도겠소."라고 답했다.」는 기록이 있다. 이 기록에 따르면 이엄은 제갈량에게 구석을 받고, 나아가 왕에 오르라고 권했었다. 여기서 구석이란 한나라 시대에 황제가 공이 큰 신하에게

---

2 당시 촉의 영토는 익주만으로 구성되어 있었으므로, 광역지방자치단체장의 성격으로 익주목(혹은 익주자사)이라는 관직만 존재하고 있었다. 그런데 이엄은 익주를 둘로 쪼개어 또 다른 광역지방자치단체장으로서 파주자사를 만들고, 이 자리에 자신을 임명해 달라고 요구했던 것이다.

주던 아홉 가지 특전을 뜻하는 말이다. 황궁을 신발을 신고 오를 수 있는 등 나라에 공이 큰 신하에게 다른 신하가 감히 하지 못하는 특혜를 주는 것이었다. 이엄의 권유에 대한 제갈량의 대답은 "이미 나는 나의 능력이상으로 유비부자에게 은혜를 받았다. 그럼에도 그들의 꿈인 북벌을 행함에 있어 이렇다 할 공적을 세우지 못하고 있다. 추후에 북벌을 성공시켜 그때 다른 신하들과 같이 상을 받는다면, 구석보다도 더한 상이라도 마다하지 않겠다"였다. 그가 이렇게 대답한 의도는, 지금 자신에게는 특권을 받아 지위를 높이는 것보다 한실부흥의 꿈을 실현하는 것이 더 중요하다는 점을 이엄에게 강조하려 한 것이다. 제갈량은 이를 통해 당장의 특권에 연연하지 말고, 우선은 대의를 위해 함께 힘써 보자고 이엄을 독려하려 했던 것 같다. 필자의 추측으로 이엄이 제갈량에게 구석의 특권을 받아 왕에 오르라고 권유했던 이유는 제갈량이 왕의 지위에 오르게 되면, 자신이 제갈량이 맡았던 이전의 직위(승상)를 이어받아 지금보다 더 큰 권력을 누릴 수 있을 거라고 생각했기 때문이었을 것이다. 즉, 제갈량을 높여 자신의 이익을 얻고자 하는 속셈이었다. 이처럼 이엄은 능력은 있었지만, 공직에 임하는 마음가짐에는 한실부흥과 같은 원대한 목표가 없었다. 주로 자신의 지위와 권력의 상승이 가장 큰 관심사였다. 제갈량이 탄핵문에서 "이평의 마음은 영예와 이익에만 있을 뿐"이라고 언급했던 이유도 이 같은 그의 마음을 간파하고 있었기 때문이었을 것이다.

이엄은 그동안 제갈량에게 자신의 지위와 권력을 더해 줄 것을 수차례 요청했지만, 매번 거절당하자 모험을 해보기로 결심했던 것 같다. "나한테 중요하고 어려운 임무를 시키려면, 나도 대접을 좀 해줘. 안 그러면 일부러 일이 안 되게 만들 거야. 나만큼 믿고 후방을 맡길 사람도 없잖아"라는 생각으로 말이다. 그리고 제갈량이 퇴각을 하고 돌아와서, "이엄 내가 미안하네. 자네 요구대로 해줄 테니 제발 이러지마. 믿을 사람은 당신 밖에 더 있나"하고 달래주기를 기대했을 것이다. 이 시나리오 외에는 이엄이 금방 들통이 날 거짓말을 그것도 황제와 제갈량을 상대로 동시에 저질렀던 이유를 딱히 설명할 길이 없다. 그가 잠시 동안 정신이 나갔었다는 설명 외에는 말이다.

결과적으로 이엄의 모험은 실패했다. 제갈량은 퇴각 후 성도로 돌아와서 그를 달래고 얼러주지 않았다. 결국 그는 탄핵되어 유배를 가게 된다. 이엄에 대한 탄핵문을 보면 제갈량뿐만 아니라, 유파, 위연, 양의, 등지 등 촉의 거의 모든 중신들이 같이 서명을 했다. 그 정도로 이엄의 죄는 중죄였다. 따라서 그의 죄가 별거 아니었는데, 제갈량이 기회를 잡아 이엄을 탄핵해버린 것이라는 식의 주장은 타당하지 않다. 황제와 승상을 속여 정벌나간 군대를 철군하게 만든 것이 어찌 가벼운 죄일 수 있겠는가. 또한, 그는 제갈량 다음으로 촉 조정의 큰 신임을 받는 중신이었기에 그 죄가 더욱 가볍지 않았다.

제갈량은 이엄을 정치적 경쟁자로 생각하고 있었을까?

제갈량은 이엄을 자신의 정치적 경쟁자라고 생각하고 있었을까? 아니다. 그는 언제나 이엄을 자신의 정치적 동반자로 여겨왔다. 그 근거를 제시해보겠다. 첫째, 유비 사후 이엄은 승진을 거듭하게 된다. 그는 도향후로 봉해지고, 가절을 받았으며, 226년에는 관우가 역임했던 전장군으로 임명된다. 230년에는 표기장군이 되어 대장군에 버금가는 지위까지 승진하게 된다. 명실상부 제갈량 바로 다음의 2인자가 된 것이다. 당시 촉의 실질적 인사권자는 유선이 아니라 제갈량이었다. 제갈량이 이엄을 경쟁자로 생각하고 있었다면, 그를 이렇듯 계속해서 높은 지위에까지 승진시켜 줄 필요가 있었을까? 특히 전장군이란 자리는 상징적인 자리였다. 이엄을 전장군에 임명한 것은 그가 촉의 전설과 같은 인물이었던 관우를 대신할 것이라는 의미가 담겨 있는 인사였다. 그 정도로 제갈량이 이엄에게 거는 기대는 매우 컸다. 둘째, 제갈량은 항상 이엄에게 중요한 임무를 부여했다. 그 예로, 자신이 위나라로 출병하면 한중을 이엄에게 맡겨 수비토록 했다. 4차 북벌 때는 군량조달의 임무를 맡기기도 했다. 우리는 유비가 원정을 나갈 때 항상 제갈량에게 군량조달을 맡겼었다는 사실을 이미 알고 있다. 제갈량이 이엄을 자신의 정치적 경쟁자로 생각하며 신뢰하지 않고 있었다면, 그에게 군량조달의 임무를 맡기는 일은 일어나기 어려웠을 것이다.

또한, 「이엄전」에는 「이엄은 맹달에게 보내는 편지에서 말했다. "저는 제갈공명과 함께 유비의 부탁을 받았습니다. 책임이 막중한 것이 걱정입니다. 좋은 동반자를 얻고 싶습니다." 제갈량 역시 맹달에게 편지를 보내 말했다. "일을 처리하는 것이 마치 물 흐르듯 하여, 해야 할 일과 버려야 할 일을 결정할 때 주저함이 없는 것이 정방(이엄)의 성격입니다." 이엄이 귀하게 존중받는 것이 이와 같았다.」는 기록이 있다. 이 기록에 대해서는 보충 설명이 필요한데, 일전에 필자는 제갈량이 1차 북벌 직전에 맹달을 촉나라로 투항하게 만들려는 공작을 하고 있었다고 설명한 바 있다. 이때 제갈량은 맹달의 배반을 부추기기 위해 이엄을 활용했었다. 이엄은 맹달의 오랜 친구였기 때문이다. 위의 기록에 따르면 제갈량은 맹달에게 편지를 보내, 이엄의 일처리가 "해야 할 일과 버려야 할 일을 결정할 때 주저함이 없다"고 이야기하고 있다. 즉, 맹달에게 "친구인 이엄을 본받아 빨리 거병하라"고 말하고 있는 것이다. "이엄이 귀하게 존중받는 것이 이와 같았다"는 진수의 평가처럼 제갈량은 이엄의 능력을 높이 사고 그를 항상 존중했다. 또한, 제갈량은 이엄탄핵 상소에서 "모든 사무를 그에게 위임하자 상하 군신들이 모두 이평을 너무 우대한다고 질책했습니다"라고 언급한 바 있다. 즉, 그는 다른 신하들의 반대에도 불구하고 이엄을 계속해서 중용해 왔던 것이다. 제갈량이 이엄을 정적으로 여겼었다면 불가능한 일이다. 셋째, 이엄을 탄핵한 이후 그에 대한 제갈량의 태도를 살펴볼 필요가 있다. 『제갈량집』에는 제갈량이 이엄의 아들 이풍에게 보냈던 편지가 기록되어 있다.

"나는 그대 부자와 힘을 합쳐 한나라 왕실을 추켜세울 수 있었는데, 이것은 신들이 알고 사람들이 아는 것이오. 표를 올려 도호(이평)에게 한중을 다스리도록 하고, 그대에게 강주를 지키도록 했던 것은 사람들과 상의한 일이 아니었소. 마음속으로 감동하여 평생 동안 지킬 수 있다고 생각했는데, 어찌하여 중도에 등을 돌렸소! 과거 초나라의 경(卿)은 여러 번 물러났지만 또 복직되었소. 내가 그대에게 원하는 것은 도호(이평)를 위로하며 이전의 잘못을 바르게 하도록 격려하는 일이오. 지금 해임되어 이전의 자격을 잃었지만, 노비와 식객 수백 명을 끼고 있고, 그대는 중랑참군으로 군부에 있으므로 다른 사람들과 비교하면 상류의 집이라고 할 수 있소. 만일 도호가 죄를 뉘우치고 나라 일에 전념하고, 그대가 장완과 협력할 마음으로 직무에 종사한다면, 닫힌 운명도 다시 열리고 과거의 시간도 돌려놓을 수 있을 것이오. 이 경계를 깊이 생각하고, 나의 마음을 분명히 살피시오. 편지를 쓰며 한참을 탄식하고 눈물을 흘렸소."

이 편지에서 제갈량은 이엄을 "한실부흥의 꿈을 함께 할 동지"로 여겼었다고 언급하고 있다. 그리고 사람들의 반대에도 불구하고 한실부흥을 같이 이루고자 그를 중용했었는데, 왜 그 뜻을 저버렸냐며 안타까워하고 있다. 그리고 진정 이엄이 그의 죄를 뉘우친다면 언제든 그를 다시 불러들일 것이라고 말하고 있다. 이 대목에서 우리는 법 집행의 공정성 뒤에 "교화"를 강조했던 제갈량식 법치의 특징을 다시 한 번 확인해 볼 수 있다. 마지막에 제갈량은 이 편지를 쓰면서 한참을 탄식하고 눈물을 흘렸다고 적었다. 마속에 이어 믿었던 사람에게 배신당한 그의 심정이 어떠했을지 조금이나마 짐작이 간다. 이상의 세 가지 이유에서 제갈량이 이엄을 정적으로 생각했을 가능성은 거의 없다고 판단된다. 오히려 그는 이엄을 자신의 꿈을 함께할 동지로 여겼었다고 보는 것이 타당할 것이다.

앞서 언급했다시피 이엄은 제갈량이 죽었다는 소식을 듣고 이제 자신은 "다시 쓰이지 못할 것이다"라고 말하며, 병이 들어 죽었다고 역사서는 전하고 있다. 권력의 최정점에 있었으면서도 정치적 암투를 거의 하지 않은 것으로 보이는 제갈량. 이것이 가능했던 이유는 그가 권력을 가지고자 했던 목적이 자신의 영달이 아닌, 통일된 국가의 실현이라는 그의 꿈을 위한 것이었기 때문이다. 그러기에 그는 공정할 수 있었고, 사심 없이 정무를 처리할 수 있었으며, 정치적 암투에서 자유로울 수 있었다.

42

제갈량은 위연을 정말 "반골의 상"이라고 생각하고 있었을까?

『삼국지연의』를 보면 한현(韓玄) 밑에서 일하고 있던 위연이 유비에게 임관을 청하는 장면이 나온다. 이때 갑자기 제갈량이 나타나 위연은 반골(反骨)의 상이니 필시 추후에 우리를 배반할 것이라고 말하며, 위연 등용을 반대하고 나선다. 그러나 이 장면은 나관중의 창작일 뿐 역사적 사실이 아니다. 위연을 반골의 상이라 하며 등용을 반대하는 제갈량의 모습은, 제갈량 사후 일어난 위연의 반란을 더욱 극적으로 보이게 만들기 위해 나관중이 장치해 놓은 일종의 복선이었다. 그렇다면 실제로 제갈량은 위연을 어떻게 생각하고 있었을까? 반골의 상이라는 이야기는 나관중이 지어낸 것이었어도, 제갈량은 위연이 언젠가는 촉을 배반할 것이라고 경계하고 있었을까? 위연은 제갈량 사후 정말 배반을 했던 것일까? 이러한 물음에 대해 하나씩 살펴보고자 한다.

제갈량은 위연이 언젠가는 촉을 배반할 것이라고
생각하고 있었을까?

앞에서도 언급한 바 있지만, 위연은 "부곡(部曲)", 즉 일반병졸에
불과했던 인물이었다. 그러나 출신에도 불구하고 그의 능력은 뛰어
났다. 제갈량은 이러한 위연의 능력을 잘 알고 있었으며 북벌을 할
때마다 그에게 중임을 맡겼었다. 「위연전」을 보면, 제갈량은 위연
을 양주자사(涼州刺史)로 삼아 1차 북벌에 참여시켰고, 4차 북벌 때
는 위연에게 군대를 주어 위나라를 선제공격하게 했다. 이후 위연
이 승리를 거두고 돌아오자 그를 정서대장군(征西大將軍)으로 승진
시키는데, 이는 촉에서 표기장군이었던 이엄, 거기장군이었던 유염
다음으로 높은 장군직에 해당하는 것이었다. 무관 중 거의 최고의
실세 자리였다. 또한, 제갈량은 위연에게 가절(假節), 즉 부하에 대
한 즉결 처벌권까지 내려준다. 당시 이엄은 후방에 남아있었기 때
문에 북벌 원정군에서 위연은 최고의 지위와 권한을 가진 무관(장
군)이었다. 제갈량은 마지막 5차 북벌에서 위연을 선봉으로 임명하
기도 한다. 이러한 사실로 미루어 볼 때, 제갈량이 위연의 배신을
경계하고 있었거나, 그의 충성심을 의심하고 있었다고 결론내리기
는 어렵다. 그의 충성심을 의심하고 있었다면, 어떻게 위연을 북벌
군에서 가장 높은 관직에 임명하고, 선봉으로까지 삼을 수 있었겠
는가. 제갈량은 언제나 위연을 충성스럽고 용맹한 장수로 여겨왔다
고 보는 것이 더 타당할 것이다. 이 점에 대해서는 의심의 여지가
없다. 앞선 주제에서도 이미 언급했듯이 위연은 장수로서의 능력은
출중했지만, 성격이 편협하여 양의를 포함해 여러 동료들과 자주

갈등을 일으켰었다. 이렇게 위연이 동료들과 갈등을 겪을 때면, 그의 편이 되어 주는 동료들은 많지 않았을 것이다. 그러나 제갈량은 위연의 편에 서서 그를 지지해 주는 든든한 버팀목이 되어 주기도 했다.

「유염전」에는 「(유염은) 건흥 10년(232년)에 위연과의 불화로 허무맹랑한 말을 하였으므로, 제갈량이 그를 힐책했다. 유염은 제갈량에게 편지를 보내 사죄하며 말했다. "저 유염은 근래에 술에 취해 틀린 말을 하였는데, 인자하게 은혜를 베풀어 저의 과실을 용인하시고 사법관의 재판에 이르지 않도록 하여 제가 온전할 수 있게 하고 생명을 지켜주셨습니다. 때문에 저는 깊이 자책하고 틀림없이 과실을 고쳐 나라를 위해 죽을 것을 신령님께 맹세하겠습니다." 그래서 제갈량은 유염을 성도로 돌아가도록 하고, 관위는 이전과 같게 했다. 유염은 뜻을 잃고 혼란스러워 했다.」는 기록이 있다. 당시 유염(劉琰)은 거기장군의 직위를 가지고 있었다. 거기장군은 보통 명예직의 성격이 강했지만, 어쨌든 위연보다 그 직위가 높은 장군직이었다. 그런데 유염은 위연과의 불화로 허무맹랑한 말을 했었나 보다. 위연이 그보다 하급자였던 양의뿐만 아니라, 상급자였던 유염과도 불화를 일으켰던 것으로 미루어 볼 때, 분명 그는 성격에 문제가 있긴 있었던 듯하다. 여하튼 유염은 제갈량에게 자신의 잘못을 인정하는 편지를 보내게 되는데, 그럼에도 제갈량은 그를 성도로 돌아가도록 한다.[1] 진수는 유염이 성도로 돌아가라는 처분을 받은 이후 "혼란스러워 했다"고 표현하고 있다. 이로 미루어 보건

---

[1] 당시 위연의 근무지는 한중이었고 제갈량이 유염을 성도로 돌아가도록 했다는 점을 고려할 때, 위연과 유염의 갈등은 한중에서 일어난 일이었을 가능성이 크다.

대, 제갈량의 이 조치는 유염 입장에서 불리한 처분이었던 듯하다. 즉, 유염과 위연의 갈등에서 제갈량은 상급자였던 유염을 벌함으로써 위연의 편에 서줬던 것이다. 필자는 앞선 주제에서 위연이 북벌을 할 때마다 "제갈량이 겁이 많아 자신의 능력을 발휘하지 못하게 한다고 한탄"을 했었다는 기록을 소개한 적이 있다. 역사서에 이러한 기록이 남아있을 정도면 제갈량도 위연이 자신에 대해 불평을 하고 다닌다는 사실쯤은 분명 알고 있었을 것이다. 누군가가 나에 대해 안 좋은 이야기를 하고 다니면, 기분이 좋지 않은 것이 당연지사다. 그런데도 제갈량은 위연의 편을 들어줬던 것이다.

그렇다면 여기서 의아해지는 것이 있다. 제갈량이 위연을 이토록 믿고 지지해 주었었다면, 『삼국지연의』에 나오는 대로 제갈량이 "위연은 내가 죽고 나면 배반할 것이니 이에 대해 대비하라"라고 지시했었다는 게 과연 사실일 수 있을지에 대해서 말이다. 「위연전」에는 「제갈량의 병이 깊어지자 은밀히 양의(楊儀), 비의(費禕), 강유(姜維)와 함께 자신이 죽은 뒤 퇴군할 명령을 내리니, 위연에게 뒤를 끊게 하고 강유에게 그 다음에 있게 하며 혹 위연이 명을 따르지 않더라도 군이 곧바로 출발하도록 했다.」는 기록이 있다.

이 기록을 자세히 살펴보면 제갈량은 본인 사후, 촉군의 움직임과 관련해 다음 세 가지의 지시를 내렸다. 첫째, 자신이 죽으면 사마의와 전투를 하지 말고 곧장 퇴각해라. 둘째, 위연에게 퇴각하는 촉군의 후방을 지키게 해라. 셋째, 만약 위연이 퇴각의 명을 따르지 않더라도 퇴각을 멈추지 마라. 이것이 전부였다. 위연의 배반에 대비하라는 지시를 내렸었다는 기록은 전혀 존재하지 않는다. 혹자는 세 번째 지시가 위연의 배반을 염두에 둔 것이었다고 주장하나, 필자가 보기에 제갈량이 세 번째 지시를 내렸던 것은 위연의 호전적인 성격을 미리 고려했기 때문이다. 제갈량은 위연의 성격이 거침이 없고 본인의 능력에 대한 자신감이 넘쳤던 사람임을 그 누구보다 잘 알고 있었다. 또, 앞선 주제에서 이미 언급했듯이 위연은 항상 제갈량에게 자신에게 따로 군사를 내어달라고 요청했던 장수였다. 제갈량은 생각했을 것이다. 자신이 죽더라도 위연은 퇴각하려 하지 않을 수도 있으며, 위연 자신이 총대장을 맡아 사마의와 정면승부를 벌이려 할 것이라고 말이다. 그나마 자신이 살아 있을 때는 위연을 컨트롤 할 수 있었지만 자신이 죽고 나면 북벌군에서 가장 지위가 높고, 경험도 많고, 나이도 많은 사람은 단연 위연이었다. 다시 말해 제갈량이 예상하기에 자신이 죽으면 위연은 퇴각하지 않고 오히려 사마의를 공격할 가능성이 높았다. 위연이 사마의와 싸우게 되면 필히 대패를 당하게 될 것이고, 이렇게 되면 촉군에 어마어마한 피해가 발생하리라는 것은 불 보듯 뻔했다. 그래서 제갈량은 자신이 죽으면 더 이상 사마의에 대적하지 말고 군을 물리라고 명령했던 것이다. 그리고 만약 위연이 퇴각을 거부하고 싸우기를 계속 주장하면, 너희만이라도 퇴각해서 촉군의 손실을 최소화하라는 것이 세 번째 지시사항에 담긴 숨겨진 의도였다. 위연이 배반할 것이니 위연만 남기고 퇴각하라는 의미가 아니었던 것이다. 위연의 배반에 대응해야 했다면, 군대가 퇴각할 때 가장 중요한 임무라 할 수 있는 후방방어를 왜 위연에게 맡기라고 지시했었겠는가. 위연이 배반해서 오히려 퇴각하는 촉군의 후방을 공격할 수도 있었는데 말이다. 제갈량이 생각할 때 위연만큼 촉군의 후방을 책임져줄, 풍부한 야전경험을 가진 장수가 없었던 것이다.

위연은 제갈량 사후, 실제로 배신의 마음을 품었었나?

제갈량이 위연을 배신자로 보지 않았었다는 것이 어느 정도 확실해졌다. 그렇다면 위연의 실제 속마음은 어땠을까? 그는 제갈량이 죽은 뒤 실제로 배신의 마음을 품었었나?「위연전」에는「제갈량이 죽자 이를 (위연에게) 숨기며, 양의는 비의에게 가서 위연의 뜻을 살펴보게 했다. 위연이 말했다. "승상이 비록 죽었어도 나는 건재하오. (승상)부의 가까운 관속들은 곧바로 상여를 운구해 되돌아가 장례를 치른다 하더라도 나는 응당 제군을 이끌고 적을 공격해야 하오. 어찌 한 사람이 죽었다고 해서 천하의 일을 폐하라 하시오? 더구나 나 위연이 어떤 사람인데 양의의 명령에 따라 뒤를 끊는 장수가 되겠소!" 그리고는 비의와 함께 북벌원정군을 떠날 부대와 남을 부대를 나누고, 비의에게 친필로 자신과 함께 연명(連名, 이름을 쭉 잇달아 씀)하여 제장들에게 알리도록 했다. 비의가 위연을 속이며 말했다. "그대를 위해 되돌아가 양의를 이해시키겠소. 필시 그대의 명을 거스르진 못할 것이오." 비의가 문을 나가 말을 달려 떠났고 위연이 곧 후회하고 뒤쫓았으나 미치지 못했다.」는 기록이 있다. 이 기록에 따르면, 위연은 제갈량의 예상대로 자신이 촉군의 총 지휘관이 되어 북벌을 성공시키겠다고 주장하고 있다. 그리고 양의의 명령을 받들어 퇴각하는 군대의 후방을 봐줄 생각이 없다고도 말한다.

「위연전」에는 비의가 위연의 진영을 떠난 이후의 상황도 기록되어 있다. 먼저 양의와 비의 등은 싸우겠다는 위연을 남겨두고, 위연 몰래 퇴각을 해버린다. 위연은 자신만 남겨두고 양의가 군을 철수해버리자 화가 났다. 그래서 그는 강행군을 통해 퇴각하는 촉군(양의군)을 앞지른 후, 촉군이 퇴각하지 못하도록 잔도2를 불태워 버린다. 이후 위연과 양의는 유선에게 각각 상대방이 반역했다는 표를 올리게 되는데, 촉의 조정대신들은 위연이 아닌 양의의 손을 들어준다. 양의가 아닌 위연이 반역자라고 규정해버린 것이다. 사실 잔도를 불태운 것은 촉군의 철수 길을 막아버린 행위로, 촉군 전체를 큰 위험에 빠뜨리는 것이었다. 이 점에서 위연은 양의에 비해 더 큰 잘못을 저질렀다고 볼 수 있다. 하지만 그렇다하더라도 조정대신들이 양의의 편을 들어준 것을 좋게만 봐줄 수는 없다. 아마 위연은 유비의 입촉 이후부터 계속해서 한중수비를 맡아왔기 때문에, 성도의 중앙정치와 오랜 시간 떨어져 있을 수밖에 없었을 것이다. 즉, 어쩔 수 없이 그의 중앙정치기반은 성도에 머물며 제갈량 밑에서 오래도록 일해 온 양의에 비해 뒤처질 수밖에 없었던 것이다. 조정대신들이 양의의 편을 들어줬던 것에는 이러한 두 사람의 권력 지형의 차이가 큰 작용을 하지 않았나 추측된다. 이후 양의는 왕평을 파견하여 위연을 막아서게 하는데, 이때 위연의 사졸들이 더 이상 그에게 명분이 없음을 깨닫고 흩어져 버리게 된다. 아마 촉 조정이 양의의 손을 들어준 것에 큰 영향을 받았을 것이다. 이에 위연은 자신의 아들들만을 데리고 그의 오랜 근거지였던 한중으로 달아난다. 이후 양의는 마대를 한중으로 파견하여 위연을 잡아 참수해버린다. 이때 양의는 위연의 잘린 머리를 짓밟으며 "이 하찮은 종놈아! 다시 못된 짓을 할 수 있겠느냐!"라고 말하고는 그의 삼족

·

2 쉽게 벼랑길이라 생각하면 된다. 협곡을 이루는 바위산에 나무 등을 박아 다리처럼 길을 만든 것으로, 촉나라는 험준한 지형을 보유하고 있었기에 군사의 이동경로를 확보하기 위해 잔도를 설치했었다.

을 멸해버렸다고 한다. 여기까지가 역사서에 기록되어 있는 위연 반역의 스토리이다. 그러나 이러한 역사적 기록들이 모두 사실이라 하더라도 반드시 그가 촉을 배반한 반역자였다고 보기는 힘들다. 그 이유는 다음과 같다.

첫째, 위연은 제갈량이 죽더라도 북벌을 멈추지 말고 적(위나라)을 공격하자고 주장했었다. 다시 말해, 그는 북벌을 자신이 주도하고 싶었던 것뿐이지 반역을 하려던 게 아니었다. 둘째, 위연은 자신만 남겨두고 퇴각한 촉군을 따라갔다. 그가 반역의 마음이 있었다면 자신만 홀로 남겨졌다는 사실을 알았을 때 "나를 이렇게 대접해?"하고 위나라에 투항하는 것이 가장 좋은 선택지였다. 위나라 입장에서는 촉나라 최고의 장군이 투항하겠다는데 안 받아줄 이유가 없지 않은가. 몸값도 높게 쳐 줬을 것이다. 자신에게 이러한 선택지가 있다는 사실을 위연이 몰랐을 리도 없다. 그러나 그는 위나라로 가지 않았다. 심지어 왕평을 만나 자신의 군대가 뿔뿔이 흩어지게 되는 최대의 위기에 직면했을 때도 그가 도망지로 선택한 곳은 위나라가 아닌 한중이었다. 아마 차후에 자신의 억울함을 호소하면 사면을 받을 수 있을 거라고 생각했던 듯하다. 셋째, 위연이 정말로 반역자였다면 그를 토벌한 공이 가장 큰 양의는 이후 승승

위연(魏延, ?~234년)의 조각상

역사서의 기록을 자세히 살펴보면 위연이 촉의 배신자였다고 단정하기는 힘들다.
(출처: Wikimedia Commons)

장구했어야 했다. 하지만 촉 조정은 사건이 일어난 당시에는 양의의 편을 들어주었었지만, 위연이 죽고 난 이후에는 양의를 중용하지 않는다. 물론, 제갈량이 "양의의 성정이 급하고 편협함"을 고려하여 자신의 후계자로 장완을 선택했기 때문이기도 했지만, 양의는 제갈량의 후계자리가 아니더라도 상당한 지위를 가지고 있으면서 국사에 깊게 관여할 수 있는 자리에 임용되었어야 했다. 그러나 「양의전」에 「양의는 중군사(中軍師)에 임명되었으나 통령할 바가 없어 한가할 뿐이었다.」는 기록이 있을 정도로 촉 조정은 그에게 한직을 줬다. 위연이 죽은 후에도 촉 조정이 위연을 반역자로 단정 짓고 있었다면, 반역자를 토벌한 양의를 이렇게 대우할 리가 있는가? 위연이 죽고 난 후, 분명 촉 조정에서는 그에 대한 동정론이 퍼지고 있었을 것이다. "다시 생각해보니 위연은 반역을 하려던 게 아니라, 양의 때문에 화가 좀 많이 나서 그랬던 건 아니었을까? 양의도 보통성격은 아니잖아"하고 말이다. 진수도 「위연전」에서 「원래 위연의 뜻은 북쪽으로 위나라에 항복하는 것이 아니고 남쪽으로 돌아오는 것으로 다만 양의 등을 제거하고자 한 것이다. 평소 제장들의 의견이 서로 같지 않았는데, 시론(時論)이 필히 자신이 제갈량을 대신해야 한다는 것이길 바란 것이다. 본뜻이 이와 같았으니 배반하려는 것은 아니었다.」라고 평하며 위연은 제갈량 사후 자신이 북벌을 책임지길 원했을 뿐, 본래 뜻은 촉을 배신하려던 게 아니었다고 명확히 밝힌 바 있다.

필자는 결국엔 위연과 양의 모두 비극적인 죽음을 맞이했지만, 양의보다는 위연에게 더 정이 쏠린다. 그의 행동이 이해가 가기 때문이다. 위연의 입장에서 생각해보면, 그는 북벌군의 선봉이 되어 목숨을 걸고 적을 토벌하기 위해 최전선에 나와 있었다. 현재 제갈량을 제외하고는 자신이 북벌군에서 서열이 가장 높으며, 전투능력 또한 부대 내 어떤 장수보다도 뛰어나다는 확신을 가지고 있었다. 그리고 자신은 촉을 세운 황제 유비에게 인정받아, 양의나 강유, 비의보다도 훨씬 더 오랜 세월을 촉을 위해 일해 왔다는 자긍심도 가지고 있었을 것이다. 그러던 와중 비의가 찾아와 만약 승상이 죽으면 어떻게 할 거냐고 묻는다. 그래서 "승상이 죽었다고 천하의 제업인 북벌을 포기할 수는 없다. 승상과 가까운 사람들 몇몇만 승상의 운구를 성도로 이송하고, 나머지는 남아 나와 함께 북벌을 계속하자"라고 말했다. 이렇게 말하고 나니 자신과 사이가 좋지 않은 양의와 양의 밑에 있는 비의, 강유 등은 자신의 의견에 따르지 않을 수도 있다는 생각이 들었다. 자신이 조직 내에서 그리 인기 있는 사람이 아님을 그도 모르고 있지는 않았을 테니 말이다. 그래서 북벌을 주도하기 위해서는 제갈량 사후 자신이 촉군의 총지휘권을 가질 거라는 사실을 확실하게 해둘 필요가 있다고 생각했다. 이에 위연은 비의에게 자신이 총지휘권을 갖는다는 것에 동의(서명)하라고 말한다. 비의는 서명을 하는 대신 양의를 설득해보겠다는 핑계를 대고 위연의 막사에서 빠져나온다. 이후 위연이 확인해 보니, 자신만 남기고 모든 부대가 철수를 해버렸다. 이런 상황에서 화가 나지 않는 사람이 있을까? "나는 국가의 대업을 완성한다는 차원에서 목숨을 걸고 북벌을 계속하자고 한 것뿐이고, 아직도 선봉에서 적과 대치하고 있는데, 나한테 일언반구도 없이 너희들끼리만 살겠다고 나만 두고 퇴각해? 심지어 나는 관직도 너희들보다 높은데? 나만 홀로남아 적에게 죽든지 말든지 상관없다는 거야?"하고 말이다. 특히나 퇴각을 주도했던 사람은 자신이 촉에서 가장 미워하는 양의였다. 아마 이때 위연은 단순한 배신감을 넘어 주체할 수 없을 정도로 화가 났을 것이다.

물론 홀로 남겨진 위연도 화가 난다고 잔도를 끊어서는 안 됐다. 결국 위연은 자신의 아들들만 데리고 한중 땅으로 도망을 가게 된다. 한중은 유비가 일반병졸에 불과했던 그를 촉을 대표하는 장군으로 만들어준 기회의 땅이었다. 천하의 장비를 제치고 오로지 실력으로만 승부해서 기회를 쟁취한 곳이었다. 한중으로 도망친 위연은 오래도록 정들었던 한중의 전경을 바라보며, "내가 이곳을 어떻게 사수해왔는데? 내가 유비와 촉나라에 바친 충성이 얼마인데? 설마 나를 내치겠어? 내가 잘 설명만 하면 재기의 기회가 있을 것이다"라고 생각했을 것이다. 그러나 재기의 기회를 받기도 전에 양의는 마대를 파견하여 위연을 참수하고 그의 삼족을 멸해버린다. 다분히 양의의 개인적인 감정이 섞여있는 처벌이었다. 위연은 반역자가 아니었다.

결국 유비 때부터 촉나라에 오랜 시간 충성을 바쳐왔던 위연은 개죽음을 당하게 된다. 양의와 위연 중 누가 진정한 충신이었을까? 양의는 위연 토벌 이후, 자신보다 계급이 낮았던 장완에게 재상의 자리를 빼앗기게 되자 "지난 날 승상이 돌아가셨을 때 내가 만약 군을 들어 위나라에게 갔다면 내 처지가 어찌 이처럼 추락했겠소! 후회해봤자 다시 어찌할 수 없소이다"라는 말을 했다. 위연은 유비를 따라다니며 숱하게 많은 전공을 세웠고, 자신이 역적으로 몰려 목숨이 절체절명의 상황에 있었을 때에도 위나라에 투항하지 않았다. 누가 진정한 충신이었는지에 대한 답은 이미 나와 있는 것이다.

다만, 위연이 북벌을 총지휘했었다 하더라도 제갈량의 예상처럼 성공하기는 힘들었을 것이다. 그는 용맹한 무장이었을 뿐, 전술, 전략, 용인술, 용병술 등 거의 모든 면에서 사마의의 상대가 되지 못했다. 중국 남송말기의 역사학자인 호삼성(胡三省, 1230~1302년)은 그의 저서 『자치통감음주(资治通鉴音注)』에서 다음과 같이 말한 바 있다. "위연이 비록 반역할 뜻을 가지고 있지는 않았다 하더라도, 그에게 군대를 맡겼었다면 촉한의 멸망을 재촉했을 것이다"라고 말이다.

43

자신이 곧 죽게 될 것을 이미 알고 있었던 제갈량

대부분의 역사학자들은 제갈량의 사망원인을 과로사로 보고 있다. 『위씨춘추(魏氏春秋)[1]』에는 다음과 같은 기록이 있다.

제갈량의 사자가 도착하자 (사마의는) 제갈량이 잠자고 먹는 것, 사무의 번잡, 간결함에 관해 묻고 군사에 관한 일은 묻지 않았다. 사자가 대답했다. "제갈공께서는 일찍 일어나 늦게 잠자리에 드시고, 20대 이상의 벌은 모두 직접 챙기십니다. 먹는 음식은 몇 승(升)도 되지 않습니다." 선왕(사마의)이 말했다. "제갈량이 곧 죽겠구나."

제갈량은 마지막 북벌에서 사마의가 싸움에 응하지 않자, 여자들이 쓰던 장신구를 보내 사마의를 도발했었다. 이를 전달키 위해 위나라 진영에 당도한 촉의 사자에게 사마의가 제갈량의 생활습관, 사무습관 등을 묻고 있다. 사자는 말한다. "제갈량은 일찍 일어나 늦게 자고 20대 이상의 벌은 모두 직접 챙기며, 먹는 음식은 많지

1 동진시대의 역사가인 손성(孫盛, 302~373년)이 편찬한 역사서.

않다"고 말이다. 이러한 언급으로부터 제갈량이 과로를 하고 있음을 어렵지 않게 유추해 볼 수 있다. 필자도 회사에 일이 많을 때는 늦게까지 야근을 하거나 밤을 새웠던 경험이 있다. 이럴 때는 먹는 거라도 잘 먹자는 생각으로 기운이 나는 음식으로 부족한 에너지를 채우려고 노력했던 기억이 있다. 그런데 제갈량은 그조차도 하지 않고 일만 하고 있다. 그 이유를 추측해 보자면, 아마 그는 오래전부터 지병을 앓고 있었던 것이 아닐까 한다. 업무에 대한 과도한 스트레스 등으로 위장 쪽에 병이 있었던 것은 아니었을까? 그도 분명 자신이 과로를 하고 있다는 사실을 알고 있었을 것이다. 그리고 업무를 보기 위한 체력을 유지하기 위해서는 음식을 잘 섭취하는 게 필요하다는 점을 모르고 있었을 리도 없다. 그럼에도 그가 "음식을 많이 먹지 않았다"는 뉘앙스의 기록이 존재한다는 것은, "앓고 있는 병 때문에 음식을 먹기가 불편했기 때문이 아니었을까?"라는 추측을 하게 만든다. 과로를 하고 있음에도 빨리 죽기 위해 일부러 밥을 조금 먹었을 가능성은 희박하니 말이다.

사마의는 사자의 답변을 듣고, "제갈량이 곧 죽을 것이다"라고 말하고 있다. 이 부분에도 좀 더 집중해 볼 필요가 있다. 촉나라 사자는 단지 "제갈량은 일찍 일어나 늦게 자고 20대 이상의 벌은 모두 직접 챙기며, 먹는 음식은 많지 않다"고 말했을 뿐이다. 누군가가 이렇게 살고 있다면 우리는 그 사람이 곧 죽을 것이라고 예상하는가? 이게 상식적인 판단인가? 아니다. 사마의가 "제갈량이 곧 죽을 것이다"라고 예상하려면 사자가 제공한 정보 외에 추가적인 정보가 더 필요하다. 그래서 추측해 보건대, 아마 당시에 촉나라 진영과 위나라 진영 모두에 "제갈량의 몸 상태가 심상치 않다" 혹은

"제갈량이 병에 걸렸다"라는 정보가 이미 나돌고 있지 않았을까 한다. 이러한 사전정보를 사마의가 이미 알고 있었다고 전제한다면, 그가 왜 사자의 말을 듣고 "제갈량이 곧 죽을 것이다"라고 말했는지가 이해가 가기 때문이다.

만약 필자의 추측이 맞다면, 제갈량은 자신의 몸에 병이 있다는 사실을 이미 알고 있었다. 그럼에도 그는 북벌을 포기하지 않고 자신을 계속해서 극한으로 몰아붙였다. 제갈량은 그의 나이 41세에 승상이 되고, 43세에 유비에게 탁고를 받은 이후부터는 입법, 행정, 경제, 사법, 군사 등 국가의 모든 국정운영을 총괄해왔다. 또한, 위의 일화에서 "20대 이상의 벌은 모두 직접 챙기십니다"라고 언급하고 있듯이 그의 성격은 매우 꼼꼼해서 작은 일이라도 웬만한 것은 직접 처리했다. 47세가 된 해에는 만반의 준비를 하여 북벌을 감행한다. 그리고 마지막 5차 북벌에서 54세의 나이로 숨을 거둘 때까지 그는 7년의 세월을 전쟁의 최전선에서 생활했다. 물론, 이엄의 사건을 겪은 후 2~3년 동안은 내부 단속을 위해 성도에 잠깐 머물기도 했다. 그러나 이때에도 그는 휴식을 취하기보다는 북벌을 성공시키기 위한 필사의 전략을 마련하는데 모든 정력을 쏟아부었을 것이다. 언제 어떤 상황이 터져 나올지 모르는 일촉즉발의 전장에서, 촉나라의 운명과 10만이 넘는 군사의 목숨이 모두 그의 손에 달려있던 상황에서, 그가 얼마나 많은 스트레스를 받았겠는가. 그 스트레스가 최소 7년 넘게 지속되었다면? 이런 상황에서 병을 얻지 않은 게 오히려 이상하게 보일 정도다. 어찌 보면 과로사는 그에게 피할 수 없는 운명이었을지도 모른다. 앞에서도 언급했듯이 제갈량이 사마의에게 부녀자의 장신구까지 보내며 도발했던 것은 아마 자신의 생명이 얼마 남지 않았다는 것을 이미 알고 있었기 때문일 것이다. 그래서 사마의와의 승부를 어떻게든 빨리 결정짓고 싶은 다급함에 그답지 않은 유치한 도발을 감행했던 것이다.

제갈량은 자신의 생명이 얼마 남지 않았음을 느끼고 부하들에게 유언을 남긴다. 그 유언의 내용은 위연과 관련된 앞선 주제에서 이미 소개한 바 있는 촉군의 퇴각지침에 관련된 것이었다. 그리고 이에 더해 자신의 장례에 대한 지시도 내렸었다. 「제갈량전」에는 「제갈량은 자신이 죽으면 한중의 정군산(定軍山)에 매장하도록 유언했는데, 산에 의지해 분묘를 만들고 무덤은 관이 들어갈 정도로만 하며, 평상복으로 염하고 기물(器物)을 쓰지 말도록 했다.」는 기록이 있다. 그는 자신을 정군산에 묻어달라고 했다. 장례는 소박하게 할 것을 지시했다. 근데 왜 하필이면 국경근방(한중)의 정군산이었을까? 가족들이 있는 성도가 아니고 말이다. 그의 의중을 필자로서는 알 길이 없지만, 굳이 추측해보자면 그는 북벌을 준비하기 위해 오랜 기간을 한중에 머무르면서 미리 자신의 묫자리를 생각해뒀던 게 아닐까 한다. "내가 죽으면 이 산에 묻혀야겠다"고 말이다. 책상에 앉아 북벌을 성공시키기 위한 전략을 밤새 고민하다가, 잠깐 고개를 들어 바라본 정군산의 모습이 그의 마음에 들었던 것일까?

파란만장했던 그의 삶은 여기서 끝이 난다. 27세의 나이에 세상에 나온 꿈 많던 젊은이는 정확히 27년 뒤, 자신의 모든 불꽃을 불태우고 세상을 떠났다. 그는 죽음을 각오하고 북으로 나아갔다. 비록 북벌을 이루지는 못했지만, 평생 꿈꿔왔던 자신의 목표를 위해, 자기를 믿어줬던 사람과의 약속을 지키기 위해, 결연한 의지와 꺾이지 않는 충성심으로 끝까지 북벌에 매달렸다. 그는 마지막 숨을 다 한 후에야 자신이 짊어지고 있던 막중한 책임과 기대에서 자유로워질 수 있었다. 그는 죽기 직전에 무엇을 떠올렸을까? 유비를 처음 만났던 융중에서의 그때를 생각했을까? 그의 죽음을 다시 헤아려보니 쓸쓸하고 아쉬운 기분이 드는 건 어쩔 수가 없다.

여담: 꼼꼼해도 너무 꼼꼼했던 제갈량의 업무처리 방식

양옹(楊顒)이라는 사람이 있었다. 그는 제갈량 밑에서 행정실무를 담당하는 주부(主簿)라는 벼슬을 지냈었다. 그런데 어느 날 제갈량이 주부들이 처리하는 문서를 들여다보며 잘못된 것은 없는지를 체크하는 것을 보고, 양옹이 제갈량에게 다음과 같이 직언을 한다. 『자치통감』에 그 기록이 남아있다.

"나라를 다스리는데 법도가 있는 것이니, 상하가 서로 침범하지 말아야 합니다. 한나라 선제(宣帝) 때 승상이었던 병길(丙吉)은 길에 죽어 있는 사람에 대해서는 그 이유를 묻지 않고 소가 헐떡거리는 것을 보고 걱정했으니, 사람이 죽은 것은 지방관이 처리해야 할 일이고 소가 헐떡거리는 일은 농사와 기후에 관한 것으로 재상이 살펴보아야 하는 일이었기 때문입니다. 한나라 문제(文帝) 때 승상이었던 진평(陳平)은 화폐나 곡물의 수량에 대해서는 알려고 조차 하지 않았는데, 이는 담당자가 따로 있기 때문이라고 했습니다. 실로 병길과 진평은 통치의 체계에 통달했었다고 할 수 있습니다. 지금 명공께서는 몸소 출납부를 조사하시고, 하루 종일 땀을 흘려 일하십니다. 너무 노동이 과중한 것은 아닐까요?"

양옹의 말을 요약해보면 "직급에 따라 해야 할 일이 따로 있으니, 너무 사소한 업무에까지 승상께서 신경 쓸 필요는 없다. 그러다 건강을 해치게 된다"는 것이었다. 그의 이 말에서 우리는 제갈량이 얼마나 꼼꼼하고 세심하게 업무를 처리했었는지를 어렵지 않게 유추해 볼 수 있다. 양옹도 걱정하고 있듯이 제갈량의 이 같은 업무 처리방식은 과로로 이어지기 쉬운, 건강을 해칠 수밖에 없는 업무 방식이었다. 그러나 제갈량은 양옹의 충고를 들은 이후에도 "20대 이상의 벌은 모두 직접 챙길" 정도로 꼼꼼한 업무방식을 고수하였던 것으로 보인다. 앞에서도 언급했지만, 어찌 보면 과로사는 그에게 피할 수 없는 운명이었던 듯하다.

제갈량 사후부터 촉의 멸망까지

제갈량이 후계자로 장완을 선택한 이유.
재상의 자질로 제갈량이 중요시 했던 것은?

공직생활 시작부터 심하게 꼬였었던 장완

"신에게 만일 불행이 있게 된다면, 훗일은 응당 장완에게 맡기십시오" 제갈량이 유선에게 남긴 말이다. 그는 자신의 후계자로 장완을 지목했다. 왜 그랬을까? 장완의 어떠한 점이 제갈량의 마음을 사로잡았던 것일까? 궁금하지 않을 수 없다.

장완은 처음부터 유비 조직에서 잘나가는 에이스가 아니었다. 오히려 그는 공직에 발을 들여놓자마자 유비에게 심하게 찍혔었다. 『삼국지』「장완전」에 따르면 장완은 형주 쪽 사람으로 약관의 나이에 그 능력이 뛰어나 이름이 알려졌었다고 한다. 이후 그는 유비에게 임관하여 광도현(廣都縣)의 장으로 임명되게 된다. 그러나 얼마 지나지 않아 그는 유비의 눈 밖에 나게 되는데, 사건의 전말은 다음과 같다. 「장완전」에는 「유비는 일찍이 유람하다가 갑자기 광도현(장완의 근무지)을 방문한 일이 있었다. 그 당시 (유비는) 장완이 여러 가지 일을 처리하지 않고 만취되어 있는 것을 보고 매우 노여워하며 장완을 처벌하려고 했다. 군사장군 제갈량이 간청하며 말했다. "장완은 국가의 그릇이지, 백리의 토지를 다스릴 인재가 아닙니다. 그의 정무 처리는 백성들을 안정시키는 것을 근본으로 하고 있으며, 외양을 장식하는 것을 우선으로 삼지 않습니다. 원컨대 주공께서는 다시 살펴 주십시오." 유비는 제갈량을 존경하고 아꼈으므로, 그의 죄를 벌하지 않고, 관직을 박탈했다.」는 기록이 있다. 유비가 장완의 근무지(광도현)에 가보니, 장완은 맡은 일도 제대로 처리하지 않고 술에 만취되어 있었던 모양이다. 화가 난 유비가 그를 처벌하려 하자 제갈량이 나선다. 제갈량은 "장완은 국가의 큰일을 할 재목이지 작은 영지를 다스릴 인물이 아닙니다"라며 유비에게 선처를 구한다. 유비는 제갈량의 요청을 받아들여 장완의 관직만을 박탈한다. 역사서의 기록에는 "관직을 박탈"하는데 그쳤다는 뉘앙스이지만, 장완의 입장에서는 관직박탈도 매우 큰 처벌이었다. 지금 시대에도 공무원이 견책, 감봉, 강등이 아닌 바로 해임처분을 받는 것은 아주 큰 비위나 잘못을 저질렀을 경우로만 한정된다. 아마 이때 장완은 관직을 박탈당하고 큰 좌절을 했을 것이다. 물론 그의 잘못에서 비롯된 일이었다.

제갈량을 사로잡은 장완의 장점

장완이 다시 관직에 복귀하게 된 시점은 유비가 한중왕으로 등극한 이후였다. 그는 이때 지방현령이 아닌, 중앙정부에서 일을 하는 상서랑(尙書郎)이 된다. 당시 상서령이었던 법정 밑으로 들어갔던 것이다. 이후 장완은 제갈량의 예상대로 공직자로서 그의 진정한 능력을 발휘하기 시작한다. 진정 그의 뜻과 능력은 국가경영에 있었던 것이다. 이러한 장완을 제갈량은 아끼고 신임했다. 「장완전」에 「제갈량은 자주 밖으로 출정을 나갔지만, 장완은 매번 식량과 병사를 충분히 공급해 주었다. 제갈량은 항상 이렇게 말했다. "공염(장완의 자)은 뜻을 충성과 고아함에 두고 있으니, 나와 함께 제왕의 대업을 도와줄 사람이다."」라는 기록이 있을 정도다. 그렇다면 제갈량은 대체 장완의 어떤 점이 마음에 들었던 것일까? 역사서에는 "제갈량이 장완의 능력을 높이 샀다" 정도로만 기록되어 있을 뿐, 그의 어떤 점이 제갈량의 마음을 사로잡았었는지에 대해서는 명확하게 기술되어 있지 않다. 역사서의 일화를 기초로 하여 필자가 추측할 뿐이다.

먼저, 「장완전」에는 「당시 국가의 원수(제갈량)를 방금 잃었으므로 먼 곳이든 가까운 곳이든 간에 두려워하고 있었다. 장완은 발탁되어 백관들의 위에 있게 되었지만, 슬퍼하는 모습도 없고 또 기뻐하는 모습도 없이 행동거지가 차분하여 평상시와 똑같았다. 이로부터 사람들은 장완을 점점 믿고 복종하게 되었다.」는 일화가 소개되어 있다. 우리는 이 일화에서 제갈량의 마음을 사로잡았던 장완의 장점 한 가지를 유추해 볼 수 있다. 바로 그의 냉정함과 침착함이다. 조직의 총 책임자는 조직이 위기에 몰릴수록 냉정함을 잃지 말아야 한다. 냉정함을 바탕으로 위기의 원인을 분석하고 이를 극복할 방안을 실행해야 하기 때문이다. 장완은 이러한 면모를 지니고 있는 인물이었다. 당시 촉은 그 자체가 제갈량이었다. 제갈량이 국가의 기둥이었다. 그러한 기둥이 사라지자 촉의 관료들은 패닉에 빠지게 된다. 그러나 장완은 이러한 분위기에 휩쓸리지 않고 침착하고 차분하게 맡은 일을 처리해 나간다. 그러니 조직원들이 장완을 믿고 그에게 복종하기 시작했다는 것이다. 장완이 더 대단한 이유는 그는 제갈량 생전에 제갈량에 바로 다음가는 조직의 2인자가 아니었다는 점이다. 그는 양의보다도 관직이 아래였다. 즉, 장완은 본인의 리더십을 발휘하거나 시험해 볼 수 있는 기회를 거의 가지지 못했었다. 1인자가 되기 위한 2인자 수업을 건너뛰고 바로 1인자가 된 셈이다. 보통 이러한 경우 아랫사람의 복종과 신뢰를 얻어내기가 힘들다. 장완은 이러한 점을 잘 알고 있었던 듯하다. 그렇기에 그는 위기상황에서 남들과 다른 모습을 보일 필요가 있었다. 그래서 더 침착함과 냉정함을 유지하려고 애썼을 것이다. 다음 일화를 살펴보자.

「장완전」에는 「양민이라는 사람이 "장완은 일하는 것이 모호하여 진실로 이전 사람들에게 미치지 못한다."며 장완을 비방한 적이 있었다. 어떤 사람이 양민의 이 말을 장완에게 전하며 처벌을 요구하자 장완은 "나는 확실히 이전 사람만 못하므로 추궁할 만한 것이 없습니다."라고 말하고는 처벌하지 않았다. 후에 양민이 어떤 사건에 연루되어 옥에 갇히게 되는데, 사람들은 그가 이전에 장완을 비방했던 일을 떠올리며, 양민이 장완에게 반드시 죽게 될 거라 했다. 그러나 장완은 개인적인 감정에 따라 판단하는 사람이 아니었으므로 양민은 중죄를 면하게 되었다. 그의 좋아하고 싫어하는 감정과 도의를 갖고 있는 태도는 모두 이와 같았다.」는 기록이 있다. 우리는 이 기록으로부터 장완의 공정함과 관대한 태도를 엿볼 수 있다. 양민이라는 사람이 장완의 능력을 폄하한다. 그 사실을 안 장완은 보통의 여느 사람들과 다른 반응을 보인다. "뭐? 양민이 대체 어디서 굴러먹다온 놈인데 재상인 나를 무시해?" 이게 아니었다. "그래. 너 말이 맞아. 내 능력은 제갈량 같은 이전사람만 못해"라고 쿨하게 인정한다. 장완에 대한 양민의 비방은 아무런 근거가 없는 비방일 수도 있었으나, 근거가 있는 비방일 수도 있었다. 당시 장완의 일처리가 "모호"하다라는 것이 촉 관료들의 전반적인 평이었을 수도 있었다는 말이다. 그러나 최고 권력자를 비판했다고 하여 양민을 중죄에 처했다면 장완은 자신의 자존심을 세울 수는 있었어도, 국가의 이익을 넓히는 데에는 실패했을 것이다. 제갈량이 부하들에게 말하지 않았던가. "나의 과오와 잘못을 지적해 달라. 이를 통해 나는 나의 잘못을 고쳐 국가의 이익을 넓히려 한다"고 말이다. 장완은 제갈량의 이 말을 잊지 않고, 항상 기억하고 있었던 게 아닐까한다. "부하들이 나의 일처리를 비판하는 것은 국가를 위해 당연히 필요한 것이다"라고 말이다. 어쨌든, "나는 부족한 사람"이라는 장완의 반응을 들은 촉의 관료들은 그가 겉으로는 이렇게 얘기하고 있지만, 속으로는 양민에 대해 악감정을 가지고 있을 거라고 생각한 듯하다. 나중에 양민은 어떤 사건에 연루되어 옥에 갇히게 되는데, 사람들은 양민이 이전에 장완을 비방했던 일을 떠올리며 그가 분명 장완에게 죽임을 당할 거라고 예상했다. 그러나 장완은 개인적인 감정을 배제한 공정한 조사를 실시하여 양민의 죄를 면해줬다. "사사로운 정에 휩쓸리지 말고, 법을 공정하게 집행하라!" 제갈량이 항상 강조했던 말이다. 장완은 이러한 제갈량의 국정운영 방침을 제대로 이해하고 실천할 줄 아는 재상이었다. 다음 일화를 보자.

「장완전」에는 「장완은 과거 제갈량이 진천(秦川)을 자주 엿보았으나, 길이 험난하고 군량을 운반하기 어려워 결국에는 위나라 정벌에 실패했었기에 물을 따라 동쪽으로 내려가는 것만 못하다고 생각했다. 그래서 곧 많은 배를 만들어 한수와 면수로부터 위흥(魏興)과 상용(上庸)을 습격하려고 했다.」는 언급이 있다. 우리는 이 기록을 통해 새로운 것을 시도하는 데에 두려움이 없었던 장완의 창의성을 엿볼 수 있다. 장완은 그가 죽기 직전까지 북벌을 계획하고 있었다. 그의 전략은 제갈량의 그것과는 상당히 달랐다. 늘 한중을 통해 북쪽으로 진출을 꾀했던 제갈량과 달리 그는 새로운 전략을 입안했다. 그것은 예전에 맹달과 유봉이 지켰던 상용을 습격하여 형주방향으로 위나라를 공격하는 방안이었다. 이 전략은 당시에 상당히 구체화 되었었지만, 그가 도중에 지병으로 사망하는 바람에 결국 실행되지 못했다. 장완의 상용습격의 결과가 어떠했을지는 예측하기 어렵다. 그러나 촉의 모든 것이자 우상이었던 제갈량이 실행했던 방법을 그대로 고집하지 않고, 새로운 전략을 입안하려 했던 그의 창의성은 인정해줘야 한다. 조직의 총 책임자가 예전에 했던 관행만을 고집하게 되면 조직의 발전을 기대하기가 어렵게 된다. 그렇다고 예전의 절차와 법도를 모두 무시해야 한다는 것은 절대 아니다. 장완은 "집사광익", "법의 공정성"과 같은 제갈량이 닦아놓은 국정운영의 정신을 지켜나가면서도, 전임자가 실패한 부분에 있어서는 새로운 것을 추구할 줄 아는 열린 사고를 가진 재상이었다.

이상에서 살펴본 바와 같이 제갈량을 사로잡은 장완의 장점은 냉정함(침착함), 공정함과 관대한 태도, 그리고 창의성이었던 것 같다. 그리고 제갈량은 이러한 장완의 세 가지 장점을 재상이라면 반드시 갖춰야할 중요한 덕목으로 생각하고 있었을 가능성이 크다. 장완의 이 같은 장점을 양의와 한 번 비교해 보자. 양의는 "성미가 급하고 편협하여" 자주 개인적 감정에 휘둘려 일을 처리했었다. 그에게는 냉정함과 공정함이 없었다. 이 점이 바로 승상부의 문관 중에서 가장 관직도 높고 공적도 많았던 양의를 제갈량이 자신의 후계자로 낙점하지 않은 가장 큰 이유였다.

「장완전」에는 촉을 정벌하러 온 위나라의 장군 종회(鍾會)가 장완의 아들 장무에게 보냈던 편지의 내용이 기록되어 있다.

파와 촉에는 재능과 지혜가 있는 문인과 무인이 많은데, 그대와 제갈첨(제갈량의 아들)에 이르러서는 초목에 비유되며, 나와 똑같은 천지의 기를 받았습니다. 옛 선인에 대한 존경은 지금이나 과거나 중시했던 일입니다. 서쪽에 도착하면, 그대 부친의 산소를 찾아가 받들어 인사하고, 묘지를 깨끗이 청소하여 경의를 표하려고 합니다. 선친의 산소 위치를 알려주시기 바랍니다.

앞에서도 언급했지만 장완은 촉한사영의 한 사람으로서, 제갈량과 함께 후대사람들에게 칭송을 받았던 공직자였다. 촉을 정벌하러 온 종회가 "옛 선인에 대한 존경"을 운운하며 장완의 묘에 경의를 표하고 싶다고 말하고 있는 것에서 알 수 있듯이, 그는 동시대 사람들, 심지어 적국의 장수에게도 훌륭하다고 평가받았던 재상이었다. 장완을 후계자로 선택한 것에 있어서만큼은 제갈량의 인재 보는 눈이 마속의 경우처럼 나쁘지만은 않았던 것 같다.

이 주제에서 필자는 장완의 인생을 살펴보며 "끝날 때까지 끝난 게 아니다"라는 말이 떠올랐다. 장완은 회사에 입사하자마자 CEO

에게 제대로 찍혔었다. 처음부터 심하게 꼬여버린 것이다. 보통사람 같았으면 회사를 옮기거나, 자신의 신세를 한탄하느라 허송세월을 보냈을 것이다. 장완이라고 "나는 이제 글렀다. 유비에게 찍히다니, 왜 하필 그때 유비가 왔단 말인가?"하고 왜 한탄을 안 했겠는가. 그러나 그는 다시 기회가 오길 기다렸다. 그리고 그 기회가 오자 자신의 능력을 발휘하기 위해 힘껏 노력했다. 인생을 살면서 큰실패를 겪으면, 그 당시에는 모든 것이 끝난 것만 같은 기분이 든다. 그러나 분명한 것은 실패를 극복하고 다시 일어서려 노력하는 자에게는 반드시 기회가 다시 찾아온다는 점이다. 물론, 필자와 같은 보통사람은 기회가 왔음에도 이를 알아보지 못하거나, 알고도 잡지 못하는 경우가 많다. 장완이 더 대단해 보이는 이유이다.

45

윗물이 맑아야 아랫물이 맑다.
제갈량은 얼마나 청렴했을까?

공직자 제갈량의 청렴함

제갈량은 자신이 바람직하다고 생각하는 공적가치를 지켜나가기 위해 항상 솔선수범했다. 그는 권력의 최정점에 있었지만, 본인이 가지고 있는 권력과 권위에 기대 부하들이 자신의 생각에 따라오도록 강압하지 않았다. 옳다고 생각하는 가치를 본인이 먼저 존중하고 지켜나갔다. 그가 중요하게 생각했던 공적가치 중의 하나가 "청렴함"이었다.

「제갈량전」에는 제갈량이 죽기 직전 유선에게 「성도에 뽕나무 8백 그루가 있고 메마른 땅 열다섯 경(頃)이 있으니 자제들이 입고 먹기에는 스스로 넉넉합니다. 신이 밖에서 임무를 받들 때는 따로 조달할 것 없이 제 한 몸의 먹고 입는 것은 모두 관부에 의지했으므로, 따로 재산을 축적하지 않았습니다. 신이 죽었을 때 안으로 여분의 비단이나 밖으로 남은 재산이 있어, 폐하를 저버리는 일이 없도록 하겠습니다.」라고 표문을 올렸었다는 기록이 있다. 이 기록에 따르면 제갈량은 자신의 가족들이 생활을 유지할 정도로만 재산을 가지고 있었으며, "여분의 비단이나 밖으로 남은 재산", 즉 생활에 필요한 범위를 넘어 사치를 하거나 부를 축적한 사실이 없다고 말하고 있다. 앞선 주제에서도 설명했었지만, 당시 촉에서 생산된 비단은 그 품질이 매우 뛰어나, 고위 관료와 귀족들에게 인기가 많았다. 그러나 제갈량은 비단과 같은 사치품을 축적하지 않았다고 하며, 자신의 권력을 이용하여 필요이상의 부를 축적하는 것을 "폐하를 저버리는 일"이라고 표현하고 있다. 즉, 관직의 권세를 활용한 재산의 과도한 축적을 자신에게 관직을 내려준 임명권자에 대한 배신으로 보고 있는 것이다.

이쯤 되면 혹자들은 "황제에게 말은 저렇게 해놓고 실제로는 재산이 많았던 거 아니야?"라는 의문을 가질 수도 있다. 그러나 「제갈량전」에는 「(제갈량이) 죽은 뒤에 보니 그 말과 같았다.」는 기록이 더해져 있다. 제갈량이 자신의 청렴함을 강조하며 본인 재산을 구체적으로 명시한 표문을 황제에게 올리기까지 했으니, 사람들은 그의 말이 과연 사실이었는지에 대한 여부가 매우 궁금했을 것이다. 그래서 조사해보니 제갈량이 황제에게 했던 말은 모두 사실이었다. 진수가 아무 증거도 없이 "죽은 뒤에 보니 그 말과 같았다"고 기록했을 리는 없지 않은가. 제갈량은 청렴성면에서도 흠잡을 곳이 없는 공직자였던 것이다. 그렇다면 그와 같이 일했던 촉의 관리들은 어떠했을까? 청렴성은 제갈량 혼자만의 특징이었던 걸까? 아니면 그 당시 촉의 다른 관료들도 중요하게 생각했던 공적가치였을까?

청렴했던 관리가 넘쳤었던 촉나라

결론부터 얘기하자면 제갈량의 청렴성은 부하직원들에게도 큰 영향을 미쳤었던 것으로 보인다. 물론 필자의 의견일 뿐이다. 다만 필자는 그 근거로 역사기록을 제시해 보겠다. 먼저 동윤의 아버지, 동화의 예를 보자. 「동화전」에는 「선주(유비)가 촉을 평정하고서 동화를 불러들여 장군중랑장(掌軍中郞將)으로 삼았으며, 군사장군 제갈량과 사무를 같이 관할하게 하였는데 옳은 것은 바치고 옳지 않은 것은 폐지하면서 제갈량과 함께 즐거이 사귀게 되었다. 동화가 죽은 날에 집에는 한 섬의 녹(祿)도 없었다.」는 기록이 있다. 앞선 주제에서 이미 언급했듯이 제갈량은 부하들에게 동화를 본받아 자신의 잘못을 기탄없이 지적해달라고 부탁했었다. 이처럼 제갈량에게도 직언을 서슴지 않는 강직한 인물이었던 동화는 그가 죽은 날 집에 한 섬의 녹(祿)도 없었을 정도로 청렴했던 관료이기도 했다. 무리한 추론일 수도 있지만, 역사서에 제갈량과 "즐거이 사귀었다"고 기록되어 있는 만큼 동화가 공직자의 청렴함을 중요시 했던 것에는 제갈량의 영향이 아예 없지는 않았을 것이다. 다음은 비의이다.

「비의전」에는 「비의는 본성이 겸손하고 검소하여 집에 재물을 쌓지 않았다. 자식들에게 모두 포의(布衣)를 입히고 소식하도록 하며 출입할 때에 수레와 말이 뒤따르지 못하게 하니 보통사람들과 다를 바가 없었다.」는 언급이 있다. 비의는 촉한사영의 한 사람으로서 장완에 이어 촉의 재상을 맡았던 인물이다. 최종직위는 대장군, 녹상서사, 익주자사에 이르렀었다. 그는 높은 관직을 역임하고 있었음에도 검소한 생활을 하며, 집에 재물을 쌓지 않았었다고 하니, 그 청렴함이 제갈량 못지않았었다고 평가해 볼 수 있다. 다음은 동윤이다.

「동윤전」에는 「장완은 유선에게 상소를 올렸다. "동윤은 안에서 황제를 여러 해 모시고 황실을 보좌했습니다. 마땅히 그에게 작위와 봉토를 내려 공로를 포상해야 합니다." 동윤은 간곡히 사양하고 받지 않았다.」는 기록이 있다. 동화의 아들 동윤은 역시 촉한사영의 한 사람으로서, 비의에 이어 재상이 될 가능성이 가장 높았던 인물이었다. 위 기록에 따르면 장완이 동윤의 공적이 뛰어나니 작위와 봉토를 하사해 포상해야 한다고 유선에게 건의하고 있다. 그러나 동윤은 이를 "간곡히" 사양한다. 당시에는 공적이 있는 신하에게 작위와 봉토를 내리는 것은 흔히 있는 일이었다. 그럼에도 불구하고 동윤이 이를 끝내 사양했었다고 하니, 그의 청렴함이 어느 정도였었는지 알 만하다. 다음은 등지이다.

「등지전」에는 「251년에 (등지는) 세상을 떠났다. 등지는 장군의 지위에 있던 20여 년 동안 상벌을 명확하게 판단하고 병졸들을 잘 진휼했다. 그는 자기의 생활용품은 관에서 공급하는 것에 의지하고, 소박하고 검소함을 추구했다. 그러나 끝까지 개인 재산을 도모하지 않아 처자식은 굶주림과 추위를 면하지 못했으며, 죽을 때 집에 남은 재산이 없었다.」는 기록이 있다. 등지는 오나라와의 동맹을 성공적으로 성사시켰던 인물이다. 그는 죽을 때까지 소박함과 검소함을 추구했으며, 개인재산을 도모하지 않아 처자식은 굶주림과 추위를 면하지 못했었다고 한다. 청렴한 관리로 존경받아 마땅하지만, 처자식이 굶주림과 추위를 면치 못할 정도였다고하니 좀 심한 면도 있었던 듯하다. 어쩌면 청렴성 면에서는 제갈량보다 더 엄격했던 등지다. 이러한 등지에게 청출어람(靑出於藍)이란 표현이 어울릴지 모르겠다. 다음은 『삼국지연의』에서 제갈량의 후계자로 묘사되는 강유이다.

「강유전」에는 「극정(郤正)이 다음과 같이 강유를 논하였다. "강백약(姜伯約)은 상장(上將)의 중요한 지위에 의거하고 뭇 신하들 중 으뜸 되는 지위에 있었으나, 집은 누추하고 재물은 남는 게 없었고 측실(側室)에서는 첩을 총애함이 없고 후정(後庭)에서는 음악을 즐기는 일이 없었으며 의복은 제공된 것을 입고 수레와 말은 준비된 것을 타고 음식은 절제되어 사치하지도 인색하지도 않았다."」는 언급이 있다. 강유는 최종직위가 대장군에 이르렀으며, 죽을 때까지 촉에 충성을 다했던 인물이다. 또한, 제갈량을 닮으려고 누구보다 노력했던 사람이었다. 그는 제갈량 사후, 그의 유지를 받들기 위해 북벌을 지속적으로 시도했었다. 그리고 북벌에 실패한 후에는 제갈량이 그랬던 것처럼 유선에게 자신의 벼슬을 강등시켜 줄 것을 스스로 청하기도 했다. 이러한 강유는 위의 기록이 말해주는 것처럼 제갈량의 청렴성 또한 닮으려고 노력했던 것 같다.

동화, 비의, 동윤, 등지, 강유 등 제갈량이 가까이 두고 같이 일했던 부하들, 촉에서 중요한 역할을 맡았던 관료들은 그 청렴함이 다른 사람들보다 뛰어났던 것으로 보인다. 특히, 재상급 관직을 지낸

강유(姜維, 202~264년)의 조각상

강유는 그 누구보다도 제갈량을 닮으려고 노력했던 사람이었다. (출처: Wikimedia Commons)

비의와 강유의 경우에는 "무릇 재상이란 국가를 위해 헌신하는 것을 으뜸으로 해야 하며, 가진 권력을 이용하여 개인적인 부를 축적하는 것에 골몰해서는 안 된다"라는 제갈량의 도덕적 기준이 강하게 영향을 미쳤을 것이다. 물론 촉나라에는 청렴하지 못했던 관료들도 있었다. 권력을 탐했던 이엄, 요립, 양의 등이 대표적인 예이다. 그들은 결국 촉나라 조직에서 축출되고 만다. 중국의 역사학자인 조곤생(趙昆生)은 그의 저서 『삼국정치와 사회(三國政治與社會, 2011)』에서 "촉나라의 풍토가 다른 나라에 비해 청렴성이 뛰어났다"라고 언급한 바 있다. 촉나라가 조곤생의 말처럼 청렴한 풍토를 가지게 된 데에는 최고 권력자였던 제갈량의 솔선수범이 적지 않은 영향을 미쳤을 것이다. 윗물이 맑아야 아랫물이 맑을 수 있는 것이지, 아랫물이 맑아서 윗물이 맑아졌을 가능성은 크지 않기 때문이다.

제갈량이 죽고 나서 본색을 드러낸 유선.
그는 제갈량을 미워했었다?

"정치는 갈씨(葛氏)에게서 비롯되고 제사는 과인(寡人)이 맡겠소"
유선이 황제에 취임한 후 신하들에게 했던 말이다. 이 말에서 알
수 있듯이 제갈량은 비록 황제는 아니었지만 황제를 대신해 나라의
모든 국정운영을 도맡았다. 유선은 제갈량의 국정운영 방향이나
일처리에 대해 반대한 적이 없다. 이것이 유비와 다른 점이다. 앞선
주제에서 살펴보았듯이 유비가 제갈량의 모든 조언을 받아들였던
것은 아니었다. 이것이 가능했던 이유는 유비는 개국군주로서 조직
내 정치적 영향력이 제갈량보다 우월했기 때문이다. 그러나 유선은
달랐다. 아버지가 일궈낸 것을 고스란히 이어 받았을 뿐이고, 황제
에 올랐을 때의 나이가 17세에 불과했던 어린애였다. 유비는 또
"이상한 유언"을 남겨 가뜩이나 좁은 그의 정치적 입지를 더 좁게
만들어 놨다.

혹자는 얘기한다. 유선은 제갈량에게 국정운영을 모두 맡기긴 했
었지만, 속으로는 그를 미워했었다고 말이다. 그럴듯한 주장이다.

유선의 입장에서 생각해보면 그래도 자신이 황제인데 국정운영에 대한 권한을 전혀 가지지 못한 것에 대해 왜 불만이 없었겠는가. 유선은 제갈량을 미워했으며, 제갈량이 권력을 독점했던 것을 좋아하지 않았다고 주장하는 사람들은 그 근거로 다음 두 가지를 이야기한다.

첫 번째는 제갈량에 대한 추모와 관련된 일화이다. 『양양기』에는 다음과 같은 기록이 있다.

> 제갈량이 처음 죽었을 때 도처에서 각각 사당을 세울 것을 청하니, 조정에서 이를 들어주지 않았다. 그러자 백성들은 시절(時節)에 맞춰 도로 위에서 사사로이 제사를 지냈다. 어떤 이가 성도에 사당을 세우자고 했으나 후주(유선)는 따르지 않았다. 이에 상충(向充) 등이 유선에게 표를 올렸다.
>
> "제갈량의 덕은 멀고 가까운 곳에 모두 본보기가 되며 그 공훈이 높으니, 왕실이 무너지지 않은 것은 실로 이 사람에 힘입었습니다. 그런데 그를 기리기 위한 사당이 없어 백성들은 길거리에서 제를 올리고 융이(戎夷)들은 들판에서 제사를 지내니, 이는 (제갈량의) 덕을 보존하고 기리는 바가 아닙니다. 지금 제갈량의 사당을 수도(성도)에 세우면 또한 종묘에 가까우니, 이것이 성회(聖懷, 임금의 마음)가 꺼리는 까닭이라 생각됩니다. 어리석은 신이 생각건대, 제갈량의 묘에 가까운 면양(沔陽)에 사당을 세워 친속으로 하여금 때마다 제를 올리게 하고, 무릇 그 신하나 옛 관원으로 제사를 올리려는 자는 모두 그 사당에서만 지내도록 한정하여 사사로운 제사를 끊는 것이 올바른 예법을 존중하고 따르는 길이라 생각합니다."
>
> 이에 비로소 유선이 그 말에 따랐다.

많은 백성들과 신료들이 제갈량을 추모하기 위한 사당을 수도인 성도에 세워주기를 요청했던 모양이다. 그러나 유선이 이를 거절한다. 그러니 상충 등이 상소를 올려 제갈량의 묘(정군산)에 가까운 면양(한중 근처)에라도 사당을 세우고자 청하니, 유선이 그때서야 허락했다는 내용이다. 이 일화를 언뜻 보면, 자신과 국가를 위해 충성을 다했던 신하의 추모에 매우 인색한 유선의 모습이 보인다. 그가 제갈량을 미워해서였을까? 혹자들이 내세우는 두 번째 근거는 유선이 제갈량 사후 촉이 멸망할 때까지, 승상자리를 공석으로 비워놨다는 것이다. 이는 제갈량에게 집중되었던 국가권력에 대해 유선이 경계심을 가지고 있었다는 뜻이 된다. 즉, 제갈량의 권한이 막강했던 것을 유선은 그리 좋아하지 않았었다고 추론해 볼 수 있는 것이다.

유선은 제갈량에게 권력이 집중되었던 것을 좋아하지 않았을까?

지금까지 소개한 혹자들의 두 가지 근거에 대해 필자의 생각을 피력해보자면 다음과 같다. 일단, 답이 쉬운 것부터 살펴보겠다. 과연 유선은 제갈량에게 집중되었던 권력의 지형을 좋아하지 않았는가? 답은 "그렇다"이다. 유선은 제갈량 시대에 신권이 너무나 강력했다고 생각했다. 그래서 그는 제갈량 사후 여러 조치들을 통해 황권(皇權)을 강화시키고자 노력했었다. 이러한 유선의 의중을 고려해보면, 그가 왜 제갈량의 사당을 성도에 짓지 못하게 했었는지를 추론해 볼 수 있다. 수도인 성도에서 제갈량을 추모하고 그리워하는 분위기가 강하게 형성되면 될수록, 그가 원하는 신권억제 정책을 펼치기가 힘들어 지기 때문이다. 추모의 열기가 고조되면 백성들과 문무백관 사이에서 제갈량 같은 신하를 원하는 분위기와 여론이 거세질 수 있다. 즉, 강력한 권한을 가진 능력 있는 신하가 다시 한

번 등장해서 위기에 처한 촉나라를 구해야 한다는 분위기가 강하게 형성될 수 있다는 것이다. 이렇게 되면 황권을 강화할 명분을 얻기가 힘들어진다. 아마도 이 때문에 유선은 성도에 제갈량 추모를 위한 사당을 건립하지 못하게 했던 게 아닐까 한다.

다음으로 유선이 승상자리를 유명무실화했던 것에 대해 살펴보겠다. 유선은 제갈량이 자신의 후임으로 추천했던 장완을 승상이 아닌 대장군, 녹상서사에 임명한다. 대장군은 군대를 총괄하는 직위이며, 녹상서사는 내정을 총괄하는 자리였다. 즉, 장완에게 외치와 내치의 모든 권한을 주긴 했지만 승상으로 임명하지는 않았던 것이다. 장완의 후계자였던 비의의 경우에도 마찬가지였다. 유선은 비의를 장완과 마찬가지로 대장군, 녹상서사에 임명하여, 외치와 내치의 모든 권한을 부여해 준다. 다만 유선은 당시 위장군의 직위를 가지고 있던 강유 또한 녹상서사로 임명한다. 녹상서사의 임무를 비의와 강유 두 명에게 나누어 줬던 것이다. 이를 통해 그는 내치의 권한이 한 사람에게 집중되는 것을 막고, 신권간의 견제를 유도하려 했을 것이다. 물론 위장군 강유는 관직서열상 비의의 아랫사람이었으며, 북벌에 자주 나가있어 내치에 관여할 기회가 많지는 않았었다.

또한, 유선은 제갈량이 역임했던 익주목이라는 직위를 그 다음 재상인 장완과 비의에게 주지 않았다. 익주자사로 낮춰 그들을 임명했다. 앞선 주제에서 이미 언급했듯이, 익주목은 지방

유선(劉禪, 207~271년)

유선은 제갈량이 죽고 난 후, 황권을 강화시키려고 노력했다.
(출처: Wikimedia Commons)

에 분포되어 있는 군대에 대한 지휘권이 있었고 자사는 없었다. 쉽게 말해 자사는 현대의 광역지방자치단체장이라 볼 수 있다. 광역지방자치단체장은 여러 기초지자체의 내치를 총괄하여 담당하지만, 각 기초지자체에 배치되어 있는 군대에 대한 지휘권은 없기 때문이다. 이러한 유선의 여러 조치들에서 알 수 있듯이, 제갈량 사후 유선의 목표는 오로지 황권강화였다. 그는 확실히 제갈량 생전에 신권이 과도하게 황권을 압도했었다고 생각했던 것 같다.

유선은 권력을 독점하고 있던 제갈량을 미워했었다?

그렇다면 다음 질문으로 넘어가 보자. 유선이 강력한 권력을 가지고 있던 제갈량을 과연 미워했었는지에 대해 말이다. 다시 말해 겉으로는 제갈량을 존중했지만, 속으로는 자신의 황권을 위협하는 자로 생각하고 그를 미워했었냐는 것이다. 이에 대한 답은 간단하지 않다. 사람 속마음을, 그것도 거의 2천년 전에 살았던 사람의 속마음을 어찌 알겠는가. 다만 분명한 것은 유선이 성도에 제갈량 추모를 위한 사당건립을 불허했던 것을 근거로, 그가 제갈량을 미워했었다고 단정하기는 어렵다는 것이다. 그 이유로 첫째, 유선은 성도에 사당을 건립하는 것은 허락하지 않았었지만, 면양 부근에 사당을 짓는 것은 허락했다. 성도와 멀리 떨어져 있는 면양이라면 제갈량에 대한 추모분위기가 거세지더라도 황권강화에 위협이 되지 않겠다는 판단을 한 것이다. 혹자들이 주장하는 것처럼 유선이 제갈량을 미워해서 추모를 하는 것 자체를 싫어했던 거라면 어느 곳이든 사당건립을 허락하지 않았어야 했다. 둘째, 『화양국지』에 보면

「유선은 제갈량이 죽자 상복을 입고 3일간 애도하였다.」는 기록이 있다. 당시 재상의 죽음에 황제가 직접 상복을 입고 3일간이나 애도한 사례가 있었는지 궁금하여 다른 나라의 사례를 찾아봤다. 위나라에서 황제를 뛰어넘는 권력을 가지고 있었던 사마의의 경우, 그가 사망했을 때 "황제가 소복을 입고 조문"했다가 역사서에 기록된 전부이다. 사마의의 권력을 이어받아 승상이 된 사마소(司馬昭, 사마의의 둘째아들)의 경우에는 그 죽음에 있어 황제의 조문과 관련된 기록조차 남아 있지 않다. 오나라의 초대 승상인 고옹(顧雍)의 경우에도 손권이 "소복을 입고 조문"했다가 전부이다. 오나라를 여러 번의 외침으로부터 구한 육손은 "손권의 질책을 여러 번 받고 분노하고 통탄하다가 죽음에 이르렀다[1]"가 역사서의 기록이다. 육손에 이어 승상인 된 보즐(步騭)도 그가 죽었을 때 손권이 어떠한 추모를 했었는지 기록조차 남아있지 않다. 따라서 다른 국가의 사례와 비교해 봤을 때, 유선은 제갈량의 죽음을 그 누구보다도 안타까워하고 슬퍼한 사람이다. 혹자들이 주장하는 것처럼 유선이 제갈량을 미워해서 그를 추모하기 위한 사당을 건립하지 못하게 했던 거라면, 그가 직접 신하의 죽음을 3일간이나 애도했다는 사실이 납득이 가질 않는다.

정리하면, 유선은 제갈량 사후 과도했던 신권을 견제하고 황권을 신장시키기 위한 노력을 기울였던 것은 분명하지만, 제갈량을 마음속으로 미워했었는지는 불분명하다. 그러나 조심스럽게 추측해보자면, 우리가 부부간에 서로를 사랑하지만 때때로 미운 감정을 가지

---

[1] 육손은 손권의 후계자를 정하는 문제로 손권과 갈등을 겪었으며, 이 때문에 그 말년이 좋지 못했다.

게 되는 것처럼, 유선도 가끔은 권력을 독점하고 국사의 모든 일을 관장하는 제갈량이 미워 보일 때도 있었을 것이다. 그러나 유선은 제갈량을 존경하고 아꼈으며 유비의 유언대로 그를 아버지처럼 따랐다. 이 주제의 서두에서 이미 언급했었지만, 유선은 제갈량의 국정운영 방향에 대해 한 번도 반대한 적이 없다. 항상 그에게 힘을 실어 주었다. 제갈량에게 익주목의 관직을 더해주고, 따로 부서를 열어 정무를 돌보게 했던 사람은 바로 유선이었다.

제갈량이 죽었을 때 유선이 내린 조책(詔策)을 보면 "그대의 품성은 문무(文武)를 갖추고 총명하고 지혜롭고, 독실하고 성실하여, 탁고(託孤)의 유조를 받아 몸소 짐을 보필하니, 국난을 평정할 뜻이 있었다. 이에 군대를 정돈해 정벌하지 않은 해가 없었고, 신무(神武)를 혁혁하게 빛내고 위엄을 온 천하에 떨쳐 촉한에 큰 공을 세웠으니 이윤, 주공의 큰 공훈과 나란하도다. 어찌 하늘이 보우하지 않아 대사가 거의 이루어지려 하는데 병을 만나 죽게 되었는가! 짐은 상심하고 서러워 가슴이 찢어지는 듯하구나. 무릇 덕을 존중해 공의 순서를 세우고 행적을 기록해 시호를 명하니, 이로써 장래에 빛나게 하고 책에 기재해 불후(不朽)하게 하려 한다. 그대에게 승상(丞相) 무향후(武鄕侯)의 인수와 충무후(忠武侯)의 시호를 내리노라. 혼령이 있으면 이 영예에 기뻐하리라. 아, 슬프도다. 아, 슬프도다!"라고 기록되어 있다. 이 조책을 자세히 읽어보면, 제갈량의 죽음에 대한 유선의 슬프고 안타까운 심정을 절절히 느낄 수 있다. "어찌 하늘이 보우하지 않아 대사가 거의 이루어지려 하는데 병을 만나 죽게 되었는가! 짐은 상심하고 서러워 가슴이 찢어지는 듯하구나. 아, 슬프도다. 아, 슬프도다!"라고 말하고 있는 유선의 이 말은 꾸며낸 말이 아니었을 것이다. 그의 진심이 아니었다면, 어떻게 이토록 슬프고 안타까운 감정이 글에서 배어나올 수 있단 말인가.

재미있는 것은 유선은 제갈량이 직접 자신의 후계자로 지목한 장완2에게는 승상으로 임명만 안 했지, 제갈량과 비슷하게 외치와 내치의 권한을 모두 부여했었다는 것이다. 그리고 『위략』에는 「장완이 죽자 유선이 스스로 국사(國事)를 관장했다.」는 기록이 있다. 즉, 장완이 죽자 유선이 드디어 국사의 전면에 나섰다는 것이다. 유선이 장완이 재상으로 있던 시대에는 나서지 않다가 장완이 죽자 전면에 나섰다는 것은, 그가 제갈량의 말을 금과옥조(金科玉條)처럼 여겼었다는 방증이 아닐까? 유선은 제갈량이 직접 추천한 장완에게 만큼은 제갈량에게 그랬던 것처럼 전적인 신뢰와 권한을 주었던 것이다. 물론 필자의 과한 추측일 수도 있다. 그는 단지 황권강화를 천천히, 그리고 단계적으로 추진했던 것일 수도 있다. 즉, 장완 때는 승상으로 임명하지 않는 대신 외치와 내치의 권한을 모두 주고, 장완 이후 비의시대에는 내치 부문에 강유가 개입할 수 있게 하여 신권 간 견제를 유도하는 식으로 말이다. 어찌되었건 유선이 국사를 관장하기 시작한 타이밍이 흥미로운 것은 사실이다.

---

2 삼국지와 관련된 일부 서적에서는 제갈량이 장완을 후계자로 지목하며, 장완 이후에는 비의에게 맡기라고 유언을 남겼었다는 언급이 나오는데, 실제 역사서에서는 제갈량이 장완을 후계자로 지목했다는 기록만 있을 뿐, 장완 이후에는 비의를 후계자로 하라는 유언을 남겼었다는 기록은 존재하지 않는다.

"아버지의 후광"이 대단했던 제갈첨.
그럼에도 그가 존경받아 마땅한 이유

제갈량은 그의 나이 마흔일곱에 이르기까지 자식이 없었다. 그래서 제갈근의 둘째 아들인 제갈교를 양자로 들이기까지 했으나, 그 제갈교마저도 일찍 죽어버린다. 그러나 다행스럽게도 제갈량은 한창 북벌(1차)을 준비하던 227년, 드디어 꿈에 그리던 아들을 얻게 된다. 우연이겠지만 유비도 유선을 얻었을 때의 나이가 마흔일곱이었다. 제갈량은 귀하디귀한 그의 늦둥이의 이름을 첨(瞻)이라 지었다. 첨(瞻)은 "우러러보다"라는 뜻을 가지고 있다. 그는 자신의 아들이 남들이 우러러보는 큰 인물이 되기를 바랬던 것 같다.

『삼국지』「제갈첨전」에는 제갈량이 그의 형 제갈근에게 "제갈첨은 이제 벌써 8살로 총명하고 사랑스러우나 그 조숙함이 걱정되니, 큰 그릇이 되지 못할까 두렵습니다"라는 내용의 편지를 보냈었다는 기록이 있다. 제갈량의 눈에 제갈첨은 총명하고 그 모습이 매우 사랑스러웠던 듯하다. 어느 누가 자기 아들을 이렇게 보지 않겠는가. 그러나 그는 제갈첨이 나이에 비해 조숙하다고 평하며 큰 그릇이 되지 못할까 두렵다고도 했다. 지금도 나이에 비해 너무 조숙한 아이들이 있으면 어른들은 그 조숙함에 놀라면서도 "한창 순수하고 호기심이 많을 나이에 왜 저렇게 세상을 일찍 알아버린 거지? 세상을 그렇게 미리 알아 좋을 게 없는데?"하고 생각하기 마련이다. 서기 200년대의 시대를 살았던 제갈량도 이런 생각을 했던 것일까? 여하튼 제갈량이 이 편지를 보냈던 시점은 234년 2월경이었다. 그리고 그는 234년 8월에 사망했으니, 제갈첨은 그의 나이 8살에 아버지를 잃게 된 셈이다. 추측건대, 제갈량은 227년부터 2~3년을 제외하고는 줄곧 전쟁터에 있었으니, 제갈첨은 그의 아버지와 깊은 정을 나누거나 가르침을 받을 수 있는 시간을 거의 가지지 못했을 것이다.

고속승진을 거듭했던 제갈첨

그럼 본 주제로 돌아가서 제갈첨의 인생에 "아버지의 후광"이 어느 정도로 영향을 미쳤었는지에 대해 살펴보도록 하겠다. 「제갈첨전」에는 「(제갈첨의) 나이 17세 때(243년), 공주에게 장가들고 기도위(騎都尉)에 임명되었다. 그 다음해 우림중랑장(羽林中郎將)에 임명되고, 여러 번 승진하여 사성교위(射聲校尉), 시중(侍中), 상서복야(尙書僕射)가 되고 군사장군(軍師將軍)이 더해졌다.」는 기록이 있다. 일단 제갈첨은 그의 나이 17세가 되자마자 황제의 딸과 결혼했고, 이후 여러 번 승진하여 제갈량이 승상이 되기 직전까지 역임했던 "군사장군"에 임명되게 된다. 이것만 봐도 아버지의 후광이 어느 정도였었는지를 어렵지 않게 짐작해 볼 수 있다. 제갈첨을 군사장군에 임명한 것은 촉 조정에서 그에게 얼마나 큰 기대를 걸고 있었는지를 짐작케 한다. 유선은 제갈첨이 제갈량처럼 나라의 큰 기둥이 되어주기를 바랐던 것이다.

또한 「제갈첨전」에는 「제갈첨은 글과 그림에 능하고 기억력이 좋았으며, 촉나라 사람들이 제갈량을 그리워하니 모두 그의 재주와 총명함을 사랑했다. 매번 조정에 선정(善政)이나 좋은 일이 있으면 비록 제갈첨이 제안한 일이 아니더라도 백성들은 모두 서로 전하며 말하길, "갈후(葛侯)가 한 일이다"고 했다. 이로써 아름다운 명성과 과분한 칭찬이 그 실제를 넘어섰다.」는 기록이 있다. 이 기록에서 우리는 많은 것들을 유추해 볼 수 있다. 첫째, 제갈첨은 아빠 찬스를 누렸었지만 그렇다고 능력이 아예 없는 인물은 아니었다. 뒤에서 다시 얘기하겠지만, 그는 그의 아버지만큼이나 나라에 대한 깊은 충의를 가진 사람이었다. 그리고 기억력이 좋고 총명했다. 글과 그림에도 능했었다고 한다. 앞선 주제에서 언급했듯이 당나라 시기에 편찬된 장언원의 『역대명화기』에는 중국역사에서 명성이 있었던 미술가들의 명단이 기록되어 있는데, 여기에는 제갈량과 제갈첨의 이름도 들어가 있다. 「제갈첨전」의 기록으로 미루어 볼 때, 그의 이름이 『역대명화기』의 명단에 들어가 있는 것은 우연이 아니었던 것이다. 둘째, "매번 촉 조정에서 백성들에게 선정을 베풀면 백성들은 이를 모두 제갈첨이 한 일이라고 여겼다"는 것에서 그간 얼마나 제갈량이 촉나라 백성들을 위해 선정을 베풀어왔었는지를 짐작해 볼 수 있다. 그가 선정을 많이 베풀지 않았었다면, 백성들이 촉 조정의 선정을 제갈첨이 한 일이라고 생각할 이유가 있었겠는가. 촉의 백성들은 아버지 제갈량이 그랬던 것처럼, 그의 아들 또한 백성들을 위한 정치를 하고 있을 거라고 생각했던 것이다. 셋째, 당시 제갈첨에 대한 백성들의 기대가 매우 높았었다는 것을 추측해 볼 수 있다. 진수의 "아름다운 명성과 과분한 칭찬이 그 실제를 넘어 섰다"는 표현은 제갈첨의 실제 능력에 비해 그에 대한 당시 사람들의 인식과 기대가 매우 높았었다는 것을 의미한다. 제갈첨이 이러한 세간의 시선을 부담으로 느끼지 않았었다고 한다면, 그건 거짓말일 것이다.

제갈첨은 군사장군이 된 이후에도 승승장구 한다. 그의 나이 35세가 되던 261년에는 위장군(衛將軍)으로 승진하여 촉의 내정을 도맡게 된다. 위장군은 강유가 대장군으로 승진하기 직전에 역임했던 자리로, 최고위 장군직인 대장군, 거기 · 표기장군의 바로 아래 직급에 해당하는 직위였다. 강유가 위장군을 맡았던 때가 그의 나이 40대 중반이었다. 제갈첨은 강유보다도 훨씬 더 이른 나이에 위장군의 자리에 올랐던 것이다. 보통 제갈첨과 같이 아버지의 후광으로 젊은 나이에 남들보다 몇 배나 빠른 승진을 하는 사람이 있으면, 주위사람들은 그가 나이가 어리다는 이유로 또는 능력은 없는데 아버지의 후광으로 자리만 꿰차고 있다는 이유로 무시하곤 한다. 제갈첨은 어땠을까? 「종예전」을 보면 「258년, (종예가) 병으로 인해 성도로 불려 돌아왔다. 그때 제갈첨이 처음으로 조정의 일을 통괄했는데, 요화(廖化)가 종예(宗預)를 방문하여 함께 제갈첨에게 찾아가자고 했다. 종예가 "우리 나이가 70을 넘었으니 욕심을 부릴 나이는 이미 지났고 죽을 날이 얼마 남지 않았소이다. 어린애에게 찾아가 구구절절 늘어놓아봐야 무엇하겠소."라 말하곤 끝내 찾아가지 않았다.」는 기록이 있다. 제갈첨이 조정의 일을 본격적으로 총괄하기 시작한 것은 위장군으로 승진하기 3년 전인 258년부터였던 것으로 추정된다. 이때 종예에게 요화가 제갈첨에게 찾아가 조정의 일을 의논하자고 말한다. 보통 직위가 낮은 사람이 높은 사람을 찾아가기 마련이다. 요화는 제갈첨이 자신보다 한참이나 어린 나이였음에도 불구하고 그의 직위와 능력을 존중했던 것이다. 그러나 종예는 달랐다. "어린애를 찾아가 구구절절 얘기해봐야 뭐하냐?"며 제갈첨은 한낱 애송이에 불과하다는 뉘앙스로 말한다. 촉 조직 내에서 제갈첨을 인정하는 부류와 그를 애송이로 보는 시각이 공존하고 있었음을 유추해 볼 수 있는 재미있는 일화이다. 이를 두고 요화가 맞고 종예는 속이 좁았다는 식의 평가를 하는 것은 옳지 않다. 지금도 마찬가지 아닌가. 어떤 사람이 자신의 능력이 아닌 집안배경 등을 활용하여 높은 자리를 꿰차고 있으면, 이를 그대로 존중하는 사람도 있고, 그것을 불편하게 느끼는 사람도 있을 수밖에 없는 것이다.

이처럼 제갈첨은 공직생활을 함에 있어 아버지 제갈량의 후광을 많이 입었다. 그러나 필자가 제갈첨을 대단하다고 보는 이유는 그는 "아빠찬스"의 덕을 많이 보긴 했지만, 그 이면에 가리어진 막중한 책임감을 끝까지 저버리지 않았기 때문이다. 우리 회사에 집안배경 하나만으로 나보다 훨씬 높은 자리에 부임한 젊은이가 있다고 치자. 그런데 그 젊은이가 자신이 맡은 자리에 책임감을 느끼고 조직에 헌신한다면 어느 누가 그를 욕할 수 있겠는가. 제갈첨은 아버지가 몸소 보여주었던 국가에 대한 충성, 헌신이라는 가치를 잊지 않고, 이를 지키기 위해 최선을 다했다. 그의 최후는 그의 아버지보다도 더욱 처절했다.

제갈첨, 죽음으로 충심을 지키다.

「제갈첨전」에는 「263년 겨울, 위나라의 정서장군(征西將軍) 등애 (鄧艾)가 촉을 정벌하고, 음평(陰平)에서부터 경곡도(景谷道)를 거쳐 우회해 들어왔다. 제갈첨은 제군을 지휘해 부(涪)현에 이르러 머물 렀는데, 전봉(前鋒)이 격파되자 물러나 면죽(綿竹)에 주둔했다.」는 기 록이 있다. 제갈첨이 위장군으로 승진한 후 정확히 2년 뒤에, 위나 라는 등애(鄧艾), 종회(鍾會), 제갈서(諸葛緒)를 파견하여 촉을 침공한 다. 침공 초기 강유는 초인적인 능력을 발휘하여 세 갈래로 침공해 오는 위군을 혼자서 막아내고 있었다. 이때 유선은 황호의 말만 듣 고 동맹국인 오나라에 지원을 요청하기는커녕 촉의 남쪽지역을 다 스리던 곽익(霍弋)이 성도를 구원하러 오겠다는 요청마저도 뿌리친 다. 자신의 나라가 침공을 당하고 있는 와중에도 황호에게 놀아나 태연자약했던 것이다. 이때, 강유의 필사적인 방어에 더 이상 전진

제갈첨과 등애군의 진출로

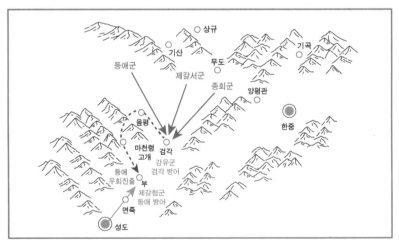

을 하지 못하던 등애는 자신의 목숨을 걸고 모험을 해보기로 결심한다. 강유의 방어선을 우회하기 위해 근처의 산으로 진군했던 것이다. 촉의 산세는 매우 험준하기로 유명하다. 그러나 등애는 이를 해냈다. 이후 그는 강유의 방어선을 우회하는데 성공하여, 유선이 있는 성도로 빠르게 진격하기 시작한다.

유선은 그때서야 오에 지원군을 요청하고 제갈첨에게 군사를 내주며 등애를 막을 것을 지시한다. 제갈첨은 그의 장자 제갈상, 황권의 아들인 황숭, 장비의 손자 장준 등을 이끌고 부현에서 등애와 맞붙게 된다. 이때 황숭이 등애가 평지로 진입하지 못하도록 미리 요충지를 점거하자고 조언했으나, 제갈첨은 황숭의 의견을 받아들이지 않는다. 결국 그의 선봉대는 등애에게 격파당하고, 제갈첨은 부현에서 물러나 면죽까지 후퇴하게 된다. 사실 이때 등애와의 전투가 제갈첨에게는 최초의 실전이었다. 그는 군사 전략에 관한 지식이 없지는 않았을 것이나, 마속이 그랬던 것처럼 실전경험이 전무했다. 제갈첨은 숱한 전투를 거치며, 순전히 자기 능력으로만 정서장군의 자리에까지 오른 등애의 상대가 될 수 없었던 것이다.

제갈첨의 선봉을 격파한 등애는 "만약 투항하면 반드시 표를 올려 낭야왕(琅邪王)으로 삼겠소"라며 제갈첨을 회유하려 한다. 그러나 제갈첨은 충의를

제갈첨(諸葛瞻, 227~263년)의 조각상

제갈첨은 나라에 대한 충심에 있어서만큼은 아버지에게 뒤처지지 않았다.
(출처: Wikimedia Commons)

검문관 전경

검문관은 주변의 험한 산세로 인해 방어에 적합한 천혜의 요새로 불렸다.
(출처: Wikimedia Commons)

잃지 않는다. 이미 싸움의 형세가 등애에게 기울어져 있다는 것을 잘 알고 있었음에도 제갈첨은 결사항전을 택한다. 그는 등애와의 최후의 일전을 앞두고 "나는 안으로는 황호를 제거하지 못하였고, 밖으로는 강유를 제압하지 못하였으며, 나아가서는 강유를 지키지 못하였다. 내게는 이 세 가지 죄가 있으니 무슨 면목으로 면죽으로 돌아가 주둔하겠느냐"라고 말했었다고 전해진다. 즉, 자신은 황호의 발호를 막지 못했고, 강유의 무리한 북벌을 제지하지 못했으며, 강유가 힘겹게 지키고 있는 검각(劍閣)을 구원하지 못한 죄가 있다는 것이다. 제갈첨은 이 말을 남기고 등애와 끝까지 싸우다 자신의 아들 제갈상과 함께 전투 중에 전사한다. 이때 그의 나이 37세였고, 그의 아들 제갈상의 나이는 고작 18세였다. 또한, 함께 참전했던 촉의 2세들, 장준(장비의 손자), 황숭(황권의 아들) 등도 끝까지 싸우다 모두 죽음을 맞이하게 된다. 이 얼마나 처절한 장면인가. 제갈첨의 능력은 그의 아버지 제갈량에 미치지 못했을지는 몰라도, 나라에 대한 충심만큼은 결코 뒤처지지 않았다. 이 같은 그의 최후를 두고 동진시기의 간보(幹寶)라는 문인도 "비록 제갈첨의 지혜가 위급함을 구원하기에는 부족했고 그 용맹이 적과 맞서기엔 부족했으나, 밖으로는 나라를 저버리지 않고 안으론 부친의 뜻을 바꾸지 않았으니 충효가 바로 여기에 있었다"고 평한 바 있다.

아이러니한 것은 제갈첨의 둘째 아들 제갈경(諸葛京)은 촉을 멸망시킨 위나라(이후 진나라로 바뀜)에서 벼슬을 지냈으며, 그 직위는 강주자사(江州刺史)에 이르렀었다는 점이다. 끝까지 충의를 지키는 것도 숭고한 일이나, 시대의 조류에 편승하는 것도 평안한 삶을 살기 위한 지혜라 할 수 있다. 그 누가 제갈경을 욕할 수 있을 것인가.

여담이지만 촉의 멸망과정을 보면 안타까운 점이 한두 가지가 아니다. 가장 큰 실책은 역시 유선의 안일함에 있었다. 간신들에게 휘둘리지 않고 조금만 더 빨리 사태를 파악하고, 군대를 한데모아 대응했다면 촉은 늘 그랬던 것처럼 험난한 지형에 기대 위의 침공을 막아낼 수 있었을 것이다. 그러나 이때 이미 유선은 환관 황호에게 놀아나고 있었으니, 조직이 실패를 겪는 이유는 늘 외부에 있는 것이 아니다. 가장 중요한 원인은 내부에서 이미 싹트고 있기 마련이다. 유선에게 무당들의 점괘를 보여주며 촉은 안전할 것이라고 이야기했던 황호는 촉이 위나라에 점령당한 이후, 등애의 측근들에게 뇌물을 주어 처벌 받는 것을 피했다는 기록이 있다. 그는 비난받아 마땅한 인물이지만 처세술에 있어서는 보통이 아니었던 듯하다.

『삼국지』에서 진수는 제갈량의 평에 유달리 인색했다?

과연 진식은 진수의 아버지였을까?

삼국지에 관심이 있는 사람이라면 한번쯤 들어봤을 얘기가 있다. 『삼국지』의 저자 진수는 그의 아버지 진식(陳式)이 230년경에 제갈량에게 허리가 잘리는 가혹한 형벌을 받았던 것 때문에, 제갈량에 대한 평에 유달리 인색했다는 주장이다. 이러한 주장은 필자가 읽은 여러 삼국지 서적에서도 사실로 언급되어 있을 만큼, 널리 통용되고 있는 주장이다. 과연 사실일까? 일단, 진수의 아버지가 정말 "진식"이었는지부터 살펴봐야겠다.

촉의 장수였다는 진식이라는 사람은 진수의 『삼국지』에 따로 열전이 없는 인물이다. 진식이 진수의 실제 아버지였다면, 그의 아버지의 열전을 진수가 굳이 생략한 이유가 무엇 때문이었는지를 가늠해내기가 힘들다. 몇 줄이라도 쓸 수 있었을 텐데 말이다. 실제 『삼국지』를 보면 단 몇 줄로만 구성되어 있는 열전도 꽤 많이 존재한다. 진식은 「제갈량전」의 「건흥 7년(229년), 제갈량이 진식(陳式)을 보내 무도(武都), 음평(陰平)을 공격했다.」는 기록에서 그 이름이 잠깐 언급될 뿐이다. 당연히 진식이 제갈량에게 허리가 잘리는 가혹한 형벌을 받았었다는 기록도 전혀 존재하지 않는다. 더 심각한 오류는 진식의 아들이라는 진수가 233년생이다. 진식이 230년에 제갈량에게 형벌을 받아 죽었던 게 사실이라면, 어떻게 진수가 233년에 태어날 수 있었겠는가. 결론적으로 진식이 제갈량에게 형벌을 받아 사망했었다는 주장과 진식이 진수의 아버지였다는 주장은 모두 허구라는 사실을 어렵지 않게 추론해 볼 수 있다.

진수는 제갈량의 평에 인색했었나?
그가 『제갈량집』을 편찬했던 이유

앞선 논의를 통해 진식이 진수의 아버지가 아니었음이 명백해졌다. 그렇다면 이제 진수가 과연 제갈량에 대한 평에 인색했었는지에 대해서도 살펴보도록 하자. 인색했었다는 주장은 진수가 제갈량에 대해 평한 내용 중 「여러 해 동안 군사를 움직였으나 공을 이루지 못했으니, 응변(應變)과 장략(將略)은 그의 장점이 아니었던 것 같다.」고 한 것에 근거한다. 이 같은 진수의 평이 그가 제갈량을 평가함에 있어 "유달리 인색했다"라고 말할 수 있는 근거가 될 수 있을까? 인색했다는 것의 의미는 진수가 제갈량을 그의 실제 능력에 비해 더 낮게 평가했었다는 뜻일 것이다. 필자는 이러한 주장에 동의하기 어렵다. 근거를 제시해보겠다.

첫째, 진수는 『제갈량집』을 직접 편찬했던 사람이다. 그가 『삼국지』라는 역사서를 쓰면서 특정인물의 글을 따로 모아 책으로 편찬한 것은 제갈량이 유일하다. 그가 제갈량을 깎아내리기 위해 제갈량의 평에 인색했던 거라면, 구태여 왜 『제갈량집』을 편찬했겠는가. 둘째, 진수는 『제갈량집』을 편찬하면서 당시 진나라의 황제였던 사마염에게 『제갈량집』 편찬을 시작하게 된 이유를 상소를 통해 밝힌 적이 있다. 그의 상소문은 꽤 길지만 읽어 볼만한 가치가 충분하기 때문에 소개해본다.

신 진수 등이 말씀 올립니다. 신이 이전에 저작랑(著作郎)으로 있을 때 시중(侍中) 영중서감(領中書監) 제북후(濟北侯) 신 순욱(荀勗), 중서령(中書令) 관내후(關內侯) 신 화교(和嶠)가 상주하여, 신으로 하여금 예전 촉 승상 제갈량의 옛일을 정리하도록 했습니다.

제갈량은 위태로운 나라를 보좌하고 험조한 곳에 의지해 복종하지 않았으나, 오히려 그의 말을 기록하고 부끄럽고 착한 말을 남겨두니, 이는 실로 대진(大晉)의 광명 지덕함이 무궁하게 끼친 것으로 자고이래로 일찍이 없었던 일입니다.

(중략)

유비가 죽은 뒤 유선은 유약하여, 크고 작은 일은 모두 제갈량이 전담했습니다. 이에 밖으로는 동오와 연결하고 안으로는 남월을 평정하고, 법을 세우고 제도를 시행하며 군대를 정리하고, 기계에 능하고 교묘한 재주가 있어 이를 극도로 연구하고, 법과 교령을 엄명히 해 상벌에 필히 믿음이 있게 하여 악은 필히 처벌되고 선은 필히 현창되니, 관원에게는 간사함이 용납되지 않고 사람들은 스스로 힘쓰며 길에 떨어진 물건이 있어도 줍지 않고, 강자가 약자를 침범하지 않고 사회기풍이 숙연해졌습니다.

당시 제갈량의 본뜻은, 나아가서는 용양호시(龍驤虎視, 용이 머리를 들고 범이 노려봄)해 사해(四海)를 포괄하고, 물러나서는 변경에 걸터앉아 천하를 뒤흔드는 것이었습니다. 또한 자신이 죽은 후에는 능히 중원을 짓밟고 위나라에 맞설 자가 없다고 여겼기에 이 때문에 용병을 그치지 않고 여러 번 무력을 과시했습니다. 그러나 제갈량의 재주는 군사를 다스리는 것에는 능하나 기이한 모략은 부족하고, 백성들을 다스리는 재간이 장략(將略, 장수로서의 지략)보다 더 뛰어났습니다. 그런데 그와 대적한 이 중에는 혹 인걸(人傑, 영웅이라 불릴 수 있는 뛰어난 인물)도 있었고 또한 군사 수가 부족해 적과 같지 못했으며 공격과 수비는 서로 다르므로, 이 때문에 여러 해 동안 군사를 움직였으나 능히 이기지 못했습니다.

옛날 소하는 한신을 추천하고 관중은 성보를 천거했는데, 이는 모두 자신의 장점을 헤아려볼 때 모든 것을 겸하여 가지지 못했기 때문입니다. 제갈량의 기량은 정치에 능하니 또한 관중, 소하에 버금간다고 볼 만합니다. 그러나 당시 명장 중에 성보, 한신 같은 이가 없어 이 때문에 공업이 지체되고 대의를 이룰 수 없었던 것입니다. 대저 천명이 돌아가는 곳은 정해져 있어 (사람의) 지력으로 다툴 수 없었던 것 같습니다.

(중략)

의논하는 자들이 혹 의심하기를, 제갈량의 문장이 아름답지 않고 문장의 반복됨과 꼼꼼함이 지나치다고 합니다. 신의 어리석은 생각으로는, (중략) 제갈량의 가르침과 남긴 말은 모두 공정하고 성실한 마음이 그의 문장에 드러나 족히 그 뜻과 이치를 알 만하며 지금에도 유익한 점이 있습니다.

엎드려 생각건대, 폐하께서는 옛 성인을 힘써 본받으시고 호탕하여 꺼리는 바가 없으시니, 이 때문에 비록 적국의 비방하는 말일지라도 모두 싣게 하고 고치거나 숨기는 바가 없어 이로써 대통(大通)의 도를 밝히셨습니다. 삼가 베껴 적어 저작국에 올렸습니다. 신 진수는 실로 두렵고도 두려워, 머리를 조아리고 또 조아립니다. 죽을죄를 지었습니다. 죽을죄를 지었습니다.

필자가 긴 글을 읽기 귀찮아하는 독자를 위해 진수의 상소를 요약해 보겠다. 일단 진수는 상소문에서 『제갈량집』을 편찬하는 이유를 밝히는 데에 집중하고 있다. 그는 진나라의 신하였다. 진나라 황제가 보기에 자신의 신하가 적국의 재상이었던 사람의 글을 모아 책으로 편찬하는 것은 충분히 역적행위로 간주될 수 있었다. 보통 한 사람의 글을 책으로 편찬하는 것은 그를 존경하는 마음에서, 후세에 그가 잊혀지지 않으면 하는 마음에서 비롯되기 때문이다. 그렇기에 진수는 일단 슬슬 간을 보며 시작한다. "신이 이전에 저작랑(著作郞)으로 있을 때 시중 순욱, 중서령 화교가 신으로 하여금 예전 촉 승상 제갈량의 옛일을 정리하도록 했습니다" 즉, 내가 먼저 시작한 게 아니라 다른 여러 신하들이 『제갈량집』 편찬을 먼저 요구했었다고 밝히고 있다. 빠져나갈 구멍을 만드는 것이다. 그 다음으로 그는 "제갈량은 위태로운 나라를 보좌하고 험조한 곳에 의지해 복종하지 않았으나, 오히려 그의 말을 기록하고 부끄럽고 착한 말을 남겨두니, 이는 실로 대진(大晉)의 광명 지덕함이 무궁하게 끼친 것으로 자고이래로 일찍이 없었던 일입니다"라고 언급한다. 즉, 제갈량이 진나라(위나라)에 복종하지 않았던 것은 잘못된 것이었으나, 진나라는 포용력을 갖춘 나라이기에 적국의 재상에 대한 책을 편찬하는 것이 가능했다고 말하고 있는 것이다. 이러한 진수의 표현은 쉽게 말해 "제갈량에 대한 책을 만들었다고 문제 삼으면, 진나라가 속 좁은 나라라는 걸 인정하는 거야. 그러니 문제 삼지 마"라는 뜻이었다.

이후 그는 제갈량의 업적과 능력을 평가하기 시작한다. 주요 내용만 보면 "제갈량의 기량은 정치에 능하니 또한 관중, 소하에 버금간다고 할 만합니다. 그러나 당시 명장 중에 성보, 한신 같은 이가 없어 이 때문에 공업이 지체되고 대의를 이룰 수 없었던 것입니다"라고 언급한다. 제갈량을 명재상의 상징인 "관중"에 비유하며 그가 북벌에 실패했던 것은 그의 잘못이 아니라 그를 보좌해줄 인물이 없었기 때문이라고 두둔하고 있는 것이다. 제갈량의 북벌대상은 위나라, 즉 진나라였다. 듣기에 따라서는 제갈량이 진나라 정벌에 실패했던 것을 아쉬워하는 것으로 들릴 수도 있다. 그럼에도 진수는 제갈량에 대한 칭찬을 이어나간다. "혹자들이 제갈량의 문장이 아름답지 않고 여러 번 반복하여 꼼꼼함이 지나치다고 하는데, 오히려 이 때문에 제갈량의 가르침과 남긴 말은 모두 공정하고 성실한 마음이 그의 문장에 드러나 지금에도 유익한 점이 있습니다"라고 말하며, 제갈량의 글에 대한 세간의 비판에 대해 반론을 제기한다. 이후 그는 다시 한 번 간을 본다. "엎드려 생각건대, 폐하께서는 옛 성인을 힘써 본받으시고 호탕하여 꺼리는 바가 없으시니…" 즉, "황제님, 쪼잔하게 굴면 안 돼. 적국의 재상이었던 사람의 글이라도 본받을 것은 본받아야 돼"라고 말하고 있다. 그리고 마지막에 "신 진수는 실로 두렵고도 두려워,

진수(陳壽, 233~297년)의 석상

머리를 조아리고 또 조아립니다. 죽을죄를 지었습니다. 죽을죄를 지었습니다"라며 할 말은 다 해놓고, 황제가 자신의 상소에 분노할까 두려웠는지 진수는 다시 한 번 바짝 엎드린다. 두 번이나 죽을죄를 지었다고 말하면서 말이다. 그는 『제갈량집』 편찬을 황제가 좋아하지 않을 수도 있으며, 심하면 자신이 역적으로 몰릴 수도 있다는 점을 명확하게 알고 있었다. 그럼에도 제갈량의 업적을 황제에

(출처: Wikimedia Commons)

게 세세히 설명하며 편찬을 진행했던 것이다.

　이상을 보면, 진수가 제갈량의 평에 "유달리 인색"했었다는 주장은 전혀 신빙성이 없는 주장임을 쉽게 파악할 수 있다. 앞선 주제에서 필자가 이미 언급했듯이, 진수가 제갈량을 두고 "장략(將略)은 그의 장점이 아니었던 것 같다"라고 평했던 것은, 그가 북벌의 결과에 중점을 두고 제갈량의 전쟁수행 능력을 평가했기 때문이었다. 북벌은 결국 실패했었기에 이 같은 진수의 평은 충분히 일리가 있는 평가이다. 다시 말해, 제갈량에게 "유달리 인색한" 평가였다고 보기 어렵다는 것이다.

　곡학아세(曲學阿世)라는 말이 있다. 권력에 아첨하려 학문을 한다는 뜻이다. 후세에 교훈을 주기 위해, 사회에 보탬이 되는 지식을 탐구하기 위해 학문을 하는 학자라면, 당연히 곡학아세를 경계해야 한다. 자신이 역적으로 몰려 위험에 빠질 수도 있다는 점을 잘 알고 있었으면서도, 후세에 가르침과 교훈을 전달하기 위해 적국의 재상의 글을 모아 책으로 편찬했던 진수는 분명 진정한 학자였을 것이다.

제갈량에 대한 후세의 평가와 일화

중국인들은 끊임없이 제갈량을 그리워했다?

제갈량 사후 중국인들은 그를 어떻게 생각했을까? 궁금하지 않을 수 없다. 먼저 중국의 일반 백성들이 제갈량을 어떻게 생각했었는 지부터 살펴보자. 진수는 진나라 황제에게 올린 상소문에서 「234년 봄, 제갈량은 군을 이끌고 무공(武功)으로 나와 군사를 나눠 둔전하고 오래도록 주둔할 기초를 만들었다가 그해 가을 병으로 죽으니, 일반 백성들이 그를 기리어 그 말이 입에 가득했습니다. 지금까지도 양주(梁州), 익주(益州)의 백성들은 제갈량을 찬탄하여 그 말이 아직도 귀에 남아 있습니다.」라고 언급한 바 있다. 중국 동진 시대 (317~420년) 역사가인 습착치(習鑿齒)가 쓴 『양양기(襄陽記)』에는 「파촉에서는 이후에도 오랫동안 그 통치를 연모하고 그리워했다. 사후, 묘의 건립을 요구하는 소리가 곳곳에 울려 특별히 의논하여 면양에 세워졌다.」라는 기록이 있다. 당나라 시대(618~907년) 인물인 손초(孫樵)라는 사람이 쓴 『각무후비음(刻武侯碑陰)』에는 「무후(제갈량)가 죽은 지 거의 500년이 된다고 하지만 지금에 이르기까지 촉의 백성들은 그 공적을 노래하며, 사당에 모시는 자가 있다. 그 백성들에게 사랑받음이 이 같이 오래였다.」는 기록이 있다. 또한, 명나라 시대(1368~1644년) 인물인 양시위(楊時偉)가 쓴 『제갈충무서(諸葛忠武書)』에는 「환온(桓溫)이 촉(蜀)을 정벌하였는데 제갈무후가 생존해 있을 당시 소사(小史)를 지낸 사람이 아직도 살아있어 그 나이가 100세였다. 환온이 묻기를 "제갈승상은 지금의 누구와 더불어 비교할 만한가?" 하니 제갈량이 자신과 비교할 만하다 여겨 마음으로 자못 기대하였다. 대답하여 말하기를 "제갈공께서 계실 때에는 또한 남다름을 깨닫지 못하였사온데, 공께서 돌아가신 후부터는 그분과 비교할 만한 사람을 본적이 없습니다."라고 하였다.」는 일화가 소개되어 있기도 하다.

이상의 기록으로 미루어보면, 백성들은 그 시기와 상관없이 제갈량을 오래도록 추모하고 그리워했었다는 사실을 알 수 있다. 특히, "무후가 죽은 지 거의 500년이 된다고 하지만 지금에 이르기까지 촉의 백성들은 그 공적을 노래하며, 사당에 모시는 자가 있다. 백성들에게 사랑받음이 이 같이 오래였다"라는 『양양기』의 기록이 의미가 깊다. 나관중이 그의 소설 『삼국지연의』를 통해 제갈량을 "최고의 인기인"으로 만들어 놓기 훨씬 이전부터, 그에 대한 백성들의 사랑과 그리움은 대단했던 것이다.

제갈량에 대한 일반 백성들의 그리움과는 별개로, 후대 중국의 황제들이 그를 어떻게 생각했었는지에 대해서도 살펴보도록 하겠다. 『자치통감(資治通鑑)』에는 「진무제(晉武帝, 사마염)가 제갈량이 나라를 다스리던 일을 묻자 번건(樊建)이 대답했다. "잘못된 점을 들으면 반드시 고쳤고 긍지가 지나치지 않았으며, 상벌에 신의를 보이니 족히 천지신명을 감동시킬 만했습니다." 황제가 말했다. "훌륭하구나! 만약 내가 이러한 인물을 얻어 보좌케 했다면 어찌 금일의 근심이 있을 수 있겠는가!」라는 일화가 소개되어 있다. 위나라가 촉을 정벌한 이후, 바로 2년 뒤에 사마씨의 쿠테타가 일어나 조(曹)씨의 위나라는 사마(司馬)씨의 진나라로 바뀐다. 앞의 일화를 보면, 진나라의 초대 황제 사마염이 한때 촉나라의 관료였던 번건에게 제갈량에 대해 묻고 있다. 이에 번건은 "자신에 대한 자만심이 지나치지 않아, 잘못된 점은 받아들이고 고쳤으며, 법 집행은 공정했다"고 대답한다. 우리가 앞에서 살펴보았던 제갈량의 모습이 번건의 이 말에 그대로 드러나 있다. 이에 사마염은 "훌륭하구나! 만약 내가 이러한 인물을 얻어 보좌케 했다면 어찌 금일의 근심이 있을 수 있겠는가!"라고 하며, 적국의 재상이었던 제갈량을 극찬한다. 이 일화가 사실이라면, 『제갈량집』을 편찬하면 혹여 사마염이 분노할까 두려워했던 진수의 걱정은 기우(杞憂)였을 수도 있겠다는 생각이 든다. 다음은 중국 역사상 최고의 명군이라 일컬어지는 당나라 태종 이세민(李世民, 599~649년)과 관련된 일화이다.

『신당서(新唐書)[1]』를 보면 「당태종이 "위징(魏徵)과 제갈량 중 누가 더 훌륭하다 보오?"라고 잠문본(岑文本)에게 묻자 그가 "제갈량의 재주는 재상과 장수를 겸하니 위징이 견줄 수 있는 바가 아닙니다."라고 답하였다. 이에 당태종이 "위징이 인의를 이행해 짐을 보필하여 요순에 이르도록 하고자 했으니, 비록 제갈량이라 할지라도 대등하지 못할 것이오."라고 말했다.」는 기록이 있다. 당태종은 제갈량이 죽은 지 거의 300년이 지난 후의 사람이다. 위징은 당나라

---

1 송 인종이 『구당서(舊唐書)』의 내용이 왜곡된 것이 많고 부실하다고 하여 구양수 등에 명하여 1060년에 완성한 역사서이다.

당태종 이세민(李世民, 599~649년)

당태종은 신하들에게 제갈량을 본받으라고 강조했었다.
(출처: Wikimedia Commons)

의 재상은 아니었지만 당태종을 도와 국가의 일에 깊게 관여하고 있던 신하였다. 앞선 일화에서 당태종은 잠문본에게 위징과 제갈량 중 누가 낫냐고 물어본다. 그러니 잠문본이 제갈량의 손을 들어준다. "견줄 수 있는 바도 아니다"라는 표현까지 하면서 말이다. 위징이 들었으면 매우 기분이 나쁠 표현이었다. 그래서인지 당태종이 "위징이 짐을 보필하여 요순에 이르도록 하고자 했으니, 비록 제갈량이라 할지라도 대등하지 못할 것이오"라고 하며 위징의 편을 들어준다. 당태종은 정말 위징이 제갈량보다 낫다고 생각했던 것일까? 잠문본이 생각보다 위징을 너무 낮게 평가하며 깔아뭉개니, 자신의 밑에서 중임을 맡고 있는 위징을 두둔했던 것뿐이다. 당태종이 실제로 제갈량을 어떻게 평가했었는지는 『정관정요(貞觀政要)2』에 잘 기록되어 있다.

촉나라 선주(유비)는 일찍이 제갈량에게 말하기를 "나는 진원방, 정강성과 교류하며 다스림과 혼란에 관한 도를 갖추었소. 그러나 일찍이 사면에 대한 말은 없었소."라 하였소. 그러므로 제갈량은 촉나라를 10년간 다스리면서 사면하는 일이 없었으나 촉나라는 잘 다스려졌소. 양무제는 해마다 여러 차례 대사면을 단행하였지만, 결국 나라는 멸망했소. 작은 은혜를

2 당태종이 신하들과 나눈 대화를 정리한 책이다. 당태종 사후 약 50년 뒤 오긍이라는 역사가가 편찬했다.

베푸는 사람은 큰 덕을 상하게 하오. 또 한나라와 위나라 이래 제갈량은 촉나라의 승상이 되어 또한 매우 공평하고 정직하였소. (중략) 경들은 어찌 이를 흠모하여 따르려 하지 않는 것이오? 짐은 역대의 훌륭한 제왕을 흠모하고 있으니, 경들 또한 전대의 훌륭한 재상을 본받아야 할 것이오. 만일 이와 같이 한다면 곧, 명성과 높은 지위를 오래 지킬 수 있을 것이오.

위의 기록에서 당태종은 "작은 은혜를 베푸는 사람은 큰 덕을 상하게 하오"라고 말하고 있다. 그는 사면에 인색하다는 평에 대해 제갈량이 답했던 논리, 즉 "작은 은혜를 자주 베풀다 보면, 국가의 법과 질서가 바로서지 못한다"라는 제갈량의 생각에 동조했던 듯하다. 또한, 제갈량의 공정함과 정직함을 강조하며 "나는 역대 훌륭한 황제들을 보고 본받을 테니, 너희 신하들도 제갈량을 보고 본받아라"라고 말하고 있다. 중국역사상 최고의 명군이라 일컬어지는 당태종도 제갈량을 후세의 귀감이 되는 훌륭한 신하라고 생각했던 것이다.

당태종과 함께 중국역사의 또 다른 명군으로 뽑히는 청나라 4대황제 강희제(康熙帝, 1654~1722년)는 백관들을 모아놓고 "제갈량이 이르기를 '몸과 마음을 다하여 나라에 이바지하되 죽은 뒤에 그친다(鞠躬盡瘁 死而後已)'고 하였으니, 이를 실천한 자는 오직 제갈량 한 사람뿐이다"라고 말했었다고 한다. 이러한 강희제의 아들인 옹정제(雍正帝, 1678~1735년)는 자신의 신하 중 세력이 매우 강대했던 퉁갸룽코도(佟佳 隆科多)를 숙청한 적이 있다. 이때 옹정제가 그에게 물은 죄 중에는 "자신을 제갈량에 비유한 오만함"도 있었다고 한다.

황제뿐만 아니라 중국역사의 많은 관료들, 시인, 문학가 등이 제갈량의 업적과 충성심을 예찬했었다. 이를 다 소개하기는 힘들고, 우리에게도 꽤 친숙한 시인인 두보(杜甫, 712~770년)의 "고적에서 회포를 읊다(詠懷古跡)"라는 시 중 제 5수를 소개하며 이번 주제를 끝내려 한다.

諸葛大名垂宇宙, 宗臣遺像肅淸高.
제갈량의 큰 이름 우주에 드리우고, 큰 신하(제갈량)의 남은 초상화, 그 청고함에 숙연해지네.

三分割據紆籌策, 萬古雲霄一羽毛.
삼분할거의 큰 포부 끝내 이루지 못하였으나, 영원토록 드높은 하늘을 나는 한마리 봉황이로다.

伯仲之間見伊呂, 指揮若定失蕭曹.
(제갈량은) 이윤, 여상과 백중지세를 이루고, 지휘와 실천에 있어서는 소하와 조참도 (제갈량에) 미치지 못하였네.

運移漢祚終難復, 志決身殲軍務勞.
시운이 따라주지 않아 끝내 한나라를 회복시키지 못하였지만, 결연한 의지로 몸바쳐 군무에 골몰했네.

성웅(聖雄) 이순신 장군도 제갈량의 팬이었다고?

누군가 필자에게 가장 존경하는 역사 속 인물이 누구냐고 물어본다면, 망설임 없이 국내인물 중에는 이순신, 국외인물 중에는 제갈량이라고 답할 것이다. 그렇다고 해서 필자가 이 두 명의 위인을 닮거나 닮으려고 노력한다는 것은 절대 아니다. 이 두 명은 필자와 같은 범인이 감히 닮고자 흉내도 낼 수 없는, 역사상 다시 나오기 힘든 위인들이기 때문이다.

이순신 장군과 제갈량. 이 두 명은 닮은 점이 꽤 많다. 첫째, 국가를 위해 목숨을 아끼지 않았다. 둘째, 두 명 모두 전쟁터에서 최후를 맞이했다. 셋째, 관직과 승진을 입신양명의 기회로 보지 않고, 국가에 충성할 수 있는 기회로 봤다. 넷째, 두 명 다 "충무(忠武)"라는 시호를 받았다. 그리고 더욱 흥미로운 것은 이순신 장군도 삼국지를 즐겨 읽었었다는 것이다. 조선후기의 문신이자 학자인 성대중(成大中, 1732~1809년)이 집필한 『청성잡기(靑城雜記)』라는 책이 있다. 이 책에는 「충무공에게는 세상을 피해 은거한 절친한 벗이 있었다. 사람들은 그를 몰랐지만 충무공만은 그를 알고 있어서, 큰 일이 있을 때면 매번 그와 상의하였다. 왜구가 침입하자 공은 사자를 통해 편지를 전하여 나랏일을 함께 도모하자고 부탁했다. 그는 늙은 부모가 있어 갈 수 없으니, 다만 나관중의 『삼국지연의』를 공에게 보내면서 "이 책을 숙독하면 일을 충분히 이룰 수 있을 것이다"라고 하였다. 공은 여기에서 효험을 얻은 것이 많았다.」는 기록이 있다. 왜구가 침입하자, 이순신 장군의 친구가 『삼국지연의』를 장군에게 보냈고, 이순신 장군은 이 책에서 여러 가지 아이디어를 많이 얻었었다는 이야기이다. 물론 『청성잡기』는 말 그대로 민간의 잡다한 야사 등을 모아놓은 책으로 그 내용을 전적으로 신뢰하기는 어려운 측면이 있다. 더 확실한 기록을 찾아보자. 여해고전연구소의 노승석 박사는 이순신 장군이 『난중일기』에서 『삼국지연의』의 내용을 인용한 적이 있다고 주장한다. 그 예로 『난중일기』에는 "밖에는 나라를 바로잡을 주춧돌 같은 인물이 없고 안에는 계책을 세울 기둥 같은 인재가 없다(外無匡扶之柱石, 內無決策之棟樑)"는 언급이 있는데, 이는 유비가 원소(袁紹)에게 의탁하고자 할 때, 유비가 원소에게 내민 추천서에 적혀있던 글귀라는 것이다. 또한, 『난중일기』에는 "배를 더욱 늘리고 무기를 만들어 적들을 불안하게 하여 우리는 그 편안함을 취하리라(增益舟船, 繕治器械. 令彼不得安, 我取其逸)"는 내용도 있는데, 이는 원소가 유비에게 병력을 지원하려고 하자, 원소의 참모였던 전풍(田豊)이 이를 만류하며 병사를 헛되이 소모하지 말라고 충고할 때 했던 말이라고 한다. 이순신 장군이 『삼국지연의』를 탐독하지 않았었다면, 『삼국지연의』를 열 번 이상 읽은 필자도 기억나지 않는 인용문을 자신의 일기에 담아낼 수 있었을까?

이제 이순신 장군이 『삼국지연의』의 독자였다는 사실이 어느 정

도 분명해졌다. 그렇다면 이순신 장
군은 삼국지의 어떤 인물에게 가장
많은 감명을 받았을까? 이 질문에
대한 답은 의외로 간단하다. 바로 제
갈량이다. 정조 19년(1795년)에 유득
공(柳得恭, 1748~1807년) 등이 편찬했던
『이충무공전서(李忠武公全書)』를 보면
「진린이 이순신에게 "내 지난번 천문
을 보니 대장별이 떨어지던데, 공이
이를 모르지 않을 것인 즉, 어찌 무후
의 기도법을 쓰지 않는 것이오?"라고

제갈량이 자신의 수명연장을 위해
기도를 하고 있는 모습을 묘사한 그림

실제 역사서에는 제갈량이 수명연장을 위해
기도법을 시도했었다는 기록이 없다.
(출처: Wikimedia Commons)

말했다. 이에 이순신은 "내 충성이 무후만 못하고, 내 덕망이 무후
만 못하고, 내 재주가 무후만 못하여, 세 가지 다 무후만 못하매 무
후의 기도법을 쓴다고 해도 하늘이 능히 들어주시겠소?"라고 답하
였다.」는 기록이 있다. 진린(陳璘, 1543~1607년)은 임진왜란 당시 조
선을 지원하러온 명나라의 수군대장이었다. 성격이 포악하여 조선
군을 험하게 대하는 것으로 유명했으나, 이후 이순신 장군의 인품
과 능력에 감복하여 이순신 장군을 진심으로 존경하고 위했던 인물
이다. 이순신 장군이 출정하기 전에 진린이 별자리 운세를 쳐 보니
그 운이 별로였던가 보다. 이에 진린은 이순신 장군에게 해가 생기
지 않을까 걱정이 되어 말한다. "어찌 무후의 기도법을 쓰지 않는
것이오?" 여기서 무후는 제갈무후, 즉 제갈량을 가리킨다. 역사서에
는 기록이 없지만 나관중의 『삼국지연의』를 보면 제갈량은 그가 죽
기 직전에 자신의 생명을 연장해달라는 기도법을 쓴 적이 있다. 그

러나 그가 촛불을 켜고 기도를 하는 도중, 어떤 장수가 갑자기 그의 막사로 들어오는 바람에 촛불이 꺼져버린다. 이에 제갈량은 이제 자신의 수명을 연장시킬 방법은 없다고 말하며 죽음을 받아들인다. 진린은 『삼국지연의』에 나왔던 이 기도법을 언급하고 있는 것이다. 그러니 이순신 장군이 답한다. "내 충성이 무후만 못하고, 내 덕망이 무후만 못하고, 내 재주가 무후만 못하여 세 가지 다 무후만 못하는데, 무후의 기도법을 쓴다고 해서 하늘이 능히 들어주시겠소?" 필자가 보기에 이순신 장군은 제갈량 못지않은 위인이다. 그러나 이순신 장군은 겸손을 드러내며 제갈량은 자신보다 훨씬 더 뛰어난 인물이라는 뉘앙스로 말하고 있다. 이순신 장군이 제갈량을 존경하고 경애하지 않았었다면, 이 같은 대답이 그의 입에서 나오기는 어려웠을 것이다.

이순신 장군 외에도 제갈량을 언급했던 우리나라의 위인들은 꽤 많이 존재한다. 이순신 장군만큼이나 우리 역사의 위인으로 칭송받는 율곡이이(栗谷李珥, 1537~1584년)가 대표적이다. 그는 『동호문답(東湖問答)』에서 「소열(유비)은 제갈량을 등용하였기 때문에 제후를 규합(糾合)하여 천하를 한 번 바로잡는 공(功)을 이루기도 하였고, 한중과 서천을 점유하여 한나라의 국운을 연장시키기도 하였습니다.」라고 언급한 바 있다. 『동호문답』은 당시 조선의 왕이었던 선조를 위해 이이가 왕도정치에 대한 자신의 견해를 문답체로 서술한 책이다. 이이는 이 책에서 유비는 제갈량을 등용하여 한나라의 국운을 연장시켰었다고 말하며, 적절한 인재등용의 중요성을 선조에게 강조하고 있다. 또한, 그는 그의 정치철학이 담긴 『성학집요(聖學輯要)』에서 「(제갈량이) 어린 임금을 도우면서부터는 정책이 자기에게

서 나왔는데 누구도 이간하는 말이 없었고, 강대한 위나라도 겁을 내었으며, 거의 예악(禮樂)의 교화가 이루어졌습니다.」라고 언급하며 제갈량의 국정운영을 극찬하기도 했다.

다음으로 율곡이이가 1583년에 선조에게 올렸던 상소문을 보면, 그는 「한(漢)나라 고조(高祖)의 소하(蕭何)와 당(唐)나라 태종(太宗)의 위징(魏徵)과 송(宋)나라 태조(太祖)의 조보(趙普) 같은 이가 어찌 이윤(伊尹)·부열(傅說)·여상(呂尙)·제갈량 같은 인물들과 비할 수 있겠습니까. 다만 그 시대의 특출했던 자들을 얻은 데에 지나지 않습니다. 가령 이 세 임금이 그 사람을 버려두고 쓰지 않고서 반드시 이윤·부열·여상·제갈량 같은 이를 기다린 다음에야 비로소 나라를 다스리고자 하였다면, 이들과 같은 이를 마침내 얻을 수가 없어 한나라 4백 년의 기업과 정관(貞觀)의 치세(治世)와 천하의 평정을 함께 시작할 자가 없었을 것입니다.」라고 언급한 바 있다. 이 상소에서 이이는 선조에게 제갈량 급의 인재를 기다리느라 인재등용을 소극적으로 하지 말고 현재 기준에서 특출난 인재가 있으면 그를 적극적으로 등용해야 한다고 말하고 있다. 그가 제갈량을 어떻게 생각했었는지를 다시 한 번 짐작해 볼 수 있는 대목이다.

책을 마치며

지금까지 긴 페이지를 할애하여 소설 속의 허구를 걷어낸 제갈량의 실제모습을 추적해봤습니다. 나름대로 자신감을 가지고 쓰기 시작한 책이었지만, 글을 쓰면 쓸수록 누군가의 인생을 자세하게 들여다본다는 것이 결코 쉽지 않은 일임을 금세 깨닫게 되었습니다. 집필에 대한 극심한 스트레스 때문에 책을 출간하는 것을 중간에 포기하고 싶었던 순간도 많았습니다. 역사학자도 아니면서 주제넘은 일에 손을 댄 것은 아닌지 회의감도 자주 들었습니다. 그래도 한번 시작한 일이니 끝까지 해보자는 생각으로 겨우 원고를 탈고할 수 있었습니다. 원고를 탈고한 지금은 너무나 홀가분한 마음입니다. 더 이상 수백 페이지가 되는 원고를 밤새도록 들여다보지 않아도 된다니 행복한 마음이 들기까지 합니다.

이 책은 역사서의 기록을 기초로 한 책이지만, 어쩔 수 없이 상당한 부분에서 저의 생각과 추측이 가미될 수밖에 없었습니다. 역사서의 기록이 항상 완벽할 수는 없고, 때로는 애매한 표현을 사용해 다양한 해석이 가능한 경우도 많기 때문입니다. 같은 사건을 두고도 역사서마다 다르게 기록하는 경우도 부지기수입니다. 그렇기에 저는 이 책에서 전개한 제 생각과 추론이 모두 정답이라고는 생각하지 않습니다. 반론은 얼마든지 있을 수 있습니다. 나중에 기회가 된다면 저와 다른 의견을 주시는 분들과 만나 함께 이야기를 나눌 기회가 있었으면 합니다. 제가 몰랐던 사실을 배울 수 있는 뜻깊은 자리가 될 수 있을 거라 생각합니다. 또한 여건이 허락한다면, 제가 이 책에서 미처 살피지 못한 제갈량의 또 다른 모습, 제 주장에 대한 반론, 그 반론에 대한 저의 재반론 등을 묶어 개정판을 내보고도 싶습니다.

"제갈량"이라는 이름은 지금 시대는 물론이고 먼 미래에도 쉽게 잊혀지지 않을 것입니다. 그의 인생은 세상이 어떤 식으로 바뀌든, 사람들의 가슴에 적지 않은 울림을 전달할 수 있을 것이기 때문입니다. 많이 부족한 책이지만, 이 책이 그 울림을 전하는 데에 조금이나마 보탬이 될 수 있기를 희망합니다.

2021년 가을, 원고를 탈고하며
류종민

제갈량, 그와 다시 마주하다

초판발행   2021년 10월 5일

지은이   류종민
펴낸이   노 현

편 집   전채린
기획/마케팅   이후근
표지디자인   박현정
제 작   고철민·조영환

펴낸곳   ㈜ 피와이메이트
              서울특별시 금천구 가산디지털2로 53 한라시그마밸리 210호(가산동)
              등록 2014. 2. 12. 제2018-000080호

전 화   02)733-6771
f a x   02)736-4818
e-mail   pys@pybook.co.kr
homepage   www.pybook.co.kr
ISBN   979-11-6519-151-1   03900

정 가   17,000원

박영스토리는 박영사와 함께하는 브랜드입니다.